고통과 영광 사이에서

Zwischen "Qual und Glanz"

— Thomas Mann und die Homosexualität

Sung-Hyun Jang

고통과 영광 사이에서

토마스 만과 동성애

장성현 지음

문학과지성사

2000

고통과 영광 사이에서
── 토마스만과 동성애

펴낸날/ 2000년 5월 30일

지은이/ 장성현
펴낸이/ 채호기
펴낸곳/ ㈜문학과지성사
등록번호/ 제10-918호(1993. 12. 16)

서울 마포구 서교동 363-12호 무원빌딩(121-210)
편집/ 338)7224~5 FAX 323)4180
영업/ 338)7222~3 FAX 338)7221
인터넷 홈페이지/ www. moonji. com

ⓒ 장성현, 2000. Printed in Seoul, Korea
ISBN 89-320-1163-X

값 8,000원

석재에게

책머리에

이 책에 담긴 글들의 대부분은 필자가 1997년 9월부터 1년간 훔볼트 재단의 연구원으로 프라이부르크에 체류하는 동안 씌어졌으며, 귀국 후 다듬어지고 정리되었다. 다만 소설 『사기꾼 펠릭스 크룰의 고백』(1954)을 다룬 제5장은 그 직전 서울대학교 독문학과 펠로우로 있을 때 썼으며, 그 후 1998년 7월 영국 옥스퍼드에서 출판되는 독문학 학술지 *German Life and Letters* 제51권에 게재되었던 것을 번역, 보충한 것이다.

이 책에서 필자는 토마스 만Thomas Mann(1875~1955)의 삶과 작품 사이의 긴밀하고도 복잡한 관계를 동성애라는 테마를 중심으로 분석하였다. "사람이란 조금이라도 정신을 가다듬고서 일반적인 성격의 발언을 하기만 하면, 반드시 자기 자신을 완전히 드러내고, 부지중에 자신의 자아 전체를 그 발언 속에 집어넣고, 자신의 삶의 근본 테마와 근원적인 문제들을 어떤 식으로든 비유로써 묘사하는 법입니다"라고 토마스 만의 소설 『마의 산』(1924)에서 로도비코 제템브리니는 주인공 한스 카스토르프에게 말하고 있다. '일반적인 성격의 발언'이 그러할진대, 이미 작가의 주관성을 토대로 삼고 있는 문학 작품은 바로 작가 '자신의 삶의 근본 테마와 근원적인 문제들'의 문학적 변용이라고 보아도 지나치지 않을 것이다. 누구든 글을 쓸 때 자기가 전혀 관심을 갖지 않는 일에 관해서는 쓰지 않는 법이며, 그런 점에서 모든 문학 작품은 적어도 넓은 의미에서는 자서전적인 요소를 가지고 있다고 할 수 있다.

토마스 만도 예외가 아니다. 만은 스스로 자신의 작품의 자서전적 성격을 여러 번 강조했다. 1904년 여류 작가 이다 보이 에드에게 쓴 편지에서 그는 자신의 작품들이 "은밀한 일들과 고백들"[1]로 이루어져 있다고 쓰고 있다. 또한 수필 「빌제와 나」(1906)에서 토마스 만은 자기의 작품이 "당신네들[즉 타인들]에 관한 내용이 전혀 아니라 [……] 오로지 나 자신에 관한 것임"[2]을 강조하고 있다. 겉보기에 토마스 만 자신의 삶과는 거리가 있어 보이는 작품 소재일지라도 자서전적인 요소를 가지고 있다는 사실은, 자신의 소설 『대공전하』(1909)에 대한 평론가들의 반응에 관한 만의 다음과 같은 코멘트에서도 나타난다: "그들[즉 평론가들]은, 어떻게 해서 내가 많고 많은 소재들 중에서 하필이면 이 동떨어지고 다루기 힘든 소재에 생각이 미치게 되었는지에 대해 골머리를 썩였다. 마치 내가 지금까지 한번이라도 나 자신의 삶이라는 소재 이외에 다른 '소재'를 다루어본 적이 있기라도 한 것처럼 말이다."[3]

토마스 만 작품의 자서전적 성격이 최근에 와서야 밝혀진 것은 물론 아니다. 그의 문학의 자서전적 요소 중 일부는 처음부터 너무 명백하여 오히려 언급할 가치가 없어 보였다. 사람들은 그의 소설 『부덴브로크 일가』(1901)를 실화소설이라고 불렀고, 단편소설 「토니오 크뢰거」(1903)가 토마스 만 자신의 어린 시절을 배경으로 하고 있다는 점 등은 이미 출판 당시부터 잘 알려져 있었다. 그러나 비교적 최근에 와서야 학자들의 눈에 띄게 된 것은 토마스 만의 동성애적 성향과 그것이 그의 작품에 미친 영향이다. 이러한 전개에 큰 계기가 된 것은 1977년부터 시작되어 1995년말에 완료된 토마스 만의 일기 출판이다. 그리고 일기에서 가장 핵심적인 내용은 그곳에서야 비

---

1) Thomas Mann, *Briefe an Otto Grautoff 1894~1901 und Ida Boy-Ed 1903~1928*, hrsg. von Peter de Mendelssohn(Frankfurt am Main: Fischer, 1975), S. 146.

2) Thomas Mann, *Gesammelte Werke in dreizehn Bänden*(Frankfurt am Main: Fischer, 1974), 제10권, S. 22.

3) Thomas Mann, *Gesammelte Werke*, 제11권, S. 571.

로소 낱낱이 고백된 토마스 만의 강한 동성애적 성향이다. 일기에 고백된 토마스 만의 동성애는 학자들의 토마스 만 연구 방향에 결정적인 변화를 가져다주었다. 예를 들어 옛날부터 토마스 만 연구자들에 의해 '삶과 예술의 대립'이라는 도식적인 해석의 틀 속에서 읽혀지던 단편소설 「토니오 크뢰거」는 일기 출판 이후 동성애적 감정의 발단과 극복 과정을 다룬 작품으로 새로이 해석되어야 했다. 이런 식으로 해서 오늘날 토마스 만의 인생과 작품에서의 동성애 문제를 거론하지 않고 만의 문학 작품을 포괄적으로 다루는 연구 논문을 쓴다는 것은 이미 불가능한 일이 되어버렸다. 저명한 토마스 만 학자인 한스 루돌프 바게는 "만일 누구라도 만의 창조적 충동이 성적인 원천을 가지고 있다는 사실에 대해 아직도 의심을 품고 있는 자가 있다면 그런 의심은 일기가 보여주는 증거 앞에서 금방 사라질 것"[4]이며, 토마스 만에게 있어서 동성애는 "그의 창조성의 가장 중요한 원천"[5]이라고 주장한다.

토마스 만은 평생 동안 자신의 동성애적 성향을 비밀에 부쳤지만, 작가이자 예술가로서 자신에게 그토록 중요한 문제를 자신의 작품 속에 다루지 않고 넘어가지는 않았다. 그러나 보수적인 당시의 독일 사회에서 동성애를 작품의 직접적인 소재로 삼는 것은 위험한 일이었다. 그래서 토마스 만은 작품 속에서 자신의 동성애적 파토스를 '남몰래' 표현하는 자신만의 방법들을 개발하였다. 그 방법들 중 하나는 동성애 대신 내세울 대리 주제의 개발이었다. 토마스 만에 대해 어느 정도 아는 독자라면 '예술과 삶의 대립' 또는 '예술가와 사회의 대립'이라는 전형적인 토마스 만적 테마를 들어보았을 것이다. 만의 초기 작품, 즉 「베니스에서의 죽음」(1912) 이전의 작품에서는 직접

___

4) Hans Rudolf Vaget, "Confession and Camouflage: The Diaries of Thomas Mann," *Journal of English and Germanic Philology*, 96(1997), p. 573.
5) 같은 글, p. 585.

동성애를 소재로 다룬 경우를 거의 발견할 수 없는 반면, 사회와 정상적인 삶으로부터 고립된 자의 고뇌가 자주 주제로 다루어진다. 이것은 비단 예술가 주인공에 국한되지 않는다. 예를 들어 단편「묘지로 가는 길」(1900)의 주인공 롭고트 피프잠, 단편「토비아스 민더니켈」(1898)의 주인공 토비아스 민더니켈, 「키 작은 프리데만 씨」(1897)의 주인공 요하네스 프리데만 등은 예술가가 아니라 그저 삶으로부터 철저히 외면당한 자일 뿐이다. 시민적 삶으로부터 운명적으로 고립된 자의 고뇌, 그들의 열등 의식, 다른 사람들과의 상이함에서 오는 그들의 고통 뒤에는 동성 연애자로서 토마스 만이 겪은 사회적 · 인간적 갈등과 고립감이 숨어 있다. '예술과 삶의 대립'이 피상적 주제일 뿐이라는 사실은, 그것이 토마스 만 자신의 경우에 별로 적용되지 않는다는 데서도 나타난다. 토마스 만은 '예술가로서' 뮌헨의 최상류 집안 출신의 여성과 결혼하여 시민 사회 속에서 자신의 위치를 굳히고 노벨상을 받았으며, 그의 80회 생일 축하 행사들은 토마스 만 자신의 말대로 "거의 또는 결코 아무도 아직 그렇게까지 축하받아본 적이 없을 정도로〔성대하게〕"[6] 거행되었다. 그가 고독하고 삶에서 제외당한 것처럼 느꼈다면, 그것은 자신의 동성애적 욕망이 사회적으로 적합한 방식으로 충족될 가능성이 없다는 사실 때문이었음에 틀림없다.

그러나 시간이 흐름에 따라 토마스 만이 동성애라는 소재를 작품화하는 방법에도 점차 변화가 나타났다. 그런 점에서 처음으로 동성 연애자를 주인공으로 내세운「베니스에서의 죽음」은 만의 작품 세계에서 새로운 이정표를 이룬다. 그러나 이 작품 역시 토마스 만의 '커밍 아웃 Coming-out'(자신이 동성 연애자라는 고백)이 아니라는 사실은 이 책의 제2장에서 자세히 설명될 것이다. 토마스 만은 자신의

---

6) Thomas Mann, *Tagebücher 1953~1955*, hrsg. von Inge Jens(Frankfurt am Main: Fischer, 1995), S. 351(1955년 6월 30일자 일기).

동성애에 관한 한 '감추기'와 '드러내기' 사이에서 갈등한 것처럼 보인다. 그는 한편으로는 자신의 동성애를 감추었지만, 다른 한편으로는 세상 사람들에게 자신의 비밀에 대한 어떤 힌트를 주고 싶어했던 것 같다. 예를 들어, 자기가 죽은 지 20년 후에야 일기를 공개하도록 한 그의 유언은 이 갈등을 단적으로 보여준다. 그에게는 자신이 동성 연애자라는 사실이 영원히 비밀로 남는 것도, 그렇다고 당장 폭로되는 것도 싫었던 것이다. 그래서 여러 학자들은 토마스 만이 작품 속에서 동성애를 다룬 방식을 두고 "노출적 은폐 enthüllende Verhüllung"나 "은폐적 노출 verhüllende Enthüllung" 또는 그와 유사한 표현들을 쓰고 있다. 토마스 만이 고안해낸 방법들 중 독자들의 불쾌감을 불러일으키지 않으면서 자신의 동성애적 욕망을 작품을 통해 은밀히 충족시킬 수 있는 방법의 또 한 예는, 자신의 동성애적 감정을 작품 속에서 이성애로 바꾸어놓는 것이었다. 이것은 토마스 만 자신 또는 자신의 동성애적 동경의 대상을 작품 속에서 여성으로 변화시키는 것을 의미한다. 예를 들어, 미완성 작품인 「연인들」(1901년 집필 시작)의 아델라이데, 소설 『사기꾼 펠릭스 크룰의 고백』의 우플레 부인, 4부작인 『요제프와 그의 형제들』(1933∼1943)의 세번째 소설 『이집트에서의 요제프』(1936)에 나오는 무트, 단편소설 「기만당한 여자」(1953)의 로잘리에 폰 튀믈러 등이 여성화된 토마스 만 자신이라면, 『마의 산』의 클라브디아 쇼샤는 토마스 만의 사랑의 대상이었던 빌리 팀페의 여성화된 모습이라고 할 수 있다.

　필자는 이 책에서 다음에 열거한 질문들에 대한 대답을 찾아보고자 노력하였다.

　첫째로, '토마스 만이 겪은 어떤 실제 체험들이 그의 문학 작품 속에 수용되어졌는가?'라는 질문이다. 이 연구의 토대이자 기초 작업으로서, 필자는 어떤 형태로든 만의 작품 속에 묘사된 애정 관계 속에 용해되어 있는 토마스 만의 인생 체험들을 그의 일기, 편지들,

수필들, 그리고 지금까지 출판되어 나온 연구 논문들을 토대로 규명하고자 시도하였다.

　둘째로, '그러한 실제 체험들이 작품 속에서 어떻게 변용되었나?'라는 의문이다. 아무리 토마스 만의 작품이 자서전적이라고 해도, 만의 경우에 있어서 '시'와 '진실'의 관계는 직선적인 것이 결코 아니며, '진실'이 '시'로 승화되기까지는 여러 가지 굴절 과정을 거치므로 매우 섬세한 시각으로 관찰하고 파악해야 한다고 생각하며, 또한 그렇게 하려고 노력하였다.

　셋째로, 바로 위의 질문에 대한 대답으로부터 우리는 또한 '토마스 만의 애정 체험의 문학화에 관한 그 어떤 창작 미학적 원칙들을 추론할 수 있는가?'라는 질문을 해볼 수 있다. 연구 결과, 이 질문에 대한 대답은 또한 동성애에 대한 만의 비밀스럽고 내면적인 태도와 겉으로 드러난 공적인 태도 사이의 불일치를 보여주었으며, 왜 토마스 만이 아들 클라우스 만처럼 공공연한 동성 연애자가 될 수 없었고, 왜 자신의 성적 판타지들을 실제 삶에서 실현하려고 시도조차 할 수 없었는지, 그리고 문학 창작이 이런 점에서 만에게 있어서 어떤 역할을 했는지 가르쳐주었다.

　넷째로 '일기에 나타난 토마스 만의 동성애에 대한 견해와 공적인 연설문들이나 수필들에서의 그것 사이에 차이점에 있는가?'라는 의문이 생기게 된다. 토마스 만의 일기에 있어서 흥미로운 점은, 그것이 때때로 만의 공적인 글들에 피력된 견해들과 일치되지 않거나 경우에 따라서는 반대되는 견해를 포함하고 있다는 사실이다. 예를 들어 필자가 박사 논문에서 프리드리히 니체와 파시즘 사이의 관계에 대한 토마스 만의 견해를 연구했을 때, 일기에 나타난 이 문제와 관련한 토마스 만의 니체상(像)이 처음부터 출판을 전제로 씌어진 수필들이나 연설문들에서와는 매우 다르다는 사실이 드러났다. 만의 일기는 그러므로 그의 다른 글들과는 변증법적인 관계에 있다고 할 수 있다. 이 책에서는 동성애에 대한 만의 태도에 있어서도 과연 그러한 불일치를 발견할 수 있는지 살펴보았다.

이 책을 집필하고 출판하기까지 여러 가지 방법으로 재정적 지원을 해준 알렉산더 폰 훔볼트 재단Alexander von Humboldt-Stiftung, 이 프로젝트에 깊은 관심을 가지고 여러모로 학문적인 조언을 해주시고 최신 자료들을 보내주신 UCLA의 에르하르트 바Ehrhard Bahr 교수님과 프라이부르크 대학교의 롤프 귄터 레너Rolf Günter Renner 교수님, 이 책을 집필하는 동안 자료를 구하는 데 도와주셨거나 다른 인간적인 도움과 격려를 베풀어주신 여러분들, 그 중에서도 특히 계명대 신일희 총장님과 염승섭 교수님, 동생 장재일 박사, 귀중한 시간을 내서서 졸고를 읽어주신 숙명여대 김주연 교수님, 전자 우편을 통해 저의 질문에 친절하게 대답해주신 휘트먼 대학의 로버트 토빈Robert Tobin 교수님께 깊이 감사드린다.

마지막으로, 필자에게 칭찬과 격려를 보내주신 서울대 허창운 교수님, 조지아 대학교 워드 루이스Ward Lewis 교수님, 클라겐 푸르트 대학교 페터 지마Peter Zima 교수님, 프라이부르크 대학교 요헨 슈미트Jochen Schmidt 교수님, 효가대 장기성 교수님, 대구대 고익환 교수님, 연세대 윤태원 박사님, 그리고 지금은 안타깝게도 고인이 되신 충남대 김황진 교수님께, 필자가 얼마나 마음속 깊이 감사하고 있는지 이 자리를 빌려 전해드리고 싶다. 토마스 만이 극찬했던 '비타민 P(Praise)'는 같은 길을 걷는 동료에게 줄 수 있는 가장 값진 선물이며 '건설적인 비판'보다도 오히려 더 효과적이고 더 절실히 필요하다는 것을 필자는 이분들과의 교제를 통해 깨닫게 되었다.

2000년 5월
장성현

차 례

제1장

토마스 만의 일기

    토마스 만의 인생과 작품간의 흥미로운 상호 관계는 특히 토마스 만의 일기 출판을 통해 세상의 주목을 끌게 되었다. 일기는 토마스 만의 유언에 따라 그가 죽은 뒤 취리히의 토마스 만 기록 보관소에 밀봉된 채 보관되다가 만이 죽은 지 꼭 20년 되던 날인 1975년 8월 12일에 개봉되었다. 그 후 페터 드 멘델스존에 의해 편집·간행되기 시작했고, 멘델스존이 죽은 뒤 잉에 옌스가 그 작업을 넘겨받아 전 10권으로 발간되었다.[1] 참고로 말하면 첫번째 권은 1977년에, 마지막 권인 제10권은 1995년 10월에 출판되었으며, 1권부터 5권까지는 멘델스존에 의해, 6권부터 10권까지는 옌스에 의해 편집되었다.[2] 옌스는 전임자 멘델스존보다 훨씬 더 자세한 참고 자료와 주석을 제공했으며, 무엇보다도 일기를 '삭제 없이' 출판하기로 결정한 것은 전임자에 비해 큰 진전이라 할 수 있다. 반면 멘델스존은 도덕적으로 불쾌감을 유발할 여지가 있다고 생각되는 약 80여 곳을 삭제했는

---

1) 각권의 출판 연도 및 편집자는 이 책 뒤의 '인용 및 언급된 문헌들'을 참조할 것.
2) 출판된 토마스 만의 일기는 '제1권' '제2권' 하는 식의 번호가 매겨져 있지 않으며, 다만 해당 일기가 씌어진 연도만이 제목으로 나와 있다. 그리고 1918년에서 1921년까지의 일기를 담고 있는 세번째 권을 제외하고는, 일기가 씌어진 시기를 기준으로 연대순으로 출판되었다.

데, 삭제당한 구절의 대부분이 토마스 만이 자신의 동성애와 성생활에 대해 노골적으로 언급한 곳으로 추측된다. 이러한 문제점 때문에 멘델스존에 의해 편집된 부분이 언젠가는 다시 새로운 편집자에 의해 철저히 보충되고 수정되어야 할 필요성이 토마스 만 학자들 사이에 제기되고 있다.[3]

일기 편집자들을 비롯한 여러 토마스 만 연구자들이 언급하고 있듯이, 토마스 만은 뤼벡의 김나지움 재학 시절 이래 평생 동안 일기를 썼다.[4] 그러나 불행히도 그가 쓴 일기가 다 보존되어 있는 것은 아니다. 오늘날 우리가 읽을 수 있는 것은 1933년에서 1955년 토마스 만이 사망할 때까지의 일기와, 1918년에서 1921년까지의 일기이다. 토마스 만은 이미 1896년 뮌헨에서 그때까지 쓴 일기를 불태웠다. 그가 절친한 친구 오토 그라우토프에게 쓴 1896년 2월 17일자 편지 중 다음 구절은 토마스 만의 일기장 소각이 자신의 동성애를 감추기 위한 것이었음을 추측하게 해준다:

그건 그렇고, 나는 요즈음 매우 뜨겁게 지내고 있어. 일기장을 모두 불태우고 있거든! 왜냐고? 그것들이 내게 부담스러웠기 때문이야. 공간적으로도 그렇고 다른 면에서도 말야…… 넌 내가 일기장을 태운 걸 유감스럽게 생각하니? 그렇지만 대체 어디에 내가 그것들을 계속 보관해두어야 한단 말이지? 예를 들어 내가 오랫동안 여행을 한다든지 할 때 말이야. 또는 내가 갑자기 조용히 영면(永眠)하신다

---

3) Hans Rudolf Vaget, "Confession and Camouflage," p. 589 참조.

4) Peter de Mendelssohn, "Vorbemerkungen des Herausgebers," Thomas Mann, *Tagebücher 1933~1934*, hrsg. von Peter de Mendelssohn(Frankfurt am Main: Fischer, 1977), S. V: Inge Jens, "'Über das Falsche, Schädliche und Kompromittierende des Tagebuch-Schreibens, das ich unter dem Choc des Exils wieder begann und fortführte……' (*Tagebuch*, 8. Februar 1942)," *German Life and Letters*, 51(1998), S. 287 참조.

면? 그렇게 큰 부피의 비밀스런 — *매우 비밀스런* — 글들을 보관하고 있다는 사실이 내겐 고통스럽고 불편하게 되었어.[5]

그 후 토마스 만은 1945년 5월 21일 퍼시픽 펠리세이즈에 있는 자신의 집 정원에서 다시 한번 '오래된' 일기들, 즉 1933년 이전의 일기들을 불태웠는데, 예외적으로 1918년에서 1921년까지의 일기는 당시 집필중이던 『파우스트 박사』(1947) 중 뮌헨의 모임들을 묘사하는 부분을 위한 참고 자료로 쓰기 위하여 태우지 않고 남겨두었다. 토마스 만은 이날 일기에 이렇게 쓰고 있다:

그런 뒤 오래된 일기들을 없애버리려는 오랫동안 품어온 결심을 실행에 옮김. 야외에서 난로에 태웠음.[6]

1896년의 일기장 소각이 그의 동성애를 숨기기 위한 것이었다면, 1945년의 소각에 대해서는 학자들마다 추측하는 바가 다르다. 역시 그의 동성애를 감추기 위한 행위였을까? 그것만이 이유였다고 보기 힘든 이유는, 그럴 경우 왜 하필이면 1933년 이전의 일기들만 태웠느냐는 의문이 풀리지 않는다는 점이다. 토마스 만의 동성애에 대한 묘사는 1933년 이후의 일기에도 나타나기 때문이다. 게다가 토마스 만이 결국은 자신의 동성애적 성향이 후세에 올바로 알려지기를 원했다는 사실에 대해서는 저명한 토마스 만 학자들간에 의견이 거의 일치한다.[7] 예를 들어 바제는 최근의 한 논문에서 1945년의 일기장

---

5) Thomas Mann, *Briefe an Otto Grautoff und Ida Boy-Ed*, S. 70. 이 책의 인용문 중 이 탤릭체로 된 강조는 인용 원문 자체에 나타난 인용문 저자의 강조이고, 고딕체로 된 강조는 이 글을 쓴 필자의 강조이다. 이 두 종류의 강조는 여기서 보듯이 서로 겹칠 수 있다.

6) Thomas Mann, *Tagebücher 1944~1. 4. 1946*, hrsg. von Inge Jens(Frankfurt am Main: Fischer, 1986), S. 208.

소각은 토마스 만 자신의 정치적 이미지 보존을 위한 것이었다는 견해를 설득력 있게 주장하고 있다.[8] 즉 만은 1933년 이전의 일기가 자신의 시대를 올바른 시각으로 진단한 반국가사회주의 인사로서의 자신의 위상에 도움이 되지 못한다고 생각했다는 것이다. 그리고 그 후 1950년 9월 15일자 일기에 따르면, 토마스 만은 이 무렵 다시 한 번 "그 어떤 적당한 순간에 모든 일기를 불태워버릴 〔……〕 속셈"[9]을 가지고 있었으나 그 후 곧 마음을 바꾸었다. 1950년 10월 13일자 일기에 토마스 만은 다음과 같이 쓰고 있다:

> 엔젤 박사가 차를 마시러 오다. 나의 모든 원고들 ─ 한 장도 빠짐없이 ─ 을 구입하려는 예일 대학교 도서관의 계획에 대해 이야기하다. 가격 때문에 계산해보다. 그 원고들 가운데는, 밀봉된 채, 내가 죽은 지 20년 또는 25년 후에야 '연구자들'에게 공개될 1933년부터의 일기도 포함될 것이다. 그때는 제발 즐거운 발견이기를. 세상이 나를 알되, 모든 사람들이 죽은 뒤에야 알기를.[10]

위의 인용에서 "세상이 나를 알되 Es kenne mich die Welt"라는 구절은 "세상이 나를 알고 그래서 용서해주기를! Es kenne mich die Welt, auf daß sie mir verzeihe!"이라는 아우구스트 폰 플라텐의 가젤

---

7) 예를 들어 바제는 "그의 동성애로 말하자면, 〔……〕 후세 사람들이 그것에 대해 알고, 또한 그것을 그의 존재의 근본 조건으로 바로 인식하기를 그가 원했다는 사실에 대해서는 의심의 여지가 없다"고 쓰고 있다(Hans Rudolf Vaget, "Confession and Camouflage," p. 573). 그리고 옌스도 "내 생각으론, 세상이 그를 알기를 일기 집필자가 원했다는 사실에 대해서는 의심의 여지가 없다"고 쓰고 있다(Inge Jens, "Über das Falsche 〔……〕'," S. 290).

8) Hans Rudolf Vaget, "Confession and Camouflage," pp. 581~82 참조.

9) Thomas Mann, *Tagebücher 1949~1950*, hrsg. von Inge Jens(Frankfurt am Main: Fischer, 1991), S. 267.

10) 같은 책, S. 278.

(아랍권의 시형식) 제49번의 한 연에서 나왔다. 토마스 만은 플라텐의 이 시를 자신의 연설 '아우구스트 폰 플라텐'(1930)에서 인용하고 있다.[11] 노작가는 이제 "세상이 나를 알고 그래서 용서해주기를" 바랐던 것이다.

토마스 만의 일기는 학자들이 기대했던 대로 만의 작품에 사용된 문헌 자료들과 집필 과정을 이전보다 더 자세하게 밝히는 데 도움을 주었다. 그러나 일기가 문헌학적인 정보만을 제공한 것은 아니었다. 일기는 만의 글들 가운데 가장 사적이고 비밀스러운 영역으로서 그가 대중을 위해 쓴 수필들이나 연설문들과는 비교도 안 되게 강한 자기 고백적 성격을 띠고 있음이 곧 드러나게 되었다. 일기는 토마스 만의 사생활에 대해 그때까지 알려지지 않았던 센세이셔널한 내용을 담고 있어서 일반 대중의 호기심과 흥미를 자극하였다. 일기 내용 가운데서 가장 세간의 주목을 끈 것은 그곳에 뚜렷이 고백되어 있는 토마스 만의 동성애적 성향이었다. 만은 앙드레 지드나 자신의 아들 클라우스 만과는 달리 자신의 동성애적 경향을 공공연히 밝히지 않고 평생 비밀로 간직했으나, 일기에서만은 놀랍도록 솔직하게 자신의 에로틱한 체험들을 낱낱이 고백하고 있다.

일기가 토마스 만 수용에 미친 영향은 크게 두 가지 영역에서 관찰할 수 있다. 첫째로 비학문적인 분야에서, 즉 일반 대중에게 만의 일기는 센세이션을 불러일으켰고, 그 결과 최근의 토마스 만에 대한 관심은 놀라울 정도로 증가했다.[12] 일기 출판이 가져온 토마스 만 르네상스에 대해 바제는 다음과 같이 쓰고 있다:

그가 죽은 지 20년 후에 그의 명성이 커다란 후원을 필요로 하리라

---

11) Thomas Mann, *Gesammelte Werke*, 제9권, S. 275 참조.

12) Hans Rudolf Vaget, "Mann and His Biographers," *Journal of English and Germanic Philology*, 96(1997), p. 601 참조.

는 사실을 만이 어떻게든 직관적으로 알았다고 추측하는 것은 구미 당기는 일이다. 정확하게 바로 그것이 일기 출판이 가져온 효과인 것이다.[13)

예를 들어, 1950년의 일기에 상세히 기록되어 있는 토마스 만의 '마지막 사랑'의 대상이었던 프란츠 베스터마이어는 일찍이 미국으로 이민 가서 현재 뉴욕에 살고 있는데, 1991년에 해당 일기가 출판되자 오락 잡지 기자에 의해 행방이 추적되어 유명해지게 되었고, 부인과 함께 독일 텔레비전의 인터뷰 프로그램에 나오기도 했다. 만의 일기에 대한 대중의 반응은 너무나 강해서, 보수적인 도널드 프레이터는 1995년에 나온 그의 토마스 만 전기에서, 자신의 사후 20년 뒤에야 일기를 공개해도 좋다는 만의 유언을 "사후의 성공을 위한 약삭빠른 조처"[14)라고 꼬집기도 했다.

일기의 출판과 더불어 시작된 토마스 만의 '비신화화' 과정의 눈에 띄는 결과 중 하나는 최근 몇 년 동안 나온 새로운 토마스 만 전기들이다. 1995년과 1996년에, 즉 일기의 마지막 권이 나온 무렵에 적어도 4권의 주목할 만한 새로운 토마스 만 전기들이 출판된 것은 결코 우연이 아닐 것이다.[15) 이 새로운 전기들은 정도의 차이는 있

---

13) Hans Rudolf Vaget, "Confession and Camouflage," p. 568.

14) Donald A. Prater, *Thomas Mann: Deutscher und Weltbürger. Eine Biographie*, übers. von Fred Wagner(München: Carl Hanser, 1995), S. 713.

15) 이 4권의 전기들은 다음과 같다: Klaus Harpprecht, *Thomas Mann: Eine Biographie*(Reinbek bei Hamburg: Rowohlt, 1995); Ronald Hayman, *Thomas Mann: A Biography*(New York: Scribner, 1995); Anthony Heilbut, *Thomas Mann: Eros and Literature*(New York: Knopf, 1996); Donald A. Prater, *Thomas Mann: A Life*(Oxford: Oxford University Press, 1995). 바제와 고돈 크렉은 이 네 전기들에 대한 비평을 제공하고 있다(Hans Rudolf Vaget, "Mann and His Biographer's" pp. 591~601; Gordon A. Craig, "The Mann Nobody Knew," *New York Review*, 1996년 2월 29일자, pp. 34~38 참조). 위에 언급된 4명의 토마스 만 전기 작가들 가운데, 토마스 만의 동성애에 관한 한 도널드 프레이터가 가장 보수적이고 앤터니 헤일

지만 모두 일기를 토대로 토마스 만의 남다른 성적 경향과의 평생에 걸친 대결과 타협 과정을 묘사하는 데 주력함으로써 만의 일생을 비교적 인간적인 관점에서 그리고 있다. 프로테스탄트적 업적의 윤리가, 모범적인 남편이자 아버지, 국민 작가, 현대판 괴테로서의 전형적인 토마스 만의 이미지는 일기 출판과 더불어 큰 손상을 입게 되었고, 그 대신 우유부단하고 쉽게 상처받으며, 자신의 성적 이중성에 고통당하고, 희망 없는 동성애적 짝사랑에 빠진, 게다가 자신의 작가적 능력에 대해서도 회의를 품은 지극히 인간적인 토마스 만이 모습을 드러내게 되었다. "이 작가[토마스 만]의 전형적인 이미지는, 그것이 화려함과 장중함에 있어서 손해본 만큼 진실성과 순수한 인간성에서 이익을 보았다"[16]고 비평가 마르셀 라이히 라니츠키는 이 새로운 토마스 만상(像)에 대해 언급하고 있다.

둘째로, 학문적인 영역에서, 즉 독문학자들에게 있어서 만의 일기는 토마스 만 연구의 한 새로운 방향을 제시했다. 바제는 일기가 토마스 만 학계에 가져온 변화를 다음과 같이 언급하고 있다:

일기의 출판이, 토마스 만 사후에 토마스 만 학계에서 일어난 가장 중요한 사건이었다는 사실에는 의심의 여지가 없다. 이 일기들은 현대 문학의 연대기에서 유일무이해 보이는 광범위한 재평가를 유발시켰다. 옛날 그대로인 것은 아무것도 없다. 우리는 이제, "고통과 영

벗이 가장 개방적인 입장을 취하고 있다. 바제는 전기 비평에서 "헤일벗에게 있어서 동성애는, 만을 올바르게 이해하는 데 필요한 만능 열쇠이자 만의 작품에 대한 그의 경탄과 옹호에 있어서 결정적인 요소이다"라고 쓰고 있다(Hans Rudolf Vaget, "Mann and His Biographers," p. 599). 그리고 1999년에는 독문학자이자 토마스 만 전문가인 헤르만 쿠르츠케의 토마스 만 전기가 나왔다(Hermann Kurzke, *Thomas Mann: Das Leben als Kunstwerk. Eine Biographie*, München: Beck, 1999).

16) Marcel Reich-Ranicki, "Vorwort," *Was halten Sie von Thomas Mann?: Achtzehn Autoren antworten*, hrsg. von Marcel Reich-Ranicki(Frankfurt am Main: Fischer, 1986), S. 15.

광"(1953년 9월 20일자 일기) 속에 펼쳐졌던 만의 이중 생활에 대해 훨씬 더 잘 이해할 수 있게 되었고, 그 결과 우리는 그의 작품을 다르게 읽게 되었다. 이제 우리 앞에 놓인 과제는 만의 작품을 읽는 새로운 해석 모델들, 즉 일기에서 드러난 고백과 위장 사이의 복잡한 상호 작용을 전면에 내세우는 새로운 모델들을 세우는 것이다. 〔……〕 무엇보다도 우리는 더 이상 만의 삶과 작품에서 동성애가 차지하는 중심적 위치를 무시하거나 완곡한 표현을 사용하여 상대화시킬 수 없다. 실로 일기는 그의 글을 동성애와 타협해보려는 일생에 걸친 수련으로 보도록 우리에게 명령하고 있다.[17]

그리고 고돈 크렉은 이렇게 쓰고 있다:

　일기는 토마스 만을 비신화화한 동시에 그의 삶과 작품의 해석에 필요한 새로운 열쇠들을 제공해주었다. 학자들이 만의 소설들과 단편들의 표면 아래로 들여다보기 시작하고 새로운 해석들을 제의함에 따라, 모더니스트로서의 토마스 만의 명성은 힘찬 부흥을 누렸다.[18]

무엇보다 토마스 만 연구자들은 일기 출판 이후, 그때까지는 간과되어온 토마스 만 작품의 강한 자서전적 요소에 눈을 돌리게 되었다. 롤프 귄터 레너의 저서 『인생의 작품: 토마스 만 텍스트의 내적 연관성에 관하여』(1985)는 토마스 만의 작품과 인생의 상호 관계를 강조하는 연구들 중 최초이자 가장 중요한 연구 중의 하나이다.[19]

---

17) Hans Rudolf Vaget, "Confession and Camouflage," pp. 589~90.
18) Gordon A. Craig, "The Mann Nobody Knew," p. 34.
19) Rolf Günter Renner, *Lebens-Werk: Zum inneren Zusammenhang der Texte von Thomas Mann*(München: Wilhelm Fink, 1985). 이 저서의 주제목인 'Lebens-Werk(인생의 작품)'는 'Lebenswerk(필생의 대작)'란 단어를 변화시킨 것으로, '인생'과 '작품'과의 긴밀한 상호 관계를 강조하는 이 책의 내용을 암시하고 있다.

대중들에게와 마찬가지로, 전문가들에게도 가장 중요한 쟁점은 토마스 만의 동성애적 경향이었다. "동성애 문제만큼 최근 수년간 토마스 만 학자들을 흥분시킨 것은 없다. 철저한 부인, 사소한 용어 차이에 관한 변호적인 토론에서부터, 동성애 운동가들의 〔토마스 만의 동성애의〕 뻔뻔스런 이기적 이용에 이르기까지 다양한 반응들이 있었다"[20]고 바제는 관찰하고 있다. 토마스 만의 동성애를 전문으로 다룬 주목할 만한 연구 논문들로는 또한 이그네이스 포이어리히트의 논문 「토마스 만과 동성애」[21](1982), 게르하르트 헤를레의 저서 『남녀 혼성: 클라우스 만과 토마스 만의 동성애에 관하여』[22](1988), 카를 베르너 뵘의 저서 『자기 규율과 욕망 사이에서: 토마스 만과 동성애라는 불명예』[23](1991) 등을 들 수 있다. 또한 로버트 토빈의 논문 「타치오는 왜 소년인가? "베니스에서의 죽음"에 나타난 동성애에 대한 시각들」[24](1994)도 이 테마에 관한 아주 견실한 연구이자 좀전에 언급한 토마스 만 연구의 방향 전환을 보여주는 전형적인 예라고 할 수 있다.

그러나 이상 언급된 두 부류의 수용 영역, 즉 학문적 수용과 비학문적 수용은 토마스 만의 경우에는 언제나 서로 뚜렷하게 구분되는 것이 아니라, 물론 경우에 따라서는 서로 겹치기도 한다. 예를 들어

---

20) Hans Rudolf Vaget, "Mann and His Biographers," p. 599.

21) Ignace Feuerlicht, "Thomas Mann and Homoeroticism," *Germanic Review*, 57(1982), pp. 89~97.

22) Gerhard Härle, *Männerweiblichkeit: Zur Homosexualität bei Klaus und Thomas Mann*, 제2판(Frankfurt am Main: Anton Hain, 1993). 이 책의 초판은 1988년에 나왔다.

23) Karl Werner Böhm, *Zwischen Selbstzucht und Verlangen: Thomas Mann und das Stigma Homosexualität*(Würzburg: Königshausen & Neumann, 1991).

24) Robert Tobin, "Why Is Tadzio a Boy?: Perspectives on Homoeroticism in *Death in Venice*," *"Death in Venice": A New Translation, Backgrounds and Contexts, Criticism*, trans. & ed. Clayton Koelb(New York: W. W. Norton & Company, 1994), pp. 207~32.

비록 하버드 대학에서 독일 문학을 전공하긴 했으나 그간의 활동 영역으로 보아 전문 독문학자라기보다는 저널리스트이자 문화 평론가인 앤터니 헤일벗이 자신의 토마스 만 전기에서 만의 작품들에 대한 새롭고 흥미로운 해석들을 제시하고 있는 반면,[25] 앞서 언급된 토마스 만과 클라우스 만 부자의 동성애에 관한 헤를레의 학문적 저서 『남녀 혼성……』은 저자 자신이 제2판의 후기에서 밝히고 있듯이 "[학문적으로] 허용될 수 없는 방식으로 전기와 시학을 뒤섞었다"[26]는 비난을 받기도 했다. 토마스 만의 문학 작품을 "자전적 자기 폭로, 뒤집어놓은 일기장이라는 의미에서의 [……] '고백서'"[27]로 파악하는 것은 지나친 단순화일 것이다. 그러나 토마스 만 작품의 자서전적인 성격이 일기에서 뚜렷하게 확인된다는 사실만큼은 부인할 여지가 없다. 예를 들어, 「베니스에서의 죽음」에서 아름다운 소년 타치오에 대한 동성애적 정열에 고통당하는 주인공 구스타프 아셴바흐가 작품에서 드러나는 신상 명세적·피상적 공통점을 넘어서서, 얼마나 더 깊은 의미에서 토마스 만의 문학적 '자아'인지는 일기가 출판되고 난 뒤에야 드러났다.

　토마스 만에 대한 연구는 국제적으로 빠른 속도로 진전되어왔으며, 많은 새로운 가능성과 새로운 시각들을 제시했다. 그럼에도 불구하고 만의 작품들을 일기를 토대로 동성애라는 테마를 중심으로 새로이 고찰하려는 학문적인 시도는 의외로 많지 않다. 그 이유는 우선, 일기장의 마지막 권이 1995년 10월에야 비로소 나왔기 때문에 시간적인 여유가 지금까지 그리 없었다는 사실에서 찾을 수 있겠지만, 또 다른 중요한 이유는 문예학 연구의 방법론적인 문제에서 찾을 수 있다고 필자는 생각한다. 한 작가의 인생과 작품과의 관계를

---

25) Anthony Heilbut, *Thomas Mann* 참조.
26) Gerhard Härle, *Männerweiblichkeit*, S. 413.
27) 같은 책, S. 27.

어떻게 다룰 것인가 하는 문제는 문예학에 있어서는 언제나 중요한 이슈였다. 그러나 신비평에서 해체주의에 이르기까지 현대의 문예학 이론들은 한 문학 작품을 모든 외부적인 요소들 — 작가의 인생 체험, 당시의 사회적 상황 등 — 로부터 분리해놓고 텍스트 그 자체만을 문예학적 연구 대상으로 삼을 것을 종용하고 있다. 따라서 오늘날 어느 학자가 어떤 작가의 인생과 작품의 상호 관련성을 연구한다고 하면 원시적이고 비학문적인 인상을 줄 우려가 있다. 그러나 토마스 만의 작품에 나타난 뚜렷한 자서전적 요소들 중 최근까지 알려지고 연구된 것은 외형적인 일부 사건들에 지나지 않으며, 토마스 만의 삶과 작품 사이의 은밀하고도 깊은 연관성은 간과되거나 보수적인 토마스 만 연구자들에 의해 최근까지도 체계적·의도적으로 무시되어왔다는 사실을 고려할 때, 그러한 우려는 적어도 토마스 만 연구에 있어서는 극복되어져야 한다고 필자는 믿는다. "그〔토마스 만〕의 삶과 그의 작품에 대한 우리의 해석은 일기를 읽고 난 후에는 영원히 달라지고 더 심오해질 것"[28]이기 때문이다.

---

28) Hans Rudolf Vaget, "Confession and Camouflage," p. 569.

제2장

「베니스에서의 죽음」에 나타난
동성애의 은폐와 폭로의 역학

1. 들어가는 말

I. 전기적 배경

단편소설 「베니스에서의 죽음」은 만의 다른 작품들과 마찬가지로 토마스 만의 실제 삶의 체험을 바탕으로 구상되었다. 1911년 5월 중순 『사기꾼 펠릭스 크룰의 고백』을 집필중이던 토마스 만은 아내 카티아, 형 하인리히와 함께 아드리아 해의 브리오니 섬으로 휴가를 떠났다. 그러나 그곳의 숙소와 급경사진 해안은 토마스 만의 마음에 들지 않았다. 그래서 일행은 5월 26일 브리오니 섬을 떠나 배로 베니스로 갔고, 전에도 몇 번 묵은 적이 있던 베니스 근처의 섬 리도의 그랑 호텔 데 뱅에서 6월 2일까지 묵게 되었다. 만 자신이 말하고 있듯이, 이 베니스 체재중에 그가 겪은 사건들과 체험들이 「베니스에서의 죽음」의 토대가 되었다:

나는 아내와 그해 5월의 일부를 리도에서 보냈는데, 그렇게 한 것이 처음은 아니었다. 일련의 특이한 상황들과 인상들이 새로운 소재들을 찾으려는 나의 비밀스런 노력과 함께 작용했음에 틀림없다. 그리하여 창조적 아이디어가 나오게 되었으며, 그것은 그 후 '베니스에

서의 죽음'이라는 제목으로 작품화되었다.[1]

　이 휴가중의 가장 핵심적인 체험은 이 작품에 그려진 타치오의 모델이 된 당시 열살짜리 폴란드 귀족 소년을 만나게 된 것이었다. 후에 토마스 만의 부인 카티아 만은 회고록에서, 이 베니스 체재중 토마스 만의 눈에 띈 어떤 "매우 매혹적이고 그림같이 아름다운 약 열세살 가량의 소년"에 대해 이렇게 언급하고 있다: "그 소년은 지극히 그[토마스 만]의 마음에 들었고, 그는 또한 언제나 그 아이가 친구들과 노는 것을 해변에서 관찰했다."[2] 나중에 밝혀졌듯이 1900년 11월 17일생이자 블라디슬라프 뫼스라는 이름의 이 소년은 「베니스에서의 죽음」이 나온 지 12년 후에야 자신이 타치오의 모델임을 알게 되었다. 그러나 그는 계속 침묵을 지키다가 토마스 만이 죽은 후인 1964년에야 비로소 이 작품의 폴란드어 번역자에게 자신이 타치오의 모델임을 밝히고, 역시 그 번역자를 통해 1911년 베니스에 체류할 때 찍은 가족 사진 몇 장을 토마스 만의 딸 에리카 만에게 보냈다.[3] 그러나 토마스 만이 이 소년 개인에게 사랑에 빠졌다기보다는 그의 내면에 상존하던 동성애적 동경이 이 소년에게서 투사(投射) 대상을 발견한 셈이었다. 이 단편소설에 묘사되는 그 밖의 다른 인물들과 에피소드들도 대부분 이 여행 동안 토마스 만이 실제로 체험한 대로였다. 토마스 만은 1930년에 발표한 자전적 수필 「인생 스케치」에서 「베니스에서의 죽음」에 대해 다음과 같이 언급한다:

---

1) Thomas Mann, *Gesammelte Werke*, 제11권, S. 123.

2) Katia Mann, *Meine ungeschriebenen Memoiren*, hrsg. von Elisabeth Plessen und Michael Mann(Frankfurt am Main: Fischer, 1974), S. 77.

3) Klaus Harpprecht, *Thomas Mann*, S. 346; David Luke, "Thomas Mann's 'Iridescent Interweaving'," *"Death in Venice": A New Translation, Backgrounds and Contexts, Criticism*, trans. & ed. Clayton Koelb(New York: W. W. Norton & Company, 1994), p. 198 참조.

〔「토니오 크뢰거」와〕 꼭 마찬가지로 「베니스에서의 죽음」에서도 아무것도 지어낸 것이라곤 없다. 뮌헨의 북쪽 묘지에서의 낯선 사내, 음산한 폴라의 배, 멋쟁이 노인, 수상한 곤돌라 사공, 타치오와 그의 가족, 짐이 뒤바뀌는 바람에 실패한 출발, 콜레라, 여행사의 정직한 직원, 음흉한 유랑 가수들, 또는 열거될 수 있을 다른 모든 것들은 실제로 있었고, 사실상 제자리에 끼워 맞추기만 하면 되었으며, 그렇게 할 때 이것들은 매우 놀랍게도 그 자체의 형성적 해석 능력을 입증해 보였던 것이다.[4]

토마스 만의 창조적 정신을 통해 관찰된 "현실에 의해 주어진 세세한 사건들"은 이처럼 "타고난 상징성과 예술적 형성에의 적합성"[5]을 가지고 있음이 드러났던 것이다.

Ⅱ. 토마스 만의 작품 수용 조종 시도

프레이터는 「베니스에서의 죽음」에 대해 "이 작품에서보다 더 분명하게 그〔토마스 만〕가 자신의 동성애적 성향을 표현한 곳은 없었다"[6]라고 언급하고 있다. 또한 베르너 프리첸은 다음과 같이 쓰고 있다: "그때까지 그는 결코 그만큼〔즉「베니스에서의 죽음」에서만큼〕 자기 고백적 소재를 다룬 적이 없었고, 황제 시대의 사회에서는 병적인 것으로, 심지어 범죄적인 것으로 여겨지던 것과 자신이 그렇게까지 밀접하게 연관되어 있다는 사실을 드러낸 적이 없었으며, 그때까지 자신의 '심신 상태,' 결혼, 가족, 상류층 생활을 〔……〕 서술 작품을 통하여 〔동성애가〕 공공연히 폭로됨으로써 희생될 위험에

---

4) Thomas Mann, *Gesammelte Werke*, 제11권, S. 124.
5) 같은 책, 같은 곳.
6) Donald Prater, *Thomas Mann: Deutscher und Weltbürger*, S. 128.

내맡긴 적은 한번도 없었다."[7] 토마스 만이 "큰 염려와 '이미 주사위는 던져졌다'는 기분을 가지고"[8] 이 작품에 대한 독자들의 반응을 주시한 이유도 여기에 있다. 토마스 만은 작품 발표를 앞두고 이 작품에 그려진 동성애라는 소재가 보수 시민층 독자들과 평론가들에게 어떻게 받아들여질지 내심 걱정하고 있었다. 그래서 그는 이 작품이 불러일으킬지도 모를 도덕적 논란에 대비하여 한 가지 "예방조처"[9]를 해두었다. 토마스 만이 이 작품을 집필중이던 1912년 3월 뮌헨의 출판물 및 연극 검열 고문단에 가입한 것이 그것이다. 이 기관의 중요한 과제 중 하나는 "음란 문학, 특히 동성애적 문학의 광대한 유포"[10]를 막는 것이었다. 토마스 만은 이미 1908년부터 경찰청 산하인 이 검열 고문단에의 가입을 권유받았으나 그때까지는 응하지 않았었다. 그러나 이제 그는 자신이 "공공 질서 및 경찰과 좋은 관계"임을 "온 세상에 과시할"[11] 이유를 가지게 된 것이었다. 작품 발표 후 토마스 만은 염려와 긴장 속에서 작품에 대한 매스컴의 반응을 주시했으며, 다행히 평론가들의 반응이 "압도적으로 호의적이며 그야말로 열광적으로"[12] 나타나자 다소 안도의 한숨을 쉴 수 있었다. 1913년 3월 12일 프라이부르크의 독문학자 필립 비트코프에게 보낸 편지에서 만은 「베니스에서의 죽음」이 얻은 열렬한 반응에 대해 자랑스럽게 보고하고 있다:

---

7) Werner Frizen, "Der 'Drei-Zeilen-Plan' Thomas Manns: Zur Vorgeschichte von *Der Tod in Venedig*," *Thomas-Mann-Jahrbuch*, 5(1992), S. 128.

8) Hans Rudolf Vaget, *Thomas Mann: Kommentar zu sämtlichen Erzählungen* (München: Winkler, 1984), S. 189.

9) Karl Werner Böhm, *Zwischen Selbstzucht und Verlangen*, S. 323.

10) Michael Meyer, *Theaterzensur in München, 1900–1918: Geschichte und Entwicklung der politischen Zensur und des Theaterzensurbeirates unter besonderer Berücksichtigung Frank Wedekinds*(München: Kommissionsverlag, 1982), S. 105.

11) Klaus Harpprecht, *Thomas Mann*, S. 344.

12) Hans Rudolf Vaget, *Thomas Mann*, S. 189.

저의 단편에 관해서 저는 도처로부터 찬성의 목소리와 심지어 감
탄의 목소리까지 듣고 있습니다. 〔독자들의〕 직접적인 참여가 이렇
게 활발했던 적은 아직 한번도 없었습니다. 기쁘게도 그 가운데는 중
요한 목소리들도 있습니다. 이 작품은 완전히 성공한 것 같아 보입니
다.[13]

   토마스 만은 "〔이 작품에 대한〕 호의적인 수용이 확실해진 시점
에"[14]—정확히 말하면 1913년 5월말에—프랑크 베데킨트의 희곡
『룰루 Lulu』가 자신의 긍정적인 추천에도 불구하고 상연 금지된 것
을 핑계로 검열 고문단에서 탈퇴하였다.[15]
   그러나 만이 우려했던 대로, 비록 극소수이긴 하지만 이 작품에
그려진 동성애라는 소재를 비난한 평론가들도 있었다. 그 중 가장
맹렬한 공격을 퍼부은 사람은 베른트 이제만이었다. 그는 1913년에
출판된 『토마스 만과 「베니스에서의 죽음」: 비판적 저항』이라는 제
목의 33쪽짜리 소책자에서 아셴바흐를 "약골"[16]이라고 부르고, 아
셴바흐의 동성애적 정열을 "역겹고"[17] "비독일적"[18]이라고 묘사하
였다. 이 소책자가 나온 후인 1913년 9월 14일, 부다페스트에서 간
행되는 잡지 『페스티 나플로 Pesti Napló』와 행한 인터뷰에서 토마스
만은 동성애라는 소재는 아셴바흐의 몰락을 최대한 숙명적이고 비

---

13) Thomas Mann, *Dichter über ihre Dichtungen*, 제14권, hrsg. von Hans Wy-
    sling(München: Heimeran/Fischer, 1975), 제1부, S. 401.

14) Karl Werner Böhm, *Zwischen Selbstzucht und Verlangen*, S. 323.

15) 같은 책, S. 322~23; Klaus Harpprecht, *Thomas Mann*, S. 343~44 참조.

16) Bernd Isemann, *Thomas Mann und der "Tod in Venedig": Eine kritische
    Abwehr*(München: E. W. Bonsels, 1913), S. 19.

17) 같은 책, S. 21.

18) 같은 책, S. 27.

참한 것으로 보이게 하기 위해 사용한 수단일 뿐이며, 자신은 원래 이 작품에서 마리엔바트에서의 노(老)괴테의 연애 사건—즉 1823년 괴테가 마리엔바트에서 만난 십대 소녀 울리케 폰 레베초에게 반하여 결혼까지 하려고 했던 사건—에서 아이디어를 얻었다고 주장하였다.[19] 후에 토마스 만은 원래 이 작품에서 동성애를 묘사하려고 하지 않았다는 자신의 발언을 뒷받침하기 위하여, 이 작품 집필시에 괴테의 소설『친화력』을 다섯 번 읽었다고 주장하기도 했다.[20] 1915년 9월 6일 엘리자베트 치머에게 보낸 편지에서도 토마스 만은 괴테 소재설을 되풀이하여 피력했다:

저는 원래, 다름아닌 괴테의 마지막 사랑을 서술하려고 계획했었습니다. 70세 노인의 저 어린 소녀에 대한 사랑 말입니다. 그는 그 소녀와 어떻게든 결혼하려고 했으나 소녀와 소녀의 가족들은 그것을 원치 않았습니다. 악하고 아름답고 그로테스크하고 감동적인 이야기지요. 그럼에도 불구하고 아마도 언제 한번 제가 그 이야기를 서술할지도 모르겠군요. 그러나 우선은 거기서 「베니스에서의 죽음」이 형성되어 나왔답니다. 그 단편소설의 이러한 기원이 그 작품의 본래 의도에 대해서도 가장 올바른 진술을 해주고 있다고 저는 생각합니다.[21]

토마스 만은 1940년대에 이르기까지 여러 편지에서 같은 주장을 되풀이하고 있으며,[22] 1940년에 행한 연설 '나 자신에 관하여'에서

---

19) Thomas Mann, *Frage und Antwort: Interviews mit Thomas Mann 1909~1955*, hrsg. von Volkmar Hansen und Gert Heine(Hamburg: Knaus, 1983), S. 35~41 참조.
20) Thomas Mann, *Briefe 1889~1936*, hrsg. von Erika Mann(Frankfurt am Main: Fischer, 1961), S. 176 참조.
21) 같은 책, S. 123.
22) 1915년 9월 10일에 파울 아만에게 쓴 편지와 1947년 3월 10일 한스 아이히너에게 보낸 편지에서도 토마스 만은 「베니스에서의 죽음」의 괴테 소재설을 주장하였다

도 다음과 같이 쓰고 있다:

　　원래 나는 〔「베니스에서의 죽음」에서〕 전혀 다른 어떤 것을 쓰고자 했었다. 나는 울리케 폰 레베초에 대한 괴테의 늦사랑을 나의 이야기의 소재로 삼으려는, 즉 높이 고양된 정신이 매혹적이고 천진한 한 조각의 생명 때문에 품위를 잃는 과정을 묘사하려는 소망에서 출발했었다. 그 덕분에 장려한 칼스바트의 비가(悲歌)[23]가 탄생되어 나온 괴테의 저 심각한 위기를, 깊디깊은 당황과 황홀함으로부터 울려나온 저 탄성을 묘사하려 했던 것이다. 그 당황과 황홀함은 괴테에게는 거의 파멸이 되었을 것이며, 어쨌거나 죽음 이전의 또 다른 죽음이었을 것이다.[24]

　　대부분의 학자들이 원래 노괴테의 폰 레베초에 대한 사랑을 그리려 했었다는 토마스 만의 이러한 주장을 의심 없이 그대로 받아들인 반면,[25] 뵘과 프리첸은 이제만의 공격에 당황한 토마스 만이 동성애라는 작품 소재의 중심성을 약화시키기 위해 '이성애'인 괴테의 사랑을 내세운 것일 뿐 토마스 만의 주장에는 신빙성이 없다고 보고 있으며, 이와 같은 자신들의 견해를 또한 설득력 있게 뒷

(Thomas Mann, *Briefe an Paul Amann 1915~1952*, hrsg. von Herbert Wegener, Lübeck: Max Schmidt-Römhild, 1959, S. 32; Thomas Mann, *Dichter über ihre Dichtungen*, 제1부, S. 444 참조).

23) 사실은 「마리엔바트의 비가 Marienbader Elegien」이다.

24) Thomas Mann, *Gesammelte Werke*, 제13권, S. 148.

25) 예를 들어 헤르베르트 레네르트, 바제, 데이비드 루크 등의 학자들이 이에 속한다. Herbert Lehnert, *Thomas Mann: Fiktion, Mythos, Religion*(Stuttgart: Kohlhammer, 1965), S. 122~27; Hans Rudolf Vaget, *Thomas Mann*, S. 176~81; Hans Rudolf Vaget und Dagmar Barnouw, *Thomas Mann: Studien zu Fragen der Rezeption*(Frankfurt am Main: Lang, 1975), S. 25~34; Hans Rudolf Vaget, "*Der Tod in Venedig*," *Thomas-Mann-Handbuch*, hrsg. von Helmut Koopmann, 제2판 (Stuttgart: Alfred Kröner, 1995), S. 583~86; David Luke, "Thomas Mann's 'Iridescent Interweaving'," p. 197 참조.

받침하고 있다.[26] 그들에 따르면 토마스 만의 괴테 소재설의 신빙
성을 의심하게 만드는 가장 결정적인 사실은, 원래 마리엔바트에
서의 괴테의 사랑을 소재로 다루려고 했는데 거기서 「베니스에서
의 죽음」이 나왔다는 토마스 만의 언급들이 한결같이 이 작품이 발
표된 지 적어도 수개월 이상 지난 후에 나온 것이며, 작업 노트를
포함한 지금까지 알려진 토마스 만의 어떤 글에도 이 작품의 집필
전이나 집필중에 괴테에 관한 단편을 쓴다는 언급이 전혀 없었다
는 점이다.[27] 뵘과 프리첸은 또한 토마스 만이 위에 언급된 인터뷰
와 율리우스 바브에게 보낸 1913년 3월 2일자 편지에서 괴테의
1823년 마리엔바트에서의 레베초에 대한 연정과 1814년 비스바덴
에서의 필리피네 라데와의 만남을 혼동하고 있으며, 심지어—위
에 인용되었듯이 연설 '나 자신에 관하여'에서—「마리엔바트의 비
가」를 「칼스바트의 비가」라고 잘못 말하고 있다는 사실로 미루어
보아 실제로 괴테에 대한 작품을 구상했다고 보기에는 토마스 만

---

26) Karl Werner Böhm, *Zwischen Selbstzucht und Verlangen*, S. 323~26; Werner
Frizen, "Der 'Drei-Zeilen-Plan'," S. 125~34 참조. 뵘의 견해와 프리첸의 논문의 첫
3분의 2는 주장과 증명 방법에 있어서 매우 흡사하다. 뵘의 책은 1991년 3월에 출
판되었으나 이미 1989년에 마인츠 대학의 박사학위 논문으로 제출되었으며 프리
첸의 논문은 1992년에 출판되었으므로, 프리첸이 뵘의 글을 참고로 했다고 생각
되지만, 그는 이 논문에서 뵘의 책을 언급하지 않고 있다. 두 학자가 각자 독자적
으로 같은 결론에 이르렀을 가능성도 없지 않다. 다만 다른 점은, 프리첸은 이와
같은 견해를 토대로 괴테 자신이 아니라 괴테의 작중 인물인 파우스트가 아셴바
흐의 모델이 되었다고 주장하고 있다는 점이다. 그리고 이 두 학자와는 정반대의
견해를 비교적 설득력 있게 피력한 논문으로는 1995년에 나온 존 S. 앵거마이어의
논문이 있다(John S. Angermeier, "Marienbad and Goethe as a Source of Motifs for
Mann's *Der Tod in Venedig*," *German Life and Letters*, 48(1995), pp. 12~24 참조).
이 논문에서 앵거마이어는 "괴테의 인생, 그의 마리엔바트에서의 체험, 그리고 토
마스 만의 단편소설 사이의 스물여덟 가지 유사점들"(같은 글, p. 23)을 조목조목
설명하면서, 특히 프리첸의 결론이 성급했다고 주장한다.

27) Karl Werner Böhm, *Zwischen Selbstzucht und Verlangen*, S. 325; Werner Frizen, "Der
'Drei-Zeilen-Plan'," S. 126 참조.

의 괴테의 삶에 대한 객관적 지식이 너무 부족하다고 주장하고 있다. "이 단편소설은 본질적으로 찬미가적 성격을 띠고 있으며, 찬미가적 기원을 가지고 있다"[28]는 토마스 만의 언급과 "에로스는 언제나 그〔아셴바흐〕의 내부에 존재하고 있었다. 타치오는 언제나 그의 왕이었다"[29]라는 작업 노트의 구절로 미루어볼 때 필자에게는 만이 실제로 괴테와 폰 레베초의 에피소드를 소재로 삼고자 했었으며 "찬미가적·동성애적 모티프는 〔……〕 비교적 늦게 첨가된 요소"[30]라는 바제 등의 관찰보다는 뵘과 프리첸의 주장이 더 옳은 것처럼 보인다.

또한 동성애라는 작품의 소재와 그에 따른 작품의 도덕성 문제에 대한 토마스 만 자신의 발언도 콘텍스트와 시간의 흐름에 따라 변화한다. 1911년 작품 집필 시작 후 비트코프에게 쓴 편지에서 토마스 만은 이 작품을 매우 "점잖은 anständig" 작품이라고 부르고 있다:

저는 작업을 하고 있습니다. 제가 베니스에서 가져온 정말 기묘한 작품이지요. 단편소설인데, 문체상으로는 진지하고 순수하며, 한 늙어가는 예술가의 소년애라는 케이스를 다루고 있지요. 당신께서는 "거 참!" 하시겠군요. 그러나 그것은 매우 점잖은 작품이랍니다.[31]

위의 언급도 또한 일종의 '예방 조처'로 볼 수 있겠다. 작품이 출판된 후 평소 토마스 만과 친분이 있던 여류 작가 보이 에드는 만에

---

28) Thomas Mann, *Briefe 1889~1936*, S. 176.

29) T. J. Reed, *Thomas Mann: "Der Tod in Venedig." Text, Materialien, Kommentar mit den bisher unveröffentlichten Arbeitsnotizen Thomas Manns*(München: Carl Hanser, 1983), S. 107에 인용됨.

30) Hans Rudolf Vaget, *Thomas Mann*, S. 178. 바제는 또한 다른 논문에서도 같은 주장을 되풀이하고 있다(Hans Rudolf Vaget, *"Der Tod in Venedig,"* S. 584 참조).

31) Thomas Mann, *Briefe 1889~1936*, S. 90.

게 쓴 편지에서 이 작품의 비도덕성에 대해 "경고와 이의"[32]를 표명하였다. 그러자 토마스 만은 1913년 3월 24일자 답장 편지에서 펄쩍 뛰며 이 작품의 '도덕성'을 강조하고 있다:

이 작품은 비도덕적이 아닙니다. 오히려 첫 단어부터 마지막 단어에 이르기까지 엄격하게 도덕적이라는 것이 바로 이 작품의 두드러진 점입니다. 너무나 도덕적인 나머지 어떤 심술궂은 비평가가 "청교도적이자 신(新)프로테스탄트적인" 경향을 가진 작품이라고 말했을 정도이지요.[33]

반면에, 이미 초기 수용 단계를 지난 시기인 1920년에 젊은 작가이자 동성 연애자인 카를 마리아 베버가 토마스 만에게 혹시 「베니스에서의 죽음」이 반(反)동성애적 프로파간다를 포함한 작품이 아니냐[34]고 염려하며 편지로 물어왔을 때, 토마스 만은 이 작품이 동성애에 대한 경고가 아니라 "찬미가적 성격"을 지니고 있다고 말함으로써 베버의 우려를 무마시키고자 하였다:

제가 존중하는 감정의 종류를 (저는 그것이 거의 반드시—여하튼 '정상적인' 감정의 종류보다는 훨씬 더 필연적으로—정신을 가지고 있기 때문에 그것을 존중합니다) 제가 〔이 작품에서〕 부정하거나 〔……〕 부인하고자 했다는 인상을 당신과 또한 다른 분들이 받으셨다면, 그것은 제게는 극히 원치 않는 바일 것입니다. 〔……〕 그 단편 소설이 본질적으로 찬미가적인 성격을 지니고 있고, 찬미가적 기원

---

32) Thomas Mann, *Briefe an Otto Grautoff und Ida Boy-Ed*, S. 172.
33) 같은 책, S. 172~73.
34) 실제로 아셴바흐의 죽음을 그의 동성애적 욕망에 대한 '벌'로 해석한 초기 평론가들이 있었다.

을 가지고 있다는 사실을 당신께서 알아차리지 못하셨을 리가 없을
텐데 말입니다.[35]

따라서 토마스 만은 이 작품에 의도된 그의 동성애에 대한 입장을
명백히 밝히지 않을 뿐만 아니라, 이 작품의 자서전적 성격에 대해
침묵을 지킴으로써 작품의 중심 소재인 '동성애'에 대해, 그것과 직
접적인 이해 관계가 없는 제삼자인 듯한 인상을 주려고 애썼음을 알
수 있다.

Ⅲ. 「베니스에서의 죽음」과 관련된 토마스 만의 동성애관

토마스 만은 1925년 헤르만 카이저링 백작이 행한 결혼에 관한
설문 조사에 대한 응답으로 카이저링 백작에게 보내는 공개 편지 형
식의 수필을 발표했다. 「결혼에 관하여」라는 제목의 이 수필은 오늘
날의 시각에서 볼 때 일기나 편지 같은 사적인 성격의 글들을 제외
하고는 토마스 만이 동성애에 대한 자신의 견해를 가장 대담하게 밝
힌 글이다. 그러나 물론 만이 직접 자신이 동성 연애자라고 고백한
것은 아니다. 그는 매우 우회적이고 때로는 역설적인 방법으로 암시
했을 뿐이었다. 이 수필을 정독해보면, 이 글의 논리의 흐름이 이분
화된 용어들의 매트릭스 위에서 움직이고 있음을 깨닫게 된다. 토마
스 만은 우선 사랑의 종류를 '동성애 Homoerotik'와 '결혼 Ehe'(즉 이
성애)으로 이분하고, 이 두 개념을 서로 철저히 대조적인 것으로 묘
사한다.[36] 그리고 만은 이 두 개념을 각기 일련의 용어들과 동일시
하거나 밀접하게 연관짓는다. 즉 그는 '동성애'를 '죽음' '유미주의'

---

35) Thomas Mann, *Briefe 1889~1936*, S. 176.

36) 이 글을 요약할 수 있는 대표적인 문구를 꼽으라면, "결혼의 특성인 모든 것을 동
    성애는 하나도 가지고 있지 않다 Alles, was die Ehe ist, 〔……〕 das ist die
    Homoerotik nicht"(Thomas Mann, *Gesammelte Werke*, 제10권, S. 199)라는 구절일
    것이다.

'미(美)' '생식 불능' '무책임' '무가망성' '비도덕성'[37] '방탕' '집시 근성' '변덕' '자유' '개인주의' 등의 용어와 연관시켰고, 또 이들 여러 용어의 상호 관련성도 거듭 언급하였다. 반면에 '결혼'(이성애)을 그는 위에서 열거한 용어들과 대조를 이루는 일련의 용어들, 즉 '삶' '정절' '지속' '번식' '책임' '도덕성' '의무' '봉사' '위엄' '인간 공동체' 등과 연관시켰다. 이와 같은 용어들의 공속성과 이 두 용어 군간의 대조 관계에 극도로 유의할 때에야 비로소 이 수필의 자기 고백적 성격을 읽어낼 수 있다.[38]

이 두 가지 상반된 감정의 영역을 조화시킬 수 있는 유일한 가능성으로서 토마스 만은 '예술'을 들고 있다. 만은 "예술가"를 "죽음의 세계와 삶의 세계의 (아이러니컬한!) 중재자"[39]라고 부른다. 이말을 앞서 설명된 용어들의 매트릭스를 이용하여 번역해보면, 예술가는 동성애적 변칙성과 이성애적 규범 사이의 중재자라는 뜻이 된다. 토마스 만 자신뿐 아니라, 이 양자 사이의 딜레마에 빠지게 되는 「베니스에서의 죽음」의 주인공 아셴바흐도 이런 점에서 토마스 만적 '예술가'의 대표적 예라고 할 수 있다. 이 수필에 피력된 토마스 만의 동성애관 중 「베니스에서의 죽음」과 관련하여 눈에 띄는 것은 토마스 만이 주장한 동성애와 죽음의 상호 관련성이다.[40] 이것은

---

37) 토마스 만은 동성애를 "의심의 여지 없이 비도덕적"(같은 책, S. 197)이라고 묘사하고 있다.

38) 예를 들어 다음의 구절에 나타난 자신의 동성애적 성향에 대한 토마스 만의 간접적 고백은 누구나 알아차릴 수 있는 것이 아닐 것이다: "토마스 부덴브로크와 아셴바흐는 죽어가는 자들, 삶의 규율과 도덕성으로부터의 도피자들, 죽음의 디오니소스 숭배자들이다. 이것은 내가 내 본성의 일부로써 때맞춰 정통하게 된 심신 상태였다"(같은 책, S. 200).

39) 같은 책, S. 199.

40) 이와 같은 주장도 이 수필의 뼈대를 이루는 용어의 매트릭스에 대한 이해가 전제되어야 파악될 수 있다. 토마스 만은 '동성애'와 함께 속하는 것으로 묘사된 '미(美)'와 '개인주의'를 '죽음'과 연관시킴으로써 '죽음'과 '동성애'를 서로 연관짓는다. 이 수필에서 토마스 만은 자신의 작품 「베니스에서의 죽음」이 "삶의 규율의

문학 작품 전반에 대하여 흔히 거론되고 특히 이 작품과 관련하여 자주 언급되는 "에로스와 타나토스의 결합"이란 상투적 문구가, '에로스'의 성질이 더 정확히 규명되지 않는 한 토마스 만의 작품에 무턱대고 적용될 수 없음을 보여준다. 왜냐하면 토마스 만은 동성애를 죽음과 연관시킨 반면, 이성애를 '삶'과 결합된 것으로 보았기 때문이었다. 「베니스에서의 죽음」에서 동성애는 아셴바흐가 타치오를 보는 순간에야 비로소 나타나기 시작하는 것이 아니라, 이 작품에는 처음부터 도처에 동성애적 암시가 숨어 있다. 또한 이 작품의 곳곳에는 '죽음'이 도사리고 있다. 이 두 가지 모티프— '동성애'와 '죽음'—는 우연히 서로 겹쳐진 것이 아니라, 양자의 결합은 토마스 만의 독특한 동성애관에 기인한다.

토마스 만의 동성애에 관한 견해 중 「베니스에서의 죽음」과 관련하여 또 한 가지 중요한 것은 그에게 동성애가 실제 충족에 목적을 둔 것이 아니라 '시각적' 만족에 바탕을 둔 것이었다는 사실이다. 1934년 4월 25일 한 아름다운 정원사 청년을 본 토마스 만은 그날 일기에 이렇게 적고 있다:

나는 정오에 홀로 〔……〕 산책을 나갔고, 원예소에서 한 젊은 청년이 일하고 있는 것을 큰 기쁨과 감동을 가지고 바라보았다. 그는 갈색 머리였고, 작은 모자를 쓰고 있었으며, 매우 예뻤고 혁대 있는

와해 과정, 개인주의의 광란적인 자유로의 귀향 과정"을 "소년애라는 형태로" 묘사하고 있으며, "개인주의의 개념과 죽음의 개념은 내겐 언제나 서로 융합된다"(같은 책, S. 200)고 쓰고 있다. 토마스 만은 또한 "그것〔동성애〕에는 미(美)의 축복 이외의 다른 축복이 없으며, 미의 축복은 죽음의 축복이다"(같은 책, S. 197)라고 쓰고 있다. '죽음'과 '미'의 밀접한 상호 관련성을 설명하기 위하여 만은 "눈으로 미(美)를 본 자는/이미 죽음에 내맡겨져 있도다Wer die Schönheit angeschaut mit Augen,/Ist dem Tode schon anheimgegeben"(같은 곳)라는 플라텐의 시 「트리스탄Tristan」의 첫 구절을 인용하고 있는데, 이 시구야말로 「베니스에서의 죽음」의 내용에 대한 요약이라 할 수 있다.

곳까지 나체였다. 이 너무나도 값싼, 너무나도 일상적이고 자연스러운 '아름다움,' 가슴, 팽창한 이두박근을 바라볼 때 내가 느낀 감격은, 나중에 나로 하여금 다시 그러한 〔즉 동성애적〕 성향의 비현실적 · 환상적 · 미학적 성격에 대해 생각하도록 만들었다. 그러한 성향의 목적은 〔……〕 바라보고 '감탄하는 데' 있으며, 비록 에로틱한 성격을 지니기는 하지만, 그 어떤 성적 실현에 대해서는 이성으로써도 또한 감각만으로써도 아무것도 알기를 원하지 않는다.[41]

예를 들어 타치오와 아셴바흐의 관계에 있어서도 처음부터 끝까지 오로지 시각적 만족이 중심을 이루고 있다. 타치오를 사랑하게 됨에 따라 아셴바흐는 "주시하는 자 der Betrachtende,"[42] "바라보는 자 der Schauende"[43]가 되며, 아셴바흐와 타치오의 무언의 감정 교류는 시선 교환을 통해 이루어진다. 예컨대 아셴바흐는 해변에서 매일 타치오가 나타나기를 기다리다가 타치오가 지나가면 때로는 눈을 들어 쳐다본다: "그러면 그들의 시선이 마주쳤다. 그런 일이 일어나면 그들 둘 다 매우 진지했다."[44] 그들의 시선을 통한 교제의 절정을 이루는 것은, 어느 날 저녁 아셴바흐가 저녁 식사 때 타치오의 모습이 보이지 않자 호텔 앞에서 서성이며 타치오를 기다릴 때이다. 그때 갑자기 타치오가 가족들과 함께 나타난다:

그의 시선이 그리워하던 소년의 시선과 마주쳤을 때, 거기에는 아마 기쁨, 놀라움, 경탄이 공공연히 나타났는지 모른다—그리고 이 순간 타치오가 미소를 지었던 것이다.[45]

---

41) Thomas Mann, *Tagebücher 1933~1934*, hrsg. von Peter de Mendelssohn (Frankfurt am Main: Fischer, 1977), S. 397~98.

42) Thomas Mann, *Gesammelte Werke*, 제8권, S. 470, 489.

43) 같은 책, S. 473, 524.

44) 같은 책, S. 497.

타치오의 이 "나르시스의 미소"에 감동된 아셴바흐는 "난 너를 사랑해! Ich liebe dich!"[46]라고 혼자 속삭이게 되는데, 이 고백은 이 사랑의 첫 절정을 이룬다. 또한 아셴바흐가 죽는 순간에도 역시 타치오와의 시선 교환이 중요한 역할을 한다: "그를 지켜보고 있던 사나이는, 언젠가 그 연회색 눈의 시선이 맨 처음 예의 그 문턱에서부터 뒤돌아보며 자신의 시선과 마주쳤을 때처럼 앉아 있었다. 그의 머리는 의자의 등받이에 기댄 채, 저 바깥에서 걸어다니고 있는 소년의 동작을 쫓고 있었다. 이제 그 머리는 마치 그 시선에 응답하려는 듯 들려졌다가는 가슴 위로 힘없이 떨구어졌다."[47] 그러므로 아셴바흐가 죽기 직전, 콜레라로 인해 철 이르게 텅 비어버린 해변에 홀로 서 있는 "주인이 없는 것처럼 보이는 카메라"[48]는 아셴바흐의 동성애적 정열의 '시각적' 성격을 상징한다고 볼 수 있다.[49]

토마스 만은 1897년 4월 6일 로마에서 친구 그라우토프에게 다음과 같이 쓰고 있다: "「키 작은 프리데만 씨」를 쓴 이래로 나는 갑자기, 내가 그것을 뒤집어쓰고 나의 〔동성애적〕 체험들과 함께 사람들과 어울릴 수 있는 은밀한 형태들과 가면들을 발견할 수 있게 되었어. 반면에 그 이전에는, 다만 나 자신에게 털어놓고자 할 때조차도 나는 비밀스런 일기장을 필요로 했었지."[50] 과연 토마스 만의 초기

---

45) 같은 책, S. 498.

46) 같은 책, 같은 곳.

47) 같은 책, S. 524.

48) 같은 책, S. 523.

49) 레너는 카메라를 받치고 있는 삼각대가 아폴로의 삼각 다리를 상징한다고 보고 있으나, 그것이 이 작품 해석에 구체적으로 어떤 의미를 지니는지 설명하지 않고 있다(Rolf Günter Renner, *Das Ich als ästhetische Konstruktion: "Der Tod in Venedig" und seine Beziehung zum Gesamtwerk Thomas Manns*, Freiburg im Breisgau: Rombach, 1987, S. 153 참조).

50) Thomas Mann, *Briefe an Otto Grautoff und Ida Boy-Ed*, S. 90.

작품들에는 여러 가지 이유로 사회에서 '왕따'가 된 주인공들이 등장하는데,[51] 그들의 사회적 고립의 이면에는 동성 연애자 토마스 만의 사회적 고립감이 숨어 있다. 그들이 고립된 이유는 다양하지만,[52] 「베니스에서의 죽음」 이전에 나온 작품들의 주인공들 중 동성 연애자는 없었다. 토마스 만이 '가면'이란 표현을 사용한 이유도 여기에 있다. 「베니스에서의 죽음」은 만이 동성애적 감정을 직접적으로 묘사한 첫 작품이었으며, 그런 점에서 작가 토마스 만의 동성애로 인한 고립감의 문학 창작을 통한 극복 방법에 있어서 새로운 이정표가 되는 작품임에 틀림이 없다. 적어도 겉으로 보기에는, 그는 이 작품에서 처음으로 그때까지 사용하던 '가면들'을 벗어버리고 자신의 진정한 모습을 드러낸 것처럼 보인다. 그러나 실제로 그런지 우리는 이 장에서 살펴볼 것이다. 이 장의 본론에서는 이 작품에 숨어 있는 동성애적 암시를 살펴보고, 그 뒤 이 작품의 초기 수용 양상을 살펴본 뒤, 방금 우리가 제기한, 이 작품에서 토마스 만이 정말 자신의 진정한 모습을 드러내보였느냐라는 질문으로 되돌아가 결론을 내려보고자 한다.

---

51) 「키 작은 프리데만 씨」(1897)의 프리데만, 「환멸」(1896)의 무명의 주인공, 「토비아스 민더니켈」(1898)의 민더니켈, 「묘지로 가는 길」(1900)의 피프잠 등을 예로 들 수 있다.

52) 예를 들어 프리데만은 육체적 결함 때문에, 「환멸」의 주인공과 민더니켈은 비정상적인 심리 상태로 인하여, 피프잠은 알코올 중독과 격정적 성격 때문에 고립자가 된다.

2. 본론
—「베니스에서의 죽음」에 '숨어 있는' 동성애적 암시

I. 아셴바흐의 산책과 낯선 사내와의 만남

아셴바흐의 타치오에 대한 동성애적 정열은 아무런 예고도 전력 (前歷)도 없이 갑자기 나타나는 것이 아니다. 실제로 아셴바흐의 내면에 잠재한 동성애적 성향은 그가 타치오와 대면하기 이전인 제1장과 제2장의 곳곳에 암시되어 있다. 서술자는 아셴바흐가 "몇 년간 불안정하게 이곳저곳에서 시험적으로 살아본 후에 일찌감치 뮌헨을 영주지로 선택했으며"[53] 산속에 있는 그의 별장을 제외하고는 "그의 외적 생활은 그에게 고향이 되어버린 그 아름다운 도시에 〔……〕 거의 전적으로 국한되어 있었다"[54]고 말하고 있다. 뮌헨이 속해 있는 바이에른 주는, 1810년 나폴레옹 집권 후 프랑스에 속하게 된 독일 영토를 제외하고는 1532년 이래 내려오던 동성애 금지법을 없앤 최초의 독일 주였으며, 1871년 건국된 독일 제국이 통합법을 제정하여 동성애를 다시 법으로 금지할 때까지 바이에른 특유의 "성에 있어서의 자유"[55]를 고수하였다. 그리고 바이에른 주의 수도인 뮌헨은 19세기말에 "독일에서 가장 성적으로 자유로운 도시 중 하나"[56]라는 평판을 가지고 있었다. 바이에른의 왕이었던 루트비히 2세(1845~1886)는 토마스 만에 의하면 동성 연애자의 한 "타입"[57]

---

53) Thomas Mann, *Gesammelte Werke*, 제8권, S. 456.

54) 같은 책, S. 448.

55) Paul Derks, *Die Schande der heiligen Päderastie: Homosexualität und Öffentlichkeit in der deutschen Literatur 1750~1850* (Berlin: rosa Winkel, 1990), S. 171. 독일에서의 동성애에 관한 법적 처벌 규정에 대해서는 같은 책, S. 140~73 참조.

56) Robert Tobin, "Why Is Tadzio a Boy?," p. 220.

57) Thomas Mann, *Briefe 1889~1936*, S. 178.

이었다. 또한 이날의 아셴바흐의 산책지인 영국 공원은 토빈에 따르면 "18세기말 그것이 지어진 직후부터 오늘날까지 동성 연애자들의 만남의 장소"[58]이다. 아셴바흐의 거주지와 산책지로 미루어볼 때, 그날따라 멈추지 않는 "정신의 끊임없는 움직임 motus animi continuus," 즉 "그[아셴바흐]의 내면에 있는 생산적 동력 장치의 끊임없는 흔들림"[59]이란 다름아닌 성적 흥분 또는 성적 에너지임을 짐작할 수 있다. "그의 내면에 있는 생산적 동력 장치"란 우선 표면적으로는 아셴바흐의 작가로서의 정신적 창조력을 가리키겠지만, '동력 장치 Triebwerk'란 표현에 포함되어 있는 'Trieb'이란 용어는 특히 성적 충동과 욕망을 연상시키며, 그럼으로써 성적 갈망과 창작성 사이의 연관성을 시사하고 있다. 실제로 후에 수필 「미켈란젤로의 성애」 (1950)에서 토마스 만은 "사랑 Liebe"을 "그[미켈란젤로]의 초남성적인, 또한 거의 초인간적이라고 할 수 있는 작품을 완성하게 한 뜨거운 원동력"[60]이라고 불렀는데, 토마스 만에게 있어서 미켈란젤로는 프로이센의 프리드리히 대왕, 요한 요아힘 빙켈만, 플라텐, 슈테판 게오르게와 더불어 동성애적 기질을 가진 위인들 중의 한 명이었다.[61]

동성애적 충동에서 비롯된 이 산책의 종착지에서 아셴바흐는 죽음의 상징물들과 만나게 된다. 즉 그는 "팔려고 내놓은 십자가들, 추모비들, 기념물들"이 "제2의 임자 없는 묘지"를 이루고 있는 석공소와, "'그들은 하느님의 처소로 들어가도다'라든가 '영원한 빛이 그들을 비출지어다'와 같은, 내세에서의 삶에 대한 성서 구절들 중 골라낸 것들"이 건물의 정면에 좌우 대칭으로 새겨져 있고 그 옥외

---

58) Robert Tobin, "Why Is Tadzio a Boy?," p. 220.

59) Thomas Mann, *Gesammelte Werke*, 제8권, S. 444.

60) Thomas Mann, *Gesammelte Werke*, 제9권, S. 792~93.

61) Thomas Mann, *Briefe 1889~1936*, S. 178 참조.

계단의 입구에는 "계시록에 나오는 두 짐승들"의 동상이 서 있는 "영안실"[62]을 보게 된다. 아셴바흐는 몇 분 동안 "그 구절들을 읽고 자신의 정신의 눈을 그 구절들의 투명한 신비 속으로 침잠시키며 진지한 기분 전환을 하는데,"[63] 바로 그 순간에 그는 기묘한 낯선 사내를 발견하게 된다.

이 "낯선 사내"[64]가 죽음의 상징물들을 배경으로 나타난 것은 우연이 아니다. 이 사내는 흔히 "죽음의 사자들 Todesboten"이라 불리는, 아셴바흐가 만나게 되는 네댓 명의 기묘한 "낯선 사내들" 중 첫 번째 인물이며, 그의 용모상의 특징들 중 많은 부분이, 나머지 사람들에게서 되풀이되어 나타나는 일련의 라이트모티프의 출발점을 이룬다는 점에서 중요하다. 레너가 단언하고 있듯이, "의심의 여지 없이 그의 용모는 북독일의 사신(死神)과 흡사하다."[65] 아래위로 벌어진 입술 사이로 잇몸 있는 데까지 드러난 그의 이빨과 찡그린 얼굴 표정은 해골을 연상시킨다. 그는 "붉은 머리 타입"[66]이며 "붉은 속눈썹을 가지고"[67] 있는데, 붉은 색깔은 이 단편에서는 — 후에 아셴바흐가 호텔 정원에서 벌어지는 유랑 가수들의 공연을 보면서 마시는 "석류즙"[68]과 그때 눈앞에 떠올리는 옛날 양친 집 모래 시계의 "빨갛게 녹슨 빛깔의 모래,"[69] 아셴바흐가 죽기 얼마 전 이발사에게

---

62) Thomas Mann, *Gesammelte Werke*, 제8권, S. 445.

63) 같은 책, 같은 곳.

64) 같은 책, S. 446.

65) Rolf Günter Renner, *Das Ich als ästhetische Konstruktion*, S. 39.

66) Thomas Mann, *Gesammelte Werke*, 제8권, S. 445.

67) 같은 책, S. 446.

68) 같은 책, S. 506. 석류즙은 그리스 신화에서는 죽음의 상징이다. 제우스의 딸 펠세포네는 저승의 신 하데스가 준 석류즙을 먹었을 때 저승의 세계에 속하게 된다 (Ehrhard Bahr, *Thomas Mann: "Der Tod in Venedig,"* Stuttgart: Reclam, 1991, S. 61 참조).

69) Thomas Mann, *Gesammelte Werke*, 제8권, S. 511.

서 화장을 했을 때 그의 얼굴에 나타난 "부드러운 홍조"와 그의 "나무딸기빛으로" 부풀어오른 입술, 화장을 한 뒤 아셴바흐가 매는 빨간 넥타이,[70] 타치오를 뒤쫓다 놓친 아셴바흐가 갈증을 식히느라 사먹는 딸기에서[71] 보듯이—죽음의 상징이다.[72] 그리고 이 낯선 사내가 취하고 있는 다리를 꼰 자세는 헤르메스를 연상시키며, 특히 그의 지팡이와 모자는 전래되는 여러 형태의 헤르메스들 가운데에서도 "죽은 자들을 저승으로 안내하는 영혼의 안내인"[73]을 연상시킨다.

죽음의 모티프와 함께 이 사내에게는 동성 연애자적 요소가 나타나 있다. 이미 그의 "수염 없는" "주근깨가 난 우윳빛 피부"[74]부터가 여성적인 남성 동성 연애자를 연상시킨다. 이자도르 트라셴은 이 낯선 사내가 "젊고 순진하지만 동성 연애자적 암시를 지니고 있다"[75]고 관찰하고 있다. 사내의 복장과 외모는 "이국적인 느낌" "먼 곳에서 온 듯한 인상"을 주고, 아셴바흐는 그가 "전혀 바이에른 사람이 아니라고"[76] 단정한다. 이 작품에 반복해서 묘사되는 일련의 "낯선 사

---

70) 같은 책, S. 519.

71) 같은 책, S. 520~21 참조.

72) 반면에 에르하르트 바는 이 작품에서 "빨간색은 성적인 용의를 나타내는 신호일 뿐만 아니라 성적 약속의 상징이기도 하다"(Ehrhard Bahr, *Thomas Mann*, S. 68)고 주장한다. 아마도 이 주장은 필자의 생각과 모순되는 것이 아니라 빨간색은 '죽음'의 상징인 동시에 '성적 희망,' 즉 아셴바흐의 경우에는 '동성애에의 희망'의 상징이라고 보는 것이 옳을 것이다. 한편 레너는 이 낯선 사내의 붉은 머리가 토마스 만의 작품들에 나오는 다른 붉은 머리 인물들 — 예컨대 「키 작은 프리데만 씨」에서의 게르다 폰 린링엔이나 『부덴브로크 일가』의 게르다 아놀센 — 에게서 보듯이 "억제할 수 없는 낯선 힘"(Rolf Günter Renner, *Das Ich als ästhetische Konstruktion*, S. 39)을 상징한다고 보고 있다.

73) 같은 책, 같은 곳.

74) Thomas Mann, *Gesammelte Werke*, 제8권, S. 445.

75) Isadore Traschen, "The Uses of Myth in *Death in Venice*," *Thomas Mann*, ed. Harold Bloom(New York: Chelsea House, 1986), p. 90.

76) Thomas Mann, *Gesammelte Werke*, 제8권, S. 445.

람들 Fremde"과 그들의 "낯섦 Fremdheit"은 아셴바흐의 마지막 꿈속에서 나타나는 "낯선 신[d]er fremde Gott"[77]이라는 용어에서 절정을 이룬다. 'fremd(낯선)'란 용어에는 성적 성향에 있어서 보통 사람들과는 다르다는 의미에서 '낯선' 사람으로 여겨지는 동성 연애자들의 사회적 소외감이 표현되어 있다. 베니스에 도착한 이후에는 아셴바흐 자신이 서술자에 의해 여러 번 "낯선 사나이 der Fremde"[78]라고 묘사되는 것도 우연이 아니다.

토마스 만이 동성애를 시각적인 만족으로 보았다는 사실은 앞에서 이미 설명되었다. 이렇게 볼 때, 저 뮌헨의 낯선 사내의 동성 연애자적 요소는 또한 그의 아셴바흐와의 격렬한 시선 교환에서도 나타난다:

> 그[아셴바흐]는 갑자기, 그 사내가 자신의 시선에 대답하고 있다는 것을 깨달았다. 그것도 너무나도 호전적으로, 일을 극단까지 몰고 가려는 명백한 의도를 가지고 그의 눈 속을 똑바로 쳐다보았던 것이다.[79]

이 밖에도 위의 인용문에서 "일을 극단까지 몰고 가려는 die Sache aufs Äußerste zu treiben"이라는 구절의 'treiben'이란 동사는 "누구와 성관계를 가지다 es mit jemandem treiben"라는 표현에서 보듯이 성적인 부수 의미를 지니고 있으며, 앞서 '동력 장치 Triebwerk'란 용어와 관련하여 성적인 암시를 지닌 것으로 설명된 'Trieb'이란 단어도 이 'treiben'의 명사형이다.

뮌헨에서 만난 낯선 사나이와 아셴바흐의 격렬한 시선 교환은 이

---

77) 같은 책, S. 516.
78) 같은 책, S. 463, 465, 500, 511~12, 515.
79) 같은 책, S. 446.

만남의 동성애적 성격을 보여준다. 따라서 이 낯선 사내와의 만남이 아셴바흐에게 가져다준 "육체적 (……) 영향" "그의 내면의 이상한 확장" "일종의 방황하는 불안감, 먼 곳을 향한 청춘의 목마른 열정, 너무나 생생하고 새로운, 또는 너무나 오래 전에 낯설게 되어버리고 잊어버린 감정"[80]은 오랫동안 억압되어온 동성애적 동경을 가리킴에 틀림이 없다. 서술자는 이 낯선 사내와의 만남의 결과로 아셴바흐에게 찾아드는 갑작스런 동경을 "발작처럼 일어나서 열정으로, 심지어 환각으로까지 고조된"[81] "여행에의 욕구"[82]라고 표현한다. 그런 뒤 아셴바흐에게는 어떤 먼 열대 지방의 풍경이 눈앞에 환상으로 나타나는데, 이 환상에 대한 묘사는 "그의 욕망은 시각적으로 되었다 Seine Begierde ward sehend"[83]라는 기묘한 문장으로 시작된다. 앞서 언급된 대로 토마스 만이 동성애를 무엇보다도 '시각적' 영역에 속하는 것으로 보았다는 사실에 비춰볼 때, '욕망'과 '시각'의 연관성을 보여주는 이 문장은 아셴바흐가 현재 느끼고 있는 감정이 '동성애적' 동경임을 시사해주고 있다. 낯선 사나이와의 만남을 통해 야기된 환상은 아셴바흐에게 "우거진 양치 식물의 무리 geile(s) Farrengewucher"가 있는 "습기차고 무성하고 거대한 (……) 열대의 늪지대 ein tropisches Sumpfgebiet (……) feucht, üppig und ungeheuer" 이자 "원시 세계의 황무지"[84]를 보여준다. 'geil'이란 단어는 '우거진'이란 뜻도 있지만 더 보편적으로는 '색정이 동한'이라는 뜻을 가지고 있다.[85] 또한 'üppig'라는 단어도 여기서는 '무성한'으로 번역

---

80) 같은 책, 같은 곳.
81) 같은 책, S. 446~47.
82) 같은 책, S. 446.
83) 같은 책, S. 447.
84) 같은 책, 같은 곳.
85) 'geil'이란 단어는 후에 아셴바흐의 디오니소스적 꿈의 묘사에서 "음탕한, 색정이
    동한"이란 원래 뜻으로 사용된다. 즉, 이 꿈속에서 남녀들은 "음탕한 몸짓 geile(]

되었지만, 사람의 몸에 대해 사용할 때는 '풍만한, 요염한'이라는 뜻을 지닌다. 이처럼 환상의 풍경을 설명할 때 성적인 뜻을 가진 단어들이 사용된 것은 아센바흐의 환상이 성적 욕망과 밀접하게 관련되어 있다는 것을 암시해준다. 그리고 남근을 연상시키는 일련의 이미지들—토지로부터 돋아나려고 애쓰는 "털이 난 종려나무 줄기들" "이상하게 기형적인 모습의 나무들" "낯선 종류의 새들"[86]의 "못생긴 주둥이들"[87]—은 이 성적 욕망이 '남성'을 향한 것임을 보여준다.[88] 이 환상의 에로틱한 성격은 이 환상을 본 아센바흐가 자신의 심장이 "수수께끼 같은 갈망"[89]으로 고동치는 것을 느낀다는 사실에서도 나타난다. 아센바흐에게 "너무나도 활기차게 터져나오는 욕구"로 찾아든 "여행에의 충동"은 "먼 곳과 새로운 것에 대한 동경"이며, 또한 "작품으로부터, 딱딱하고 차갑고 정열적인 의무가 있는 일상의 거처로부터 〔……〕 도피하려는 충동"[90]이기도 하다. 서술자는 또한 "적어도 그에게 세계 교통의 편리함을 마음 내키는 대로 즐길 수 있을 만큼의 돈이 있게 된 이래로, 그〔아센바흐〕는 여행을 다름아닌, 성향이나 기호에는 맞지 않지만 때때로 취해야 하는 위생적 조처로 보았다"[91]고 언급한다. "세계 교통 Weltverkehr"[92]이라는 단어에 포함된 'Verkehr'는 '교통'이라는 뜻도 있지만 '성교'라는 뜻도 가지고 있다. 또한 "때때로 취해야 하는 위생적 조처"라는 표현은 19세기말의 성에 관한 담론을 연상시킨다. 이와 같은 단어들

Gebärden"(같은 책, S. 517)을 하며 광란의 축제를 벌인다.

86) 여기서도 '낯선 fremd'이란 단어는 역시 동성애적 암시를 포함하고 있다.

87) Thomas Mann, *Gesammelte Werke*, 제8권, S. 447.

88) Jean Jofen, "A Freudian Commentary on Thomas Mann's *Death in Venice*," *Journal of Evolutionary Psychology*, 6(1984), p. 240 참조.

89) Thomas Mann, *Gesammelte Werke*, 제8권, S. 447.

90) 같은 책, S. 448.

91) 같은 책, S. 447.

92) 같은 책, 같은 곳.

의 사용에서 앞으로 일어날 아셴바흐의 '여행'의 에로틱한 의미가 암시되어 있다.

Ⅱ. 아셴바흐의 작품에 나타난 동성애

위에서는 아셴바흐가 선천적으로 동성애적 성향을 지니고 있다는 사실이 설명되었다. 그러나 그의 문학 작품들이 동성애적 "충동의 억제"[93]에서 나온 것이라는 사실은 아셴바흐의 생활 및 저작 습관의 묘사에서 추측될 수 있다. 아셴바흐는 젊은 시절부터 안일과 태만을 혐오했다. 그는 매일 아침에 일어나 찬물을 가슴과 등에 끼얹고는 "한 쌍의 긴 양초들"[94]을 원고 머리맡에 놓고 작업을 시작한다. 아셴바흐가 가장 좋아하는 표현은 "끝까지 견디기 Durchhalten"[95]이며, 꽉 쥔 주먹이 그의 상징이다. '규율'은 "그가 아버지 쪽에서 물려받은 타고난 유산"이고, 그는 나약한 체질에도 불구하고 "지속적인 의지와 끈기"[96]를 가지고 작품들을 완성하며, 거기에 그의 "씩씩하고 도덕적인 점"[97]이 있다. "세상에 존재하는 거의 모든 위대한 것은 '불구하고'로서 존재한다"[98]는 아셴바흐의 평소의 주장에 비춰볼 때 아셴바흐 자신의 작품들도 "근심과 고통, 가난, 버림받음, 육체적 허약, 악덕, 정열과 수많은 장애들에도 불구하고"[99] 형성되었음을 짐작할 수 있다. 마슨이 주장하듯이 "글쓰기 그 자체가 아셴바흐에게는 어떤 식으로든 성행위를 대신하게 된"[100] 것이다.

---

93) Rolf Günter Renner, *Das Ich als ästhetische Konstruktion*, S. 32.

94) Thomas Mann, *Gesammelte Werke*, 제8권, S. 452. 마슨은 양초들이 남근을 상징한다고 언급하고 있다(E. L. Marson, *The Ascetic Artist: Prefigurations in Thomas Mann's "Der Tod in Venedig,"* Bern: Lang, 1979, p. 18 참조).

95) Thomas Mann, *Gesammelte Werke*, 제8권, S. 451.

96) 같은 책, S. 452.

97) 같은 책, S. 451.

98) 같은 책, S. 452.

99) 같은 책, S. 452~53.

아셴바흐의 작품들이 그의 동성애적 '정열'을 억누름으로써 생겨
난 반면, 그의 작품들에는 역설적으로 이 "억눌린 것의 회귀"[101]가
강력한 암시의 형태로 나타난다. 서술자는 아셴바흐가 선호하는 작
품의 주인공을 "칼과 창이 자신의 몸을 가로지르는 동안에 자부심
어린 수치심을 느끼며 이를 악물고 조용히 서 있는 〔……〕 지적이
고 청년다운 남성"이라고 정의한 "한 영리한 분석가"[102]의 말을 인
용하고 있다. 또한 서술자는 아셴바흐의 주인공들이 모두 "성 세바
스찬의 형상"을 지니고 있다고 언급하며, 성 세바스찬의 형상을 "예
술 전체의 가장 아름다운 표상은 아닐지 몰라도 확실히 여기서 거론
되고 있는 예술의 가장 아름다운 표상"[103]이라고 부르고 있다. 성 세
바스찬은 3세기에 로마의 디오클레티안 황제가 기독교인들을 박해
할 때 순교했다고 전해지는 초기 기독교 순교자이자 성인이다. 그는
디오클레티안 황제의 근위대 장교였으나, 기독교인이라는 사실이
발각되자, 그를 활로 쏘아 죽이라는 황제의 명령이 내려졌다. 1929
년에 행한 노벨상 수상 연설에서 토마스 만이 자신이 "가장 좋아하
는 성인"[104]이라고 밝힌 성 세바스찬은 또한 "동성 연애자적 성상
(聖像)"[105]이기도 했다. 통설에 의하면 그는 디오클레티안 황제의
동성애 파트너였다고 전해지고, 그래서 "동성 연애자로 낙인이 찍
힌 자들이 즐겨 자신들과 동일시한 인물들 중 한 명"[106]이었다. 르네

---

100) E. L. Marson, *The Ascetic Artist*, p. 18.

101) Robert Tobin, "Why Is Tadzio a Boy?," p. 222.

102) Thomas Mann, *Gesammelte Werke*, 제8권, S. 453. 실제로는 사무엘 루블린스키
(1868~1910)를 가리킴. 루블린스키는 자신의 저서 『현대의 결산 *Bilanz der
Moderne*』(1904)에서 토마스 만의 소설 『부덴브로크 일가』에 나오는 인물 토마
스 부덴브로크를 위에 인용한 말로 묘사했다(Ehrhard Bahr, *Thomas Mann*, S. 24
참조).

103) Thomas Mann, *Gesammelte Werke*, 제8권, S. 453.

104) Thomas Mann, *Gesammelte Werke*, 제11권, S. 410.

105) Anthony Heilbut, *Thomas Mann*, p. 252.

상스 미술에서 흔히 몸에 화살이 찔린 채 당당히 참고 서 있는 아름다운 모습으로 구현되는 성 세바스찬의 모습은 동성애와 죽음의 결합을 구현하고 있다. 그의 모습은 동성 연애자들이 집에 걸어놓고 보기 좋아하던 예술 작품 가운데 하나였으며, 그들의 욕망의 대상으로서뿐 아니라 그들 자신이 동성 연애자로서 겪는 사회적 '고통'을 구현한다는 점에서 그들이 자신들과 동일시할 수 있는 인물이었다.[107] 심리 분석가 페터 셸렌바움도 성 세바스찬이 남성 동성 연애자들 가운데서도, 스스로를 강한 남성들과 마조히스트적으로 일치시키는 데서 자신의 아이덴티티를 찾던 수동적인 동성 연애자의 현현이라고 주장하였으며, 세바스찬의 몸을 관통하고 있는 화살도 남근의 상징으로 해석하였다.[108] 또한 아셴바흐의 작품 세계에서는 "마지막 순간까지 내면적 손상, 생물학적 몰락을 세상의 눈으로부터 감추는 우아한 자기 억제"[109]를 발견할 수 있다고 서술자는 언급하고 있다. 동성 연애자들이 겪어온 사회적 수모를 생각할 때, 그리고 토마스 만이 평생 자신의 동성애적 성향을 철저히 감추었다는 사실을 고려할 때, 아셴바흐의 작중인물들이 "세상의 눈으로부터 감추어야" 하는 '내면적 손상'과 '생물학적 몰락'은 동성애를 의미하는 것으로 해석될 수 있다. 그런 의미에서 위의 인용 구절은 토마스 만 자신에 대한 묘사라고 해도 과언이 아니다.

서술자가 언급하는 아셴바흐의 주요 작품들은 모두 토마스 만이

---

106) Karl Werner Böhm, *Zwischen Selbstzucht und Verlangen*, S. 339. 또한 Gerd Schäfer, "Pasolinis Auge: Über die Wahrnehmung im Werk Hubert Fichtes," *Forum Homosexualität und Literatur*, 1(1987), S. 31도 참조.

107) Karl Werner Böhm, *Zwischen Selbstzucht und Verlangen*, S. 340 참조.

108) Peter Schellenbaum, *Homosexualität des Mannes: Eine tiefenpsychologische Studie*(München: Kindler, 1980), S. 138 참조.

109) Thomas Mann, *Gesammelte Werke*, 제8권, S. 453. 이 대목은 특히 토마스 만 자신의 소설 『부덴브로크 일가』를 염두에 둔 언급이다(Hans Rudolf Vaget, *Thomas Mann*, S. 172 참조).

실제로 계획했으나 완성하지 못한 작품들이다. 그런 점에서 아셴바흐는 토마스 만의 가상적 자아라고 할 수 있다. 가장 먼저 언급되는 작품은, 서술자가 '끝까지 견디기'라는 "명령어의 신격화"[110]라고 묘사하는, 프로이센의 프리드리히 대왕의 생애에 관한 소설이다. 토마스 만 자신도 1905년말에서 1906년초까지 "프리드리히라는 제목의 역사 소설"[111]을 쓰려고 계획했으나 후에 계획을 포기했다. 프리드리히 대왕은 동성 연애자로 알려져 있으며[112] 토마스 만도 프리드리히 대왕을 미켈란젤로, 빙켈만, 플라텐, 게오르게와 더불어 동성 연애자라고 해서 남자답지 않다거나 여성적인 것은 아니라는 것을 보여주는 대표적인 인물로 꼽고 있다.[113] 또한 아셴바흐의 프리드리히 소설에 나오는 "볼테르와 왕이 전쟁에 관해 나누는 대화 중의 재치 있게 맞받는 즉답들"[114]은 볼테르가 프리드리히 대왕에 대해 쓴 "모욕적인 비방서"[115]인 『프로이센 왕의 사생활 *Priveé du Roi de*

---

110) Thomas Mann, *Gesammelte Werke*, 제8권, S. 451.

111) Thomas Mann und Heinrich Mann, *Briefwechsel 1900~1949*, hrsg. von Hans Wysling, 확대 개정판(Frankfurt am Main: Fischer, 1984), S. 66. 이 작품에 대한 계획은 토마스 만의 『작업 노트』 제7장과 제9장의 일부를 이루고 있다(Thomas Mann, *Notizbücher*, hrsg. von Hans Wysling und Yvonne Schmidlin, 제2권, Frankfurt am Main: Fischer, 1992, S. 123~24, 144~55, 165, 216~17 참조).

112) 뵘은 "예쁘고 젊은 남자들에 대한 프리드리히의 정열"(Karl Werner Böhm, *Zwischen Selbstzucht und Verlangen*, S. 281)을 언급하고 있다.

113) 토마스 만은 이 편지에서 이렇게 쓰고 있다: "추측건대 양극성의 법칙은 절대적으로 유효한 것은 아닌 것 같으며, 남성이 반드시 여성에게만 매력을 느낄 필요는 없는 것 같습니다. 경험은, 자신과 같은 성(性)에 매력을 느끼기 위해서는 '여성화'되는 것이 필요하다는 주장을 반박합니다. 〔……〕 예컨대 미켈란젤로, 프리드리히 대왕, 빙켈만, 플라텐, 게오르게가 남자답지 못하거나 여성적인 남자들이었다는 것은 〔……〕 말이 되지 않을 것이니까요"(Thomas Mann, *Briefe 1889~1936*, S. 178).

114) Thomas Mann, *Gesammelte Werke*, 제8권, S. 457.

115) Thomas Carlyle, *Geschichte Friedrich des Zweiten, genannt Friedrich der Große*, 제1권(Berlin: Decker, 1916), S. 14; Karl Werner Böhm, *Zwischen Selbstzucht und Verlangen*, S. 281에 인용됨.

54

Prusse』에 대한 프리드리히 대왕의 격렬한 분노와 공격의 일부라고 볼 수 있는데, 볼테르의 책의 가장 핵심적인 내용은 그가 프리드리히 대왕을 남색가라고 비난한 사실이다.[116] 이렇게 볼 때, 서술자가 아셴바흐의 "지속적인 의지와 끈기"를 "자신의 고향 지방을 정복한 자의 그것"[117]—즉 슐레지엔 지방을 정복한 프리드리히 대왕의 의지와 끈기—과 비교함으로써 아셴바흐와 프리드리히 대왕을 서로 연관짓는 것은 의미심장한 일이다.

아셴바흐의 또 다른 소설인 「마야Maja」에 대해서는 줄거리나 인물에 대한 설명이 나오지 않는다. 이 작품은 다만 "많은 인물들이 등장하며 한 이념의 그늘 속에 있는 다양한 인간의 운명을 집합시키는 소설의 양탄자"[118]라고만 묘사되어 있다. '마야'는 토마스 만이 원래 1901년 「연인들」이라는 제목으로 집필한 미완성 소설의 나중에 붙여진 이름이다. 파울 에렌베르크를 모델로 한 인물인 젊은 바이올리니스트 루돌프에 대한 유부녀 아델라이데—즉 여성화된 토마스 만—의 광적일 정도로 지나친 사랑과 질투로 인한 살인을 그린 이 미완성 작품은 "〔토마스 만의〕 파울 에렌베르크와의 관계와 그것에서 비롯된 실제 시련들에 대한 〔만의〕 매우 강렬한 정신적 극복 시도"[119]이며, 그런 한에서 동성애적 배경을 지닌 작품이다.

또한 아셴바흐의 단편소설 「비참한 사나이 Ein Elender」는 "무력함, 방탕함, 윤리적 의지의 부족에서" 자신의 아내를 "수염도 나지 않은 젊은이의 품안으로"[120] 보내는 한 사내의 이야기이다. 고대 그리스의 소년애적 전통에서 나이든 동성 연애자 남성들의 애정 상대가 되었던 어린 청년들이나 소년들을 지칭할 때 흔히 사용되던 '수

---

116) 같은 책, 같은 곳 참조.

117) Thomas Mann, *Gesammelte Werke*, 제8권, S. 452.

118) 같은 책, S. 450.

119) Rolf Günter Renner, *Das Ich als ästhetische Konstruktion*, S. 101.

120) Thomas Mann, *Gesammelte Werke*, 제8권, S. 455.

염도 나지 않은 자der Unbärtige'란 표현은 독자들에게 동성애적 배후 의미를 암시해준다. 우리는 여기서 뮌헨에서의 산책중 아셴바흐가 만난 저 낯선 사나이도 "수염이 없었다"[121]는 사실을 기억할 필요가 있다. 또한 주인공인 '비참한 사나이'의 '무력함' '방탕함' '윤리적 의지의 부족'은 모두 동성애적 성향을 암시한다. 실제로 이 사나이가 자기 아내와 간통한 젊은이에 대해 동성애적 감정을 느낀다고 주장하는 학자조차 있다.[122]

아셴바흐가 뮌헨에서 산책을 나선 당시 그가 집필하고 있던 작품에 대해서는 내용이 언급되지 않는다. 우리는 다만 그것이 "극도의 신중함, 조심성, 집요함, 의지의 정확성을 요구하는 어렵고도 위험한 작업"[123]이며, "끈기 있는 손질에도 재빠른 기습에도 굴복하려 하지 않는 것처럼 보이는 〔……〕 작업"[124]이라는 사실만 알게 될 뿐이다. 반면에 아셴바흐가 후에 베니스에서 "타치오가 있는 자리에서"[125] 완성하는 "저 한쪽 반 길이의 정선된 산문"[126]에 대해서는 내용 추측을 가능하게 해주는 정보가 좀더 주어져 있다. 그가 이 글을 쓰게 된 동기는 "문화와 취향의 어떤 크고 다급한 문제"에 대해 "고백하듯이"[127] 소신을 말해달라는 설문 조사 형식의 요청이 왔기 때문이다. 또한 "〔이 글의〕 대상은 그가 잘 알고 있는 것이었으며 그에게는 체험이었다"[128]라는 설명은 아셴바흐가 이 글에서 의견 표명을 해야 하는 테마가 '동성애'라는 사실을 강력히 시사한다. 또한

---

121) 같은 책, S. 445.

122) Robert Tobin, "Why Is Tadzio a Boy?," p. 223 참조. 그러나 토빈의 이 주장에는 좀더 근거 있는 설명이 필요하다고 생각된다.

123) Thomas Mann, *Gesammelte Werke*, 제8권, S. 444.

124) 같은 책, S. 448.

125) 같은 책, S. 492.

126) 같은 책, S. 493.

127) 같은 책, S. 492.

128) 같은 책, 같은 곳.

그래야만 "〔이 글을〕 쓸 때 소년〔타치오〕의 모습을 본보기로 삼고
싶고, 그에게는 신적으로 보이는 이 육체의 선들을 따라 자신의 문
체를 구성하고 싶은 〔……〕 그의 욕망"129)이 설명될 수 있고, 아셴바
흐가 이 글을 "고백하듯이" 써야만 하는 이유가 납득될 수 있을 것
이다. 우리가 살펴보았듯이 아셴바흐의 거의 모든 작품에는 동성애
적 암시가 포함되어 있다.

　작가로서의 아셴바흐의 업적들을 설명한 뒤, 서술자는 아셴바흐
의 가족 관계를 설명한다. 아셴바흐는 젊은 나이에 학자 집안의 처
녀와 결혼했으나 그의 결혼은 아내의 죽음으로 일찍 끝이 났으며 그
에게는 결혼한 딸이 하나 있다는 것이다. 그런 뒤에 서술자는 기묘
하게도 "아들을 그는 결코 가져본 적이 없었다"130)고 보고하고 있
다. 앞으로 일어날 아셴바흐의 타치오에 대한 정열이 아들을 갖고
싶어하는 그의 잠재 의식적 소망과 관련이 있음을 시사해주는 구절
이다.131) 아셴바흐의 주인공들이 한결같이 '성 세바스찬의 형상'을
한 젊은 남자들이라는 사실은 갖지 못한 아들에 대한 아셴바흐의 소
망이 그의 작품에 반영되어 있음을 보여준다. 토마스 만에게처럼 아
셴바흐에게도 그의 문학은 "개인적 인간 관계의 대용물"132)이며, 그
런 점에서 아셴바흐의 문학은 토마스 만의 경우와 마찬가지로 "〔작
가〕 자신의 인생의 문제를 극복하려는 시도"133)이다. 그의 창조자에

---

129) 같은 책, 같은 곳.

130) 같은 책, S. 456.

131) 이것은 또한 1905년에 토마스 만 자신이 잠시나마 처했었던 상황이다. 첫아이
　　에리카가 출생한 지 11일 후인 1905년 11월 20일 토마스 만은 형 하인리히에게
　　이렇게 쓰고 있다: "딸이야. 우리끼리니까 내가 시인하겠지만, 내겐 실망이었지.
　　왜냐하면 나는 아들을 갖기를 매우 원했고 앞으로도 여전히 원할 것이기 때문이
　　야. 왜냐고? 그건 말하기 어려워. 나는 아들이 더 시적이며, 새로운 조건들 아래
　　서의 나 자신의 연속이자 새로운 시작 이상이라고 느끼고 있기 때문이지"
　　(Thomas Mann und Heinrich Mann, *Briefwechsel*, S. 62).

132) Rolf Günter Renner, *Das Ich als ästhetische Konstruktion*, S. 100.

게와 마찬가지로 작가 아셴바흐에게 있어서도 "사랑에 대한, 그리고 제약 없는 인간 관계에 대한 소망이 직접적으로 미학적 창조력을 통해 발산되는"[134] 것이다.

Ⅲ. 이탈리아, 베니스 ── 동성 연애자의 낙원

제3장에서야 비로소 아셴바흐의 여행과 타치오와의 만남이 묘사된다. 뮌헨의 북쪽 묘지에서 저 낯선 사내와 만난 지 2주일 후 아셴바흐는 "밤기차"[135]를 타고 트리에스트로 가서, 거기서 배로 갈아타고 폴라로 간다. 낮이 활동과 이성의 시간이라면 밤은 감성과 에로스의 시간이고 또한 죽음의 시간이기도 하다.[136] 이 여행이 성적 욕망의 추구에 목적을 두고 있으며 성적 열정과 죽음으로 귀결될 것이라는 사실이 이 여행의 출발점인 '밤'에 어렴풋이 예고되어 있는 것이다. 그러나 아드리아 해의 한 섬에 닿은 아셴바흐는 자기가 여행 목적지를 잘못 택했다는 사실을 깨닫게 된다. "그의 내면의 어떤 움직임"이 그를 불안하게 하고 동요하여 새로운 여행 목적지를 찾게 하는데, 이때 뮌헨에서 저 낯선 사내를 보았을 때와 마찬가지로 "갑자기, 놀라운 동시에 자명하게도, 그의 목적지가 그의 눈앞에 나타〔난〕다."[137] 이처럼 시각적 환상을 통한 깨달음은 시각적 만족을 강조하던 토마스 만 특유의 동성애에 대한 해석과 관련지어 생각할 수 있다. 아셴바흐가 찾는 여행지는 "이국적인 곳das Fremdartige" "동화처럼 색다른 곳das märchenhaft Abweichende"인 동시에 "하룻밤

---

133) 같은 책, S. 9.

134) 같은 책, S. 100.

135) Thomas Mann, *Gesammelte Werke*, 제8권, S. 457.

136) 그리스 신화의 죽음의 신인 타나토스는 밤의 여신 닉스의 아들이다(Gert Richter und Gerhard Ulrich, *Der neue Mythologieführer: Götter, Helden, Heilige*, Weyarn: Seehamer, 1996, S. 287 참조).

137) Thomas Mann, *Gesammelte Werke*, 제8권, S. 458.

만에"[138] 도달할 수 있는 곳이다. 영어의 'deviant'에 해당하는 'abweichend'(다른, 표준에서 벗어나는)란 표현은 전에도 설명된 'fremd'란 표현과 함께 현대의 동성애에 관한 담론에서 동성애를 설명하는 데 흔히 사용된다. 먼 과거엔 동성애가 '죄'로, 근대에는 심리적·신체적 '병'으로 여겨졌다면, 현대에는 동성애를 단순히 일반적 경우로부터의 'deviance,' 즉 'Abweichung'(이탈, 벗어남)으로 보는 경향이 지배적이다.[139] 우리는 곧 아셴바흐가 생각하는 '이국적인 곳' '동화처럼 색다른 곳'이 이탈리아의 베니스임을 알게 된다. 이탈리아는 19세기와 20세기 초반에 동성 연애자들의 망명지로서의 역할을 하였다. 헤를레는 "시민적인 동성 연애자 남성들의 이탈리아에 대한 동경 속에서 욕망은 자신의 목적에 도달하기 위해 여행을 떠난다"[140]고 쓰고 있다. 또한 한스 마이어도 동성 연애자들의 이탈리아행(行)에 대해 다음과 같이 언급하고 있다:

유럽에서 동성 연애자들에게 잘 알려진 바대로, 동성 연애자가 성적 욕망의 충족을 발견할 수 있는 곳인 이탈리아로 빙켈만이 갔을 때, 그는 동료 동성 연애자들에게 신호를 해준 셈이었다. 19세기 전체를 통하여, 그리고 20세기에 들어와서도 한참 동안 자신들의 동성 연애자적 경향에 의해 망명자가 된 사람들은 '남풍(南風)' 속에서 새로운 고향을 찾았다. 〔……〕 프로테스탄트적 세계 유지의 정신, 시민적 가정의 미덕, 감추어진 욕망으로 특징지어지는 시민적인 19세기는 동성 연애자적 기질을 가진 사람들에게 〔……〕 이탈리아에서 그들의 아이덴티티를 찾고 발견하도록 강요했다. 플라텐과 한스 크리

---

138) 같은 책, 같은 곳.

139) David F. Greenberg, *The Construction of Homosexuality*(Chicago: The University of Chicago Press, 1988), p. 2 참조.

140) Gerhard Härle, *Männerweiblichkeit*, S. 143.

스티안 안데르센, 차이코프스키와 와일드는 다만 이 나라에서만 행
복하게 되었다.[141]

특히 이탈리아 중에서도, 낭만주의 시대 이래 '타락의 도시'로,
세기말의 유럽에서는 "데카당스의 표상"[142]으로 여겨지던 베니스는
19세기말에는 또한 "부유한 동성 연애자들의 휴양 중심지"[143]가 되
어 있었다. 이것은 소년 취향의 동성 연애자를 뜻하는 '제템브리니
Settembrini'라는 명칭이 과거 베니스에서 통용되던 단어라는 사실에
서도 짐작할 수 있다.[144] 또한 베니스는 토마스 만에게는 무엇보다
도 플라텐이 예찬한 도시였기에 중요했다. 베니스가 가까워지자 아
셴바흐가 가장 먼저 연상하는 것은 플라텐과 플라텐의 베니스 소네
트들이다:

　그는 시선을 먼 곳에 두고 육지가 나타나기를 기대하면서 앞 돛대
가에 서 있었다. 이전에 자기가 꿈에 본 둥근 천장들과 종탑들이 이
물결들로부터 솟아오르는 것을 보았다는 저 우울하고 열정적인 시인
을 그는 생각했다. 그는 그 당시의 경외감, 행복, 슬픔을 절제 있는
노래로 표현하는 가곡 중 몇 대목을 조용히 되풀이해보았다. 그리고
는 벌써부터 일어나는 감정에 쉽사리 동요된 채, 그는 혹시 새로운
감동과 혼란, 감정의 뒤늦은 모험이 한가한 여행자인 자신에게 아직

---

141) Hans Mayer, *Außenseiter*(Frankfurt am Main: Suhrkamp, 1981), S. 179.

142) Jochen Schmidt, *Die Geschichte des Genie-Gedankens in der deutschen Literatur:
　　　Philosophie und Politik 1750~1945*, 전 2권, 제2판(Darmstadt: Wissenschaftliche
　　　Buchgesellschaft, 1988), 제2권, S. 251.

143) Robert Tobin, "Why Is Tadzio a Boy?," p. 225.

144) Anthony Heilbut, *Thomas Mann*, p. 434; Helmut Koopmann, "Die Lehren des
　　　Zauberbergs," *Das Zauberberg-Symposium 1994 in Davos*, hrsg. von Thomas
　　　Sprecher(Frankfurt am Main: Vittorio Klostermann, 1995), S. 77 참조.

도 남아 있을 수 있는지 자신의 진지하고 지친 마음속을 살펴보았
다.[145]

  플라텐은 30세 때인 1826년 이후 이탈리아에서 여생을 보냈으며,
토마스 만은 1930년에 행한 연설 '아우구스트 폰 플라텐'에서 "그의
완벽한 동성애적 성향이라는, 삶을 결정짓는 중요한 사실"을 "플라
텐의 존재의 근본 사실"[146]이라고 부르고 있다. 또한 수필 「결혼에
관하여」에서 토마스 만은 플라텐의 베니스 소네트들을, 미켈란젤로
의 메디치 가(家)의 묘석과 다비드 상(像), 차이코프스키의 6번 교
향곡과 더불어, 동성애적 감정의 영역에서 생겨나온 중요한 문화 유
산으로 언급하고 있다.[147] 토마스 만은 아셴바흐의 베니스 여행을
플라텐과 연관지음으로써 동성애라는 중심 소재를 은밀히 부각시키
고 있는 것이다.

IV. "죽음의 사자들"의 묘사에 나타난 동성애적 암시

  아셴바흐는 베니스로의 여행과 베니스에서의 체류중, 저 뮌헨의
북쪽 묘지에서 만난 사내와 모티프적 연관성과 용모상의 유사성을
지니는 일련의 기묘한 낯선 남자들을 만나게 되는데, 이들은 베니스
로 가는 배 안에서 만나게 되는 젊은이로 변장한 늙은이, 아셴바흐
를 리도로 태워가는 곤돌라 사공, 아셴바흐가 묵는 호텔 정원에서
공연하는 유랑 가수 등이다. 이미 1913년에 요제프 호프밀러는 이들
의 상호 유사성을 지적해냈고,[148] 이들을 함께 가리킬 때 흔히 쓰이

---

145) Thomas Mann, *Gesammelte Werke*, 제8권, S. 461~62.

146) Thomas Mann, *Gesammelte Werke*, 제9권, S. 274.

147) Thomas Mann, *Gesammelte Werke*, 제10권, S. 196 참조.

148) Josef Hofmiller, "Thomas Manns neue Erzählung," *Süddeutsche Monatshefte*,
   10(1913), S. 218~32; Ehrhard Bahr, *Thomas Mann*, S. 153 참조.

는 "죽음의 사자들 Todesboten"이라는 표현은 하인츠 코후트가 처음 사용했다.[149] '죽음'을 연상시키는 이들의 외모상의 공통점은 이미 여러 학자들에 의해 언급되었으므로, 여기서는 그들이 죽음뿐 아니라 동성애와도 관련성을 가진다는 사실을 주로 살펴보겠다.

베니스로 가는 배에서는 유난히 기고만장한 어떤 젊은이가 아셴바흐의 눈에 띄는데, 그를 주시하던 아셴바흐는 그 젊은이가 사실은 젊은이로 변장한 늙은이라는 사실을 알아채고 깜짝 놀란다. 이 변장한 늙은이의 "밀짚모자"[150] "붉은 넥타이"[151] "웃을 때 드러나는 누렇고 치열이 완전한 이빨"[152]은 저 뮌헨에서의 낯선 사내를 연상시킨다. 그런데 이 노인의 행동과 몸짓에는 명백하게 성적인 암시가 나타나 있다: "그는 〔……〕 자기에게 다가오는 사람은 모두 단추를 꽉 붙잡았으며, 혀 꼬부라진 소리를 하고, 눈을 깜박거리고, 킥킥거리고, 반지 낀 주름투성이의 집게손가락을 들어올려 어리석은 야유를 했으며, 혐오스럽게 이중적인 의미를 암시하며 혀끝으로 입가를 핥았다."[153] 헤를레는 토마스 만의 작품에 있어서 '이중적인 의미를 지닌 zweideutig' 것은 언제나 명백히 성적인 것과 관련되어 있다고 주장한다: "다의성은 토마스 만의 작품에서는 예술적 원칙이다. 〔……〕 이 다의성은 이중적인 의미를 지닌 것의 영역을 주관하는데, 이중적인 의미를 지닌 것이란 명백하게 성적인 것을 다룰 경우에만 이중적인 의미를 지닌다."[154] 헤를레의 이러한 해설이 없다 하

---

149) Heinz Kohut, *Introspektion, Empathie und Psychoanalyse : Aufsätze zur psychoanalytischen Theorie, zu Pädagogik und Forschung und zur Psychologie der Kunst*(Frankfurt am Main : Suhrkamp, 1977), S. 173~94 참조.

150) Thomas Mann, *Gesammelte Werke*, 제8권, S. 460.

151) 같은 책, S. 459.

152) 같은 책, S. 460.

153) 같은 책, S. 462.

154) Gerhard Härle, *Männerweiblichkeit*, S. 143.

더라도 이 노인의 몸짓이 암시하는 '이중적 의미'가 성적인 의미라
는 것은 명백하다. 배가 항구에 닿아 하선이 시작되었을 때 아셴바
흐는 노인이 이렇게 중얼거리는 것을 듣는다: "그 사랑스런 사람에
게, 가장 사랑스런 사람에게, 가장 아름다운 사랑스런 사람에게 저
희들의 경의를……unsere Komplimente dem Liebchen, dem aller-
liebsten, dem schösten Liebchen……"[155] 여기서 그는 수상쩍게도 '사
랑스런 사람 Liebchen'이라는 중성 명사를 사용하고 있으며, 또한 그
의 '추근댐'은 한동안 남자인 아셴바흐에게로 향한다: "그래서 그
[아셴바흐]는 몇 분 동안, 취기로 몽롱해져서 낯선 사람[아셴바흐
자신]에게 작별의 경례를 하는 그 소름끼치는 노인의 추근댐을 피
할 수 없었다."[156]

　　아셴바흐가 만나는 또 다른 "죽음의 사자"는 곤돌라의 사공이다.
그의 "밀짚모자" "들창코" "불그스름한 눈썹,"[157] 그 지방 사람이 아
니라 이방인이라는 점,[158] 그리고 노를 젓느라 기를 쓸 때 드러난
"하얀 이빨"[159]은 뮌헨에서의 낯선 사나이의 경우와 흡사하다. 아셴
바흐가 이 사공이 젓는 곤돌라를 타고 가는 동안, 서술자는 곤돌라
를 죽음과, 곤돌라의 검은색을 관의 검은색과 관련짓는다: "그 이상
한 탈것은 [……] 죽음 자체를 연상시키고 [……] 관대와 음울한
장례식과 말없는 마지막 행차를 연상시킨다."[160] 이 곤돌라 여행은
아셴바흐에겐 일종의 "지하 세계로의, 그리고 죽음으로의 여행"[161]

---

155) Thomas Mann, *Gesammelte Werke*, 제8권, S. 463.
156) 같은 책, 같은 곳.
157) 같은 책, S. 465.
158) 이 곤돌라 사공은 "전혀 이탈리아 혈통이 아니라고"(같은 곳) 묘사된다. 저 뮌헨
　　에서의 낯선 사내도 같은 표현을 사용하여 "전혀 바이에른 사람이 아니라고"(같
　　은 책, S. 445) 묘사되었다.
159) 같은 책, S. 465.
160) 같은 책, S. 464.

이다. 아셴바흐는 증기선 정류소로 가려는 자신의 의도와는 어긋나
게 자신을 리도로 태워가고 있는 이 곤돌라 사공이 자신을 "하데스
의 집으로,"[162] 즉 저승으로 보내지 않을까 하는 상상을 한다. 그러
나 자신의 의지를 더 이상 관철시킬 방법이 없다는 사실을 깨달은
아셴바흐는 체념한다:

　　일이 되어가는 대로 내버려두는 것이 가장 영리한 법이고 무엇보
다도 매우 기분 좋은 일이다. 게으름의 마력이 그의 좌석으로부터,
즉 등뒤에 있는 거만한 곤돌라 사공이 노를 저음에 따라 그렇게도 부
드럽게 흔들리는, 검은 덮개가 씌워진 낮은 팔걸이 의자로부터 솟아
나오는 것 같았다.[163]

　　아셴바흐는 사공의 위협적이고 거만한 태도에도 불구하고 곤돌라
의 좌석이 "세상에서 가장 부드럽고 사치스럽고 나른하게 만드는
자리"[164]라고 느낀다. 아셴바흐가 자기 등뒤의 강한 사나이의 존재
에 대해서 느끼는 육체적 쾌감은 "동성애적 결합"[165]에 대한 소망으
로 해석될 수 있다. 동성애와 죽음의 상관 관계, 죽음에의 유혹으로
서의 동성애가 이 곤돌라 여행에서 잘 드러나는 것이다.
　　리도의 호텔에 도착하여 호텔방에 혼자 있게 되자, 이 모든 "여기
까지 오는 도중에 본 현상들," 즉 "사랑스런 사람이 어쩌고 하던 소
름끼치는 멋쟁이 노인, 뱃삯도 받지 못한 불법 곤돌라 사공" 등이
아셴바흐를 불안하게 만들며, 그로 하여금 "도착(倒錯)된 것, 균형

---

161) Rolf Günter Renner, *Das Ich als ästhetische Konstruktion*, S. 40.

162) Thomas Mann, *Gesammelte Werke*, 제8권, S. 466.

163) 같은 책, 같은 곳.

164) 같은 책, S. 464.

165) Jean Jofen, "A Freudian Commentary," p. 242.

잡히지 않은 것, 불합리하고 금지된 것"[166]에 대해 곰곰이 생각하게 만든다. '〔D〕as Verkehrte'(도착된 것)라는 용어는 'Verkehr'를 포함하고 있는데, 앞에서 'Weltverkehr'(세계 교통)라는 용어가 나왔을 때 설명되었듯이 'Verkehr'는 '교통'뿐 아니라 '성교'라는 의미를 지니고 있다. 또한 '도착된 것' '금지된 것'은 과거에 동성애를 묘사할 때 상습적으로 쓰이던 표현들이다. 이것은 저 "죽음의 사자들"과 동성애 사이의 잠재적 연관성을 보여준다.

V. 날씨 묘사에 나타난 동성애적 암시

이 작품에는 많은 기후 및 날씨 묘사가 나오는데, 아센바흐가 겪는 날씨는 대개 뜨거운 태양의 영향으로 무더운 날씨이다. 무더운 날씨는 이미 뮌헨에서부터 나타난다. 아센바흐가 뮌헨에서 산책을 나선 것은 5월초지만 "가짜 한여름"이 찾아들어 영국 공원은 "팔월처럼 후덥지근"[167]하다. 아센바흐는 베니스에서도 비슷한 날씨를 겪는다. 아센바흐가 배로 베니스에 도착했을 때부터 항구는 "덥다."[168] "불꽃을 내뿜는 사두 마차"를 천공을 통해 모는 "뜨거운 뺨을 가진 신"[169]의 위력은 아센바흐의 베니스 체류가 진행됨에 따라 점점 더 강해진다. "오만한 태양"[170]은 "무시무시한 힘"[171]을 얻게 되고, "모래는 작열하고,"[172] "안개를 뚫고 태양이 무겁게 내리쪼〔인〕다."[173] 베니스 전체가 "무겁게 내리쬐는 햇볕,"[174] "예외적으로 더운 찌는

---

166) Thomas Mann, *Gesammelte Werke*, 제8권, S. 468.
167) 같은 책, S. 444.
168) 같은 책, S. 464.
169) 같은 책, S. 486. 태양신 헬리오스를 가리킴.
170) 같은 책, S. 489.
171) 같은 책, S. 488.
172) 같은 책, S. 486.
173) 같은 책, S. 502.
174) 같은 책, S. 499.

듯한 날씨,"[175] "일찍이 찾아온 여름 더위"[176]에 시달린다. 태양의 강력한 위력은 타치오에 대한 아셴바흐의 정열을 상징적으로 표현해준다고도 볼 수 있다. 의미심장하게도 서술자는 태양이 감각에 미치는 영향에 대해 다음과 같이 쓰고 있다: "태양이 우리의 주의를 지적인 사물들에서 감각적인 사물들로 돌린다고 씌어 있지 않은가? 태양이 이성과 기억을 마비시키고 현혹시켜서, 영혼이 기쁜 나머지 자신의 실제 상태를 완전히 잊어버린 채, 놀라워하는 경탄심을 가지고, 태양빛을 받는 사물들 중 가장 아름다운 사물에 집착한다고 씌어 있다."[177] 태양으로 인한 더위는 무거운 공기[178]와 결합하여 "불쾌한 무더위"[179]를 이룬다. 소설에 여러 번 나오는 "Schwüle(무더위, 후덥지근함)"[180]라는 단어는 이러한 날씨를 가장 적합하게 묘사해주는 단어다. 'Schwüle'는 'schwül'의 명사형이며, 'schwül'이라는 단어는 기후를 가리킬 때는 '무더운, 후덥지근한'이라는 의미를 갖고 있지만 또한 "색정으로 가득 찬, 육체적 욕망을 불러일으키는"[181]이라는 뜻도 가지고 있다. 그리고 무엇보다 주목해야 할 점은 'schwül'의 어원이 'schwul'이라는 사실인데, 'schwul'은 물론 '동성애의'라는 의미를 가지고 있다. 'Schwüle'라는 단어는 그것이 지닌 의미의 이중성을 통하여 아드리안의 동성애적 열정을 대변해주는 셈이다.

---

175) 같은 책, S. 505.

176) 같은 책, S. 513.

177) 같은 책, S. 490~91.

178) 이미 아셴바흐가 첫 목적지로 삼은 아드리아 해의 섬에서부터 "무거운 공기"(같은 책, S. 458)가 그를 압박한다. 또한 베니스에서도 무겁고 탁한 공기가 그를 괴롭힌다: "공기는 탁했다"(같은 책, S. 480); "공기는 습기찼고 탁했으며 썩은 냄새로 가득 차 있었다"(같은 책, S. 519).

179) 같은 책, S. 480.

180) 같은 책, S. 480, 514, 520.

181) *Duden: Das große Wörterbuch der deutschen Sprache*, 전 6권(Mannheim: Dudenverlag, 1976~1981), 제5권, S. 2355('schwül' 항목).

또한 '후덥지근함 Schwüle'은 베니스에 상륙한 콜레라가 번지기 좋은 환경을 만들어준다는 점에서 죽음과도 무관하지 않다. 아셴바흐에게 베니스의 '비밀'인 콜레라 발병 사실을 털어놓는 여행사 직원은 "운하의 물을 미지근하게 데운 일찍이 찾아온 여름의 더위는 병이 만연되는 데 특히 유리했다"[182]고 설명하고 있다. 이렇게 하여 'Schwüle'라는 단어에도 동성애와 죽음이 서로 결합되어 있는 것이다.

VI. 타치오 — 또 하나의 "죽음의 사자"

타치오가 등장하면서부터 이 작품에는 그리스 고전과 그리스 신화라는 새로운 텍스트 차원이 덧붙여지게 된다. 타치오의 완벽한 아름다움은 첫눈에 아셴바흐에게 "가장 고귀한 시대의 그리스 조각"[183]을 연상시키며, 아셴바흐는 그를 고대 그리스의 조각 작품인 "가시 빼는 소년"[184]에 비유한다. 주인공 아셴바흐의 동성애적 갈망을 중심 소재로 다루고 있는 이 작품이 고대 그리스적 요소를 포함하게 된다는 사실은 어떻게 보면 당연하다. 동성애가 흔히 '그리스식 사랑'이라고 불리는 사실에서도 알 수 있듯이 고대 그리스 문화만큼 동성애에 관대한 문화는 아직 없었기 때문이다. 예컨대 그리스 신화의 최고의 신인 제우스도 "순전히 여성적 아름다움에만 〔……〕 감격한 것이 아니라, 때때로 남성적 매력에도 감동받지 않은 것은 아니었으며,"[185] 또한 "미소년들을 향한 제우스의 때때로의 성적 경향

---

182) Thomas Mann, *Gesammelte Werke*, 제8권, S. 513.

183) 같은 책, S. 469.

184) 같은 책, S. 470.

185) Gert Richter und Gerhard Ulrich, *Der neue Mythologieführer*, S. 109. 제우스의 동성 연인 중 대표적인 인물은 제우스가 자신의 독수리를 시켜 낚아채오게 한 트로이의 미소년 가니메드다. 가니메드의 모티프는 후세의 시인들·화가들·조각가들에 의해 "동성애적 경향의 상징"(같은 곳)으로 사용되어졌다. 「베니스에서

에 대해 그리스인들은 반대할 이유를 가지고 있지 않았다.”[186] 베르
너 도이제는 「베니스에서의 죽음」과 관련하여, “겉보기에는 표면적
이고 자족적으로 보이는 고대의 텍스트와 표상들에 대한 암시는 다
른 텍스트들에 대한 지시 기능을 가지고 있으며 텍스트 구조의 다차
원성이 생겨나도록 협력한다”[187]고 관찰하고 있다. 옳은 말이자 당
연한 얘기다. 우리의 지금까지의 관찰과 관련하여 한 가지 덧붙여야
할 말은, 신화와 고전의 인용이 가지는 “다른 텍스트들에 대한 지시
기능”이 이 작품에서는 죽음과 동성애의 관계를 분명히해주는 기능
을 포함한다는 사실이다.

　예를 들어 타치오를 처음 본 바로 다음날 식당에서 그를 기다리던
아셴바흐는, 누나들이 도착했는데도 소년이 아직 오지 않자 그를
“어린 페아케 녀석”[188]이라고 부른다. 아셴바흐가 그런 뒤 곧 인용
하는 『오디세이아』의 구절—“자주 바뀌는 장신구와 따뜻한 목욕과
휴식”[189]—이 말해주듯, 페아케인들은 호메로스에 따르면 셰리아
섬에서 근심 걱정 없이 사는 행복한 사람들이다. 그러나 다른 한편
으로는 레너가 지적하고 있듯이, 페아케인들을 “죽은 자를 실어나
르는 사공들”로 보는 더 오래된 전설도 존재한다.[190] 따라서 전설의

의 죽음」에서는 타치오가 제우스의 독수리에 의해 낚아채여간 “트로이의 목동”
(Thomas Mann, *Gesammelte Werke*, 제8권, S. 492), 즉 가니메드에 간접적으로 비
유된다.

186) Gert Richter und Gerhard Ulrich, *Der neue Mythologieführer*, S. 109.

187) Werner Deuse, “‘Besonders ein antikisierendes Kapitel scheint mir gelungen’:
　　Griechisches in *Der Tod in Venedig*,” *“Heimsuchung und süßes Gift”: Erotik und
　　Poetik bei Thomas Mann*, hrsg. von Gerhard Härle(Frankfurt am Main: Fischer,
　　1992), S. 48.

188) Thomas Mann, *Gesammelte Werke*, 제8권, S. 473.

189) 같은 책, 같은 곳.

190) Rolf Günter Renner, *Das Ich als ästhetische Konstruktion*, S. 53 참조. 레너의 이러
　　한 주장은 다음의 문헌을 근거로 하고 있다: *Der kleine Pauly: Lexikon der Antike*,
　　hrsg. von Konrat Ziegler und Walther Sontheimer, 전 5권(München: Deutscher

이 버전에 의하면 페아케인들은 「베니스에서의 죽음」의 마지막에 아셴바흐가 죽는 순간 타치오가 분명히 떠맡는 "영혼의 안내자," 즉 죽은 자의 영혼을 저승으로 인도하는 안내자의 역할과 정확하게 같은 역할을 하는 것이다. 죽기 직전 아셴바흐는 모래 둑 위를 걸어가는 타치오의 모습을 바라보는데, 이 순간 그에게는 타치오가 "기대에 가득 찬 무한한 곳으로" 인도하는 "영혼의 안내자"[191)]처럼 여겨진다. 도이제는, 「베니스에서의 죽음」에 대한 토마스 만의 작업 노트를 보면, 만이 이 작품 집필시에 에르빈 로데의 저서『심리. 그리스인들의 영혼 숭배와 불사(不死)에 대한 믿음』을 참고로 하였다는 사실을 알 수 있으며, 이 책에 페아케인들이 "죽은 자들을 실어나르는 뱃사공들의 민족"[192)]이라고 묘사된 것으로 미루어, 토마스 만이 작품 집필 당시에 페아케인들에 대한 이와 같은 또 다른 해석을 알고 있었다고 주장한다. 아셴바흐가 죽을 때 타치오가 맡는 "영혼의 안내자"의 역할을 토마스 만은 이미 제3장에서 "어린 페아케 녀석"이라는 명칭 속에 예고하고 있는 것이다.

이렇듯 타치오는 아셴바흐의 동성애적 정열의 대상일 뿐 아니라, 특히 마지막 장면에서 명백히 드러나듯이 "아셴바흐를 죽음으로 유혹한다."[193)] 뿐만 아니라 평소에도 타치오는 아셴바흐에게 '병'과 '죽음'을 연상시킨다. 타치오의 어두운 금빛 고수머리와 현저한 대조를 이루고 있는 "상아처럼 흰" 피부를 본 아셴바흐는 "저애는 병을 앓고 있는 것일까?"[194)]라고 생각한다. 또한 타치오의 이빨들이

Taschenbuch Verlag, 1979), 제4권, S. 690.

191) Thomas Mann, *Gesammelte Werke*, 제8권, S. 525.

192) Erwin Rohde, *Psyche: Seelencult und Unsterblichkeitsglaube der Griechen*, 제4판, 제1권(Tübingen: J. C. B. Mohr, 1907), S. 83; Werner Deuse, "Besonders ein antikisierendes Kapitel scheint mir gelungen'," S. 47에 인용됨.

193) Klaus Peter Luft, *Erscheinungsformen des Androgynen bei Thomas Mann*(New York: Lang, 1998), S. 78.

194) Thomas Mann, *Gesammelte Werke*, 제8권, S. 470.

제대로 만족스럽게 생기지 못했다는 것을 관찰한 아셴바흐는 "저애
는 대단히 연약하고 병약하군. 〔……〕 저앤 아마도 오래 살지 못할
거야"[195]라고 생각한다. 타치오의 친구 야슈가 타치오에게 키스하는
것을 본 아셴바흐의 반응은 다음과 같이 묘사되어 있다:

  아셴바흐는 그〔야슈〕를 손가락으로 위협하고 싶은 기분이었다. '네
  게 권하노니 크리토불로스여, 일 년간 여행을 떠나라! 왜냐하면 너는
  치유되는 데 적어도 그만큼의 시간을 필요로 하기 때문이야'라고 그
  는 미소지으며 생각했다. 그런 뒤 그는 한 상인에게서 산 크고 잘 익
  은 딸기를 아침으로 먹었다.[196]

  위에서 아셴바흐가 인용하는 구절은 크세노폰의 『소크라테스의
회상』에 나오는 구절이다. 알키비아데스의 아들에게 키스한 크리토
불로스에게 소크라테스는 키스로 인해 난 상처를 치유하기 위해 일
년간 여행을 떠나라고 권유한다. 즉 아셴바흐는 타치오에 대한 야슈
의 키스를 곧장 고대 그리스의 동성애와 관련짓는데, 이것은 아셴바
흐 자신의 타치오에 대한 감정을 무의식중에 드러내는 것이라고 볼
수 있다.[197] 소크라테스는 이 동성애적 키스로 인한 상처를 독거미
에 물린 상처에 비유하고 있으며, 그런 한에서는 동성애와 죽음이
여기에서도 서로 관련지어져 있는 것이다. 특히 위의 인용 구절에서
소크라테스의 말을 머릿속에서 인용한 직후 아셴바흐가 먹는 "크고
잘 익은 딸기"는 도이제에 의하면 "병과 죽음을 알리는 때이른 사
자"[198]이다. 따라서 동성애에 관한 생각과 죽음을 암시하는 행동이

---

195) 같은 책, S. 479.

196) 같은 책, S. 477.

197) Rolf Günter Renner, *Das Ich als ästhetische Konstruktion*, S. 54 참조.

198) Werner Deuse, "'Besonders ein antikisierendes Kapitel scheint mir gelungen'," S.
  46. 바도 아셴바흐가 딸기를 통해 콜레라에 감염된다고 보고 있다(Ehrhard Bahr,

한순간에 이루어지는 셈이다. 또한 아셴바흐는 타치오를 히아킨토스에 비유한다: "그는 자기가, 두 신의 사랑을 받았기 때문에 죽어야만 했던 히아킨토스를 보고 있다고 생각했다."[199] 히아킨토스는 제피로스와 아폴론의 사랑을 동시에 받으며, 제피로스는 질투심에서 아폴로의 투원반을 히아킨토스에게 향하게 해서 그를 죽인다. 여기서도 동성애와 죽음이 서로 결합되어 있는 것이다.

Ⅶ. 디오니소스, 콜레라, 아시아, 그리고 동성애

　아셴바흐가 죽기 얼마 전에 꾸는 꿈은, 그가 지금까지 고수해왔으며 그의 문학적 업적의 정신적 원동력을 이루어온 삶의 원칙들—규율·도덕·의지·끈기·위엄—을 송두리째 앗아가버리며, "그의 존재, 그가 일생 동안 쌓아올린 교양을 황폐하게 하고 파괴해버리고 지나〔간〕다."[200] 이 꿈속에서는 그때까지 아셴바흐의 내부에 잠재해 있던 데카당스적·디오니소스적 충동이 그가 의식적으로 유지하려 애쓰는 아폴론적·이성적 영역을 누르고 강렬한 힘으로 솟구쳐나온다. 또한 이 꿈은 현실에서는 충족되지 않은 채 머무르는 아셴바흐의 강한 동성애적 욕망에 대한 일종의 대리 충족을 가져다준다. 처음에는 "저항하며 지켜보던" 아셴바흐의 꿈꾸는 자아는 "마비시키는 듯한 육체적 욕망"에 사로잡히며, 결국 "음탕한 몸짓"[201]을 하며 광란의 성축제를 벌이는 사람들과 함께 뒤섞이기를 갈망한다. 이 광란의 축제는 디오니소스의 축제임이 분명하며,[202] 아셴바흐가 굴복

　　　Thomas Mann, S. 68 참조).

199) Thomas Mann, *Gesammelte Werke*, 제8권, S. 496.

200) 같은 책, S. 516.

201) 같은 책, S. 517.

202) 리히터와 울리히는 디오니소스 축제에 관해 다음과 같이 쓰고 있다: "그〔디오니소스〕의 축제들은, 방탕하고 열광적이고 방자한 분위기 속에서, 거칠고 취한, 도취 속에서 때로는 서로 죽이기까지 하는 무리들에 의해 벌어진다"(Gert Richter und Gerhard Ulrich, *Der neue Mythologieführer*, S. 77). 이 묘사는 바로 아셴바흐

하는 "낯선 신," 즉 서술자에 의해서 "침착하고 품위 있는 정신의
적"203)이라고 묘사되는 신은 "도취" "충동" "무의식"204)의 신인 디오
니소스이다. 이것은 이 꿈에서 이 신의 상징으로 높이 치켜올려지
는 "나무로 된 거대한 음란한 상징물"205)에서도 알 수 있다. 포도나
무 지팡이뿐 아니라 남근도 디오니소스의 상징에 속하기 때문이
다.206) 이 거대한 남근상은 물론 남성을 향한 아셴바흐의 성적 동경
의 표상이다.

신화학자들에 따르면 디오니소스에 대한 숭배는 소아시아, 즉 발
칸 반도의 동부 지방인 트라키아에서 그리스로 건너왔다.207) 이런
의미에서도 디오니소스는 '낯선 신'이라고 할 수 있다. 디오니소스
숭배의 근원지로 여겨진 아시아는 또한 베니스에서 한창 위력을 떨
치고 있는 콜레라의 근원지이기도 하다. 아셴바흐에게 베니스에 만
연하고 있는 콜레라에 관해 털어놓는 영국인 여행사 직원에 따르면
이 콜레라는 "갠지스 강 삼각주의 더운 늪지대에서 생겨나, 대나무
숲속에 호랑이가 웅크리고 있는 울창하고 쓸모없는 〔……〕 원시 세
계와 섬의 황무지에서 나오는 독기 서린 숨결을 타고 높이 올라갔
다"208)는 것이다. 이 콜레라 근원지에 대한 묘사는, 뮌헨의 낯선 사
나이를 본 직후에 아셴바흐에게 나타났던 시각적 환상—"그는
〔……〕 습기차고 무성하고 거대한 열대의 한 늪지대, 즉 섬들, 수렁

의 마지막 꿈속의 축제 장면을 연상시킨다.

203) Thomas Mann, *Gesammelte Werke*, 제8권, S. 517.
204) Gert Richter und Gerhard Ulrich, *Der neue Mythologieführer*, S. 78.
205) Thomas Mann, *Gesammelte Werke*, 제8권, S. 517.
206) Gert Richter und Gerhard Ulrich, *Der neue Mythologieführer*, S. 77 참조.
207) 같은 책, S. 76: Rolf Günter Renner, *Das Ich als ästhetische Konstruktion*, S. 73:
     Yahya A. Elsaghe, "Zur Sexualisierung des Fremden im *Tod in Venedig*," *Archiv
     für das Studium der neueren Sprachen und Literaturen*, 149(1997), S. 23: David
     Luke, "Thomas Mann's 'Iridescent Interweaving'," p. 200 참조.
208) Thomas Mann, *Gesammelte Werke*, 제8권, S. 512.

들, 진흙을 실어나르는 강의 지류들로 구성된 일종의 원시 세계의
황무지를 보았고, 〔……〕 대나무 숲의 마디진 대줄기들 사이에서
웅크리고 있는 한 호랑이의 두 눈이 번득이는 것을 보았다"[209]—과
놀랄 만큼 동일하며, 또한 이 두 장면의 짤막한 묘사에는 여러 공통된
단어들—"늪지대/수렁들 Moräste" "무성한/울창한 üppig" "원시 세계
Urwelt" "섬 Insel" "황무지 Wildnis" "대나무 숲 Bambusdickicht" "호랑
이 Tiger"—이 나온다. 즉 아셴바흐가 무의식적으로 가기를 원했던 곳
은 원래 아시아였던 것이다. 이러한 사실은, 이 글에서 곧 설명될 '아시
아'와 '성'의 연관 관계에 비추어볼 때, 이 여행의 목적이 성욕의 충족
에 있다는 가설을 뒷받침해준다. 그러나 아셴바흐는 "너무 멀리, 호랑
이들이 있는 데까지 갈 건 없다"[210]고 생각했고 그래서 결국 베니스로
오게 된 것이다. 그러므로 베니스가 이 작품에서 "동양식 사원"[211]과
"아라비아식 창틀들"[212]을 가진 동양적인 도시로 묘사되는 것은 우
연이 아니다. 베니스는 우선 지리적으로 볼 때도 유럽과 아시아의
경계에 놓여 있으며, 그런 점에서 "동양으로 들어가는 문"[213]이다.
게다가 베니스에 창궐하고 있는 아시아산 콜레라는 베니스를 또 다
른 의미에서 더욱 동양적으로 만든다. 콜레라의 영향으로 나타난 베
니스의 '동양화(化)'에 대한 영국인 여행사 직원의 설명은 서술자에
의해 다음과 같이 요약된다:

고위층의 부패는 전체 분위기를 지배하고 있는 불안감, 떠돌아다
니는 죽음으로 인해 그 도시가 빠져들어간 비상 상태와 결합하여 하

---

209) 같은 책, S. 447.

210) 같은 책, S. 449.

211) 같은 책, S. 501. 비잔틴 양식의 상 마르코 사원을 가리키는데, 이 "동양식 사원의
간결한 화려함이 그〔아셴바흐〕의 감각에 관능적인 부담을 〔준〕다" (같은 곳).

212) 같은 책, S. 502.

213) Yahya A. Elsaghe, "Zur Sexualisierung des Fremden," S. 27.

위층의 그 어떤 도덕적 문란을 야기시켰으며, 빛을 싫어하는 반사회
적인 충동이 이런 분위기로 인해 한층 강해져서 무절제, 뻔뻔스러움,
증가하는 범죄의 형태로 나타나게 되었다. 〔……〕 영업적 부도덕은,
평소에는 이곳에서 알려지지 않았었으며 이 나라의 남부 지방과 동
양에서만 볼 수 있었던 뻔뻔스럽고 방종한 형태를 취하게 되었다.[214]

위의 인용 구절은 베니스 전체가 콜레라로 인해, 아셴바흐의 꿈속
에서 재현된 디오니소스적 성축제와 같은 광란에 빠져들었음을 보
여준다. "그 어떤 도덕적 문란"은 성적 문란을, "영업적 부도덕"은
매춘 행위를 가리키는 것이 명백하다. 게다가 매춘 행위가 "동양"에
서처럼 "뻔뻔스럽고 방종한" 형태로 나타난다고 서술되어 있다. 결
과적으로, 디오니소스, 콜레라(병과 죽음), 동양, 성적 방종, 아셴바
흐의 동성애적 감정은 모두 서로 연관된 것으로 묘사되어 있으며,
이 모든 것은 다시금 도덕성의 와해와 연결지어진다.[215] 이것은 동
성애를 "의심의 여지 없이 비도덕적인"[216] 것으로 보던 토마스 만의
동성애에 대한 이해와도 관련이 있다.

콜레라의 유포와 아셴바흐의 동성애적 감정은 또한 각기 베니스
시당국과 아셴바흐에 의해 '비밀'에 부쳐진다는 공통점을 지닌다.
동성애가 아셴바흐의 내면 깊은 곳에 감추어진 비밀인 것처럼, 콜레
라는 베니스의 비밀이다. 아셴바흐는 "자신의 마음의 모험과 비밀
스레 융합된 저 바깥 세계의 모험"[217] "자기 자신의 가장 사적인 비
밀과 융합되어 있는 이 도시의 나쁜 비밀"[218]에 대해 "남모르는 만
족감"[219]을 느낀다. 콜레라와 동성애의 연결은 동성애와 죽음의 결

---

214) Thomas Mann, *Gesammelte Werke*, 제8권, S. 514.
215) 이 모든 상호 관련된 요소들은 다시금 『마의 산』에서 그대로 나타난다.
216) Thomas Mann, *Gesammelte Werke*, 제10권, S. 197.
217) Thomas Mann, *Gesammelte Werke*, 제8권, S. 504.
218) 같은 책, S. 500~01.

합의 대표적 예다. 또한 동성애와 콜레라를 서로 연관시킨 것은, 동
성애적 성향을 심리적·육체적 '병'으로 보던 19세기말에서 20세기
초반의 동성애에 관한 담론을 연상시킨다. 토마스 만 자신도 1920년
베버에게 쓴 편지에서, 자신의 세대의 자연주의적 경향이 자신으로
하여금 아셴바흐의 케이스를 병리학적 관점에서도 묘사하도록 강요
했다고 쓰고 있다.[220] 우리가 살펴보았듯이, 이 작품에서는 동성애
와 죽음이 밀접한 상호 관련 속에 나타나 있다.

3. 맺는 말
— 작품의 초기 수용과 작품에 나타난
토마스 만의 동성애에 대한 입장

　토마스 만의 염려에도 불구하고, 1913년 「베니스에서의 죽음」이
단행본으로 출판되었을 때 이 작품에 대한 독자들의 반응은 "즉각
적이고 압도적"[221]이었다. "그것은 분명히 『부덴브로크 일가』이래
만의 가장 큰 성공이었다. 만의 일생 동안 그 작품은 장차 20개국에
서 37개의 판(版)으로 발간될 것이었다"[222]라고 앤터니 헤일벗은 그
의 토마스 만 전기에서 쓰고 있다. 이 작품은 일반 독자들에게 큰
호응을 받았을 뿐 아니라[223] 평론가들로부터도 호의적인 반응을 얻

---

219) 같은 책, S. 500.

220) Thomas Mann, *Briefe 1889~1936*, S. 177 참조.

221) Anthony Heilbut, *Thomas Mann*, p. 259.

222) 같은 책, 같은 곳.

223) 이 작품은 1912년 7월에 완성되었고, 같은 해에 『노이에 룬트샤우 *Neue
Rundschau*』지 10월호와 11월호에 처음으로 실렸다. 1913년 2월 피셔 출판사에
서 단행본으로 나온 초판 8,000부는 나오자마자 매진되어 재판(再版)에 들어갔
고, 1913년말까지 18,000부가 팔렸으며, 1930년까지 8만 부가 찍혀나왔다(Peter
de Mendelssohn, *Der Zauberer: Das Leben des deutschen Schriftstellers Thomas*

었다. 작품 출판 당시에 나온 비평들 가운데 기록이 남아 있는 40여 개 중 부정적인 평가를 내리고 있는 것은 네댓 개밖에 없다.[224]

그러나 대부분의 당시 평론가들은 작품의 핵심을 이루고 있는 '동성애'라는 제재에 대해 침묵하거나 단순히 줄거리를 소개하는 차원에서 언급하는 데 그쳤으며, 작품에 대한 그들의 호의적인 평가도 이러한 잘못되거나 지나치게 소극적인 작품 해석을 바탕으로 하는 경우가 대부분이었다. 동성애라는 소재에 대한 의견을 밝힌 평론가들도 아셴바흐의 타치오에 대한 정열을 '상징'으로만 받아들이거나, 작품의 본질을 이루고 있다기보다는 다른 데카당스적 현상들과 언제라도 교체 가능한 표면적 소재에 지나지 않는 것으로 보았다. 뵘은 이 작품의 초기 수용에 대해 다음과 같이 언급하고 있다:

어떤 평론가가 〔동성애라는 이 작품의〕 제재에 대해 거부감을 느끼면 느낄수록 작품에 대한 그의 전체적 평가도 점점 더 가혹해진다. 그 반면에, 평론가가 이 단편소설의 문체적 탁월성에 대해 열광하면 할수록 그는 점점 더 쉽사리 그 제재를 못 본 척하거나 그 어떤 방식으로든—예컨대 그것을 '상징적으로' 받아들인다든가 함으로써—그것을 경시하게 된다.[225]

예를 들어 빌리 헬파흐는 "〔아셴바흐의 동성애적〕 정열은 더 심오한 숙명의 증상, 한 존재의 위기의 증상일 뿐"[226]이라고 주장하였

Mann. *Erster Teil. 1875 bis 1918*, 개정 신판, Frankfurt am Main: Fischer, 1997, S. 1488; Ehrhard Bahr, *Thomas Mann*, S. 122 참조).

224) Ehrhard Bahr, *Thomas Mann*, S. 148; Hans Rudolf Vaget, *Thomas Mann*, S. 189 참조. 뵘은 4개의 외국 비평까지 합쳐 총 47개의 비평문들을 연구 대상으로 삼고 있으며, 그 중 6개만이 이 작품에 대해 부정적인 견해를 취했다고 관찰하고 있다 (Karl Werner Böhm, *Zwischen Selbstzucht und Verlangen*, S. 17 참조).

225) 같은 책, S. 18.

고, 바브는 타치오에 대한 아셴바흐의 동성애를 "어떤 정신적 비극의 표상"[227]이라고 보았다. 또한 오스발트 브륄은 동성애가 이 작품에서는 "부차적"[228]일 뿐이라고 주장하였고, 프란츠 헤르비히는 아름다운 소년 타치오를 다만 "비유"[229]로 보았다. 에두아르트 코로디는 「베니스에서의 죽음」을 "형법 제175조를 생각해서는 부당할, 매우 품위 있는 독일 산문"[230]이라고 불렀다. 「베니스에서의 죽음」에 대한 이 같은 핵심을 빗나간 해석은 1971년에 발표된, 루치노 비스콘티 감독의 영화 「베니스에서의 죽음」에도 그대로 이어졌다. 스테판 켄퍼는 『타임』지에 발표한 이 영화에 관한 비평에서, 영화가 원작의 동성애를 너무 강조하고 있다고 비난하면서, 토마스 만의 「베니스에서의 죽음」이 동성애에 관한 작품이라고 말하는 것은 카프카의 「변신」이 곤충학에 관한 작품이라고 부르는 것만큼이나 터무니없다고 주장하였다.[231] 헤일벗은 「베니스에서의 죽음」의 수용에 대해 다음과 같이 관찰하고 있다:

이 작품의 수용의 역사는 성(性) 정책의 한 놀라운 장(章)을 형성하고 있다. [……] 이 작품은, 그것의 핵심을 이루는 연애 사건을 압도해버리는 어떤 지적인 분위기를 얻게 되었다. 「베니스에서의 죽음」은 순수하기 그지없는 상징으로, [……] 그 제재는 아무래도 좋은 논설로 간주되어왔다. 만이 한 동성 연애자를 호의적으로 묘사했

---

226) Willy Hellpach, "Thomas Mann: Der Dichter und sein Werk," *Berliner Tageblatt*, 1913년 10월 22일자.

227) Julius Bab, "Dem Dichter Thomas Mann," *Die Schaubühne*, 9(1913), S. 170.

228) Oswald Brüll, "Thomas Manns neues Buch," *Merker*, 4(1913), S. 376.

229) Franz Herwig, "Neue Romane," *Hochland*, 10(1913), S. 490.

230) Eduard Korrodi, "Thomas Mann: *Der Tod in Venedig*," *Wissen und Leben*, 12(1913), S. 692.

231) Anthony Heilbut, *Thomas Mann*, p. 259 참조.

다는 사실은 무의미한 것으로 여겨져 무시되었다.[232]

클라우스 하르프레히트도 이 작품의 수용에 대해 비슷한 언급을 하고 있다: "세상은 속아넘어갔다. 소년 타치오는 남을 의심치 않는 복종심을 가진 세상 사람들에 의해 미(美)의 상징으로, 말하자면 성(性)이 없는 인물로 여겨졌다."[233]

초기 수용자들 중에는 아셴바흐의 죽음을 그의 동성애적 욕망에 대한 '벌'로 해석하고, 그런 점에서 이 작품을 동성애에 대해 '경고'하는 도덕적인 작품으로 본 경우도 있었다. 예를 들어 그 자신이 공공연한 동성 연애자였던 게오르게는 "「베니스에서의 죽음」에서는 가장 고귀한 것이 타락의 영역으로 끌어내려져 있다는"[234] 이유로 이 작품을 비난했다고 한다. 그렇다면 우리는 과연 이러한 해석을 완전히 틀린 것이라고 볼 수 있을까? 추후에 공개된 토마스 만의 일기에 대한 지식 없이 본다면 그러한 해석 역시 명백히 틀렸다고는 할 수 없을 것이다. 사실 이 작품 자체에서 작가 토마스 만의 동성애에 대한 분명한 입장 표명을 읽어내기는 불가능하며, 이러한 애매모호성은 또한 만이 의도한 것이었다. 토마스 만은 그가 실제 삶에서 자신에게 동성애적 욕망 충족을 허용하지 않았던 것처럼, 자신의 가상의 자아인 아셴바흐에게도 현실적 욕망 충족의 기회를 주지 않는다. 아셴바흐는 타치오를 갈망하지만, 그와 육체적 접촉은커녕 말한번 걸어보지 못한다. 「베니스에서의 죽음」에서 토마스 만은 동성애를 무턱대고 찬양한 것이 아니라 찬양과 비판 사이의 애매모호한 태도를 취했다. 제4장의 마지막에 나오는 아셴바흐의 "나는 너를 사랑해!"라는 애정 고백은 "도저히 있을 수 없는, 〔……〕 불합리한,

---

232) 같은 책, 같은 곳.
233) Klaus Harpprecht, *Thomas Mann*, S. 350.
234) Thomas Mann, *Briefe 1889~1936*, S. 179에 인용됨.

타락한, 가소로운" 동시에 "그래도 성스럽고 존경할 만한"[235] 것으로 묘사된다. 이렇듯 「베니스에서의 죽음」에서는 동성애가 비난되는 동시에 칭송되는"[236] 것이다. 아셴바흐의 "감정적 모험"은 그의 내면에서 일어나는 것일 뿐, 세계는 그의 이러한 '타락'을 전혀 모른다. "그리고 그날이 지나기 전에, 세계는 그의 죽음의 소식을 듣고 충격을 받았으며 경외감에 사로잡혔다"[237]라는 작품의 마지막 문장은 아셴바흐의 추락할 뻔했던 위엄을 다시 완벽하게 원상 복구해 준다.

토마스 만은 한 편지에서, 자신이 이 작품에서 "감각성과 도덕성의 균형"[238]을 추구했다고 밝히고 있다. 토마스 만이 동성애에 대해 가졌던 상반된 감정은, 그가 자신의 선천적인 동성애적 성향을 명확히 인식한 동시에 동성애의 '비도덕성'을 확신하고 있었다는 데서 비롯된다. 그것이 그가 아들 클라우스를 비롯한 공공연한 동성 연애자들과는 달리 자신의 남다른 성적 경향에 대해 많이 고민하고 그것을 평생 동안 숨긴 이유였을 것이다. 그런 딜레마 속에 살던 토마스

---

235) Thomas Mann, *Gesammelte Werke*, 제8권, S. 498.

236) Hans Rudolf *Vaget*, "Der Tod in Venedig," S. 581. 이 밖에도 여러 학자들이 이 작품에 나타난 토마스 만의 동성애에 대한 입장의 애매 모호성에 대해 언급하고 있다. 예를 들어 리드는 토마스 만이 처음에는 이 작품을 동성애적 정열에 대한 '찬미가'로 구상했으나 나중에 계획을 바꾸어 부정적으로, 즉 '비극'으로 끝맺게 했으며, 그렇게 한 데는 아셴바흐의 정신 세계에서 중요한 역할을 하는 플라톤주의에 대한 루카치의 부정적 견해가 결정적인 역할을 했다고 보고 있다(T. J. Reed, "The Art of Ambivalence," *Thomas Mann: "Death in Venice," A New Translation. Backgrounds and Contexts. Criticism*, trans. & ed. Clayton Koelb, New York: W. W. Norton and Company, 1994, p. 168 참조). 반면에 루크는 리드와는 달리, 토마스 만이 계획을 변경한 것이 아니라 처음부터 이 작품에는 상호 모순적인 요소가 서로 뒤섞여 있다고 주장한다(David Luke, "Thomas Mann's 'Iridescent Interweaving'," p. 204 참조).

237) Thomas Mann, *Gesammelte Werke*, 제8권, S. 525.

238) Thomas Mann, *Briefe 1889~1936*, S. 176.

만에게 '문학'은 일종의 감정의 배출구 역할을 했다. 필자가 다른 글에서 주장한 바 있듯이, "작가가 어떤 생각을 그것에 대한 분명한 입장을 취하지 않고서도 그 속에서 시사하거나 상징화할 수 있다는 것이 문학 예술 작품의 장점이자 한계이다."[239] 문학 작품 특유의 '미학적 이로니'를 통해 보장되는 '불구속성'은 토마스 만으로 하여금 자신에게 사적으로 가장 긴급한 관심사인 동성애라는 소재를 제삼자적 입장을 유지하면서 다룰 수 있는 기회를 제공했다. 그렇게 해서 '동성애'를 둘러싼 토마스 만의 창작미학에서 새로운 장을 여는 것처럼 보이는 「베니스에서의 죽음」도 사실은 작가 토마스 만의 동성애를 추론할 아무런 근거를 남기지 않는다. 이 작품에서 토마스 만은 '진실'이라는 '가면'을 사용했을 따름이었다. "'동성 연애자' 토마스 만은 이제 〔「베니스에서의 죽음」에서〕 진실로써 스스로를 은폐하는"[240] 것이다. 이 작품 이후 토마스 만은 동성애를 작품 속에서 더 이상 직접적으로 묘사하지 않았고, 그의 삶에서의 동성애적 체험은 이후의 작품들에서는 대부분 '이성애'로 둔갑되어 나타난다. 바제가 쓰고 있듯이, "비밀로 머무를 때에만 동성애는 그〔토마스 만〕에게, 그것이 결국 그의 마지막 작품에 이르기까지 의미한 것, 즉 '창작의 자극'일 수 있었던"[241] 것이다.

---

239) Sung-Hyun Jang, *Nietzsche-Rezeption im Lichte des Faschismus: Thomas Mann und Menno ter Braak*(Hildesheim: Olms-Weidemann, 1994), S. 115.

240) Karl Werner Böhm, *Zwischen Selbstzucht und Verlangen*, S. 322.

241) Hans Rudolf Vaget, "Der Tod in Venedig," S. 581.

제3장

『마의 산』에 그려진
한스 카스토르프의 동성애

1. 들어가는 말
—— '쾌락지' 베르크호프 요양소

토마스 만의 삶에서 그의 비밀스런 동성애적 성향이 얼마나 중요한 위치를 차지하는지는, 만의 일기와 최근에 나온 토마스 만 전기들을 읽어보면 알 수 있다. 옳게든 그르게든, 일기 발간 이후 토마스 만의 사후 명성은 그의 동성애라는 척도에서 재조명되고·있다. 또한 토마스 만의 동성애는 그의 문학 작품에 대한 새로운 해석 가능성을 제시하고 있으며, 실제로 최근의 연구 동향은 동성애를 핵심으로 하여, 토마스 만 작품들의 강한 자서전적 성격을 강조하는 추세다. "그〔토마스 만〕의 깊은 성적 애착이 항상 남성에게로 향해져 있었다는 사실에 대해서는 오늘날 아마도 더 이상 이론(異論)의 여지가 없을 것이다. 그러한 사실은 설사 일기가 없다 하더라도 〔그의〕 서술 작품들로부터 추론될 수 있다"[1]라고 마이어는 이미 1980년에 쓰고 있다. 뵘이 올바르게 관찰하고 있듯이, 만의 동성애적 성향은 작품 속에 그려진 남성 인물들간의 관계뿐 아니라 이성 관계의

---

1) Hans Mayer, *Thomas Mann*(Frankfurt am Main: Suhrkamp, 1980), S. 477.

묘사에도 구성적인 영향을 미치고 있다.[2] 이 장에서는 소설 『마의 산』에 묘사된 클라브디아 쇼샤에 대한 한스 카스토르프의 애정 관계가 암시적·상징적 차원에서 볼 때 이성애라기보다는 동성애에 더 가깝다는 사실과, 더 나아가서 주인공 한스의 동성애적 성향을 암시하는 다른 요소들을 살펴보고자 한다.

이 소설이 무대로 삼고 있는 다보스의 베르크호프 요양소는 여러 가지 점에서 매우 효과적인 소설 배경이다. 요양소의 존재 기반은 '병'이다. 토마스 만의 작품 세계에서 '병'만큼 의미심장하고 다의적인 모티프도 드물 것이다. 이 장에서 앞으로 설명되겠지만, 만에게 있어서 '병'은 '죽음' '사랑'[3] '자유'[4] '천재성'[5]과 밀접한 모티프적 연관성을 가질 뿐 아니라 '동성애'와도 불가분의 관계에 있다는 사실은 『마의 산』뿐 아니라 「베니스에서의 죽음」과 『파우스트 박사』에서도 나타난다. 이런 의미에서 토빈은 "동성애와 병이라는 테마군(群)"[6]

---

2) Karl Werner Böhm, "Die homosexuellen Elemente in Thomas Manns *Der Zauberberg*," *Stationen der Thomas-Mann-Forschung: Aufsätze seit 1970*, hrsg. von Hermann Kurzke(Würzburg: Königshausen & Neumann, 1985), S. 145. 뵘에 따르면, "만이 자신의 동성애를 숨기는 데 사용하는 가면들과 수법들"(같은 글, S. 163) 중에서 가장 눈에 띄는 것은 남자를 작품 속에서 여자 인물로 그리는 "여자 가면"(Karl Werner Böhm, *Zwischen Selbstzucht und Verlangen*, S. 316)이었다.

3) 크로코브스키 박사는 "병을 일으키는 힘으로서의 사랑"(Thomas Mann, *Gesammelte Werke*, 제3권, S. 417)에 관한 자신의 연설에서, 병은 "허락되지 않은, 억압된 사랑이 다시 나타나는 형태이자 가면"(같은 책, S. 180)이며, "병 증세는 사랑의 위장된 실행이며 모든 병은 변화된 사랑"(같은 책, S. 181)이라고 주장한다.

4) 한스와의 대화중 클라브디아는, 자기에게 자유를 주는 것은 병이라고 말한다: "'다게스탄에 있는 너의 남편은 네게 그것을 허락하니? 너의 자유 말이야.' '내게 그것을 주는 것은 병이야'"(같은 책, S. 471).

5) 한스는 클라브디아에게 말한다: "병이 네게 자유를 주고 〔……〕 너를 천재적으로 만들지!"(같은 책, S. 825~26).

6) Robert Tobin, "Das offene Geheimnis der Sexualität: Verhüllung und Enthüllung von Krankheit und Faschismus in den Schriften Thomas Manns," *Verschwiegenes Ich: Vom Un-Ausdrücklichen in autobiographischen Texten*, hrsg. von Bärbel Götz, Ortrud Gutjahr und Irmgard Roebling(Pfaffenweiler: Centaurus, 1993), S. 210.

과 "병으로서의 동성애"[7]를 언급하고 있다.

이 소설에서 병은 우선 육체적인 사랑과 불가분의 관계에 있다. 『마의 산』이 무엇보다도 사랑에 관한 소설이라는 것은 "『마의 산』은 내가 쓴 것 중에서 가장 관능적인 작품일 것이다"[8]라는 1920년 3월 12일자 일기에서도 나타난다. 베르크호프 요양소는 병과 죽음의 장소일 뿐 아니라, 성적 감성이 고조되는 "쾌락지 Lustort"[9]이기도 하다. 요양소 환자들간의 문란한 애정 행각을 언급한 뒤에 서술자는 이렇게 말하고 있다:

> 베르크호프의 환자들 사이에서, 특히 열이 있는 젊은이들 사이에서 진행중인 이러한 사건들은 〔……〕 이곳의 삶의 분위기의 주요 구성 요소를 이루고 있었는데, 거기에는 발코니의 연결된 통로가 〔……〕 추측건대 중요한 역할을 했다.[10]

토마스 슈프레허도 베르크호프 요양소의 분위기에 대해 다음과 같이 언급하고 있다:

> 요양소의 세계는 〔……〕 유일무이한 '쾌락지'이고 성적 낙원이다. 〔……〕 결핵은 특별히 강한 욕정과 결부된다. 〔……〕 성(性)은 『마의 산』의 '근본적인 관심사'이다. 〔……〕 성욕은, 〔……〕 파렴치하게 얇은 벽 뒤의 러시아인 부부처럼, 전혀 평화를 유지하지 않는다.[11]

---

7) 같은 글, S. 212.

8) Thomas Mann, *Tagebücher 1918~1921*, hrsg. von Peter de Mendelssohn (Frankfurt am Main: Fischer, 1979), S. 396.

9) Thomas Mann, *Gesammelte Werke*, 제3권, S. 122, 308.

10) 같은 책, S. 331.

11) Thomas Sprecher, "Davos in der Weltliteratur: Zur Entstehung des *Zauberbergs*," *Das Zauberberg-Symposium 1994 in Davos*, hrsg. von Thomas Sprecher(Frankfurt

이렇게 성적으로 고조된 요양소의 분위기는 한스에게는 자신의
성(性)을 발견하는 계기가 된다:

한스 카스토르프는, 저 즐겨 야유되는 근본적인 관심사에 대해 자
신도 통례적인 만큼은 통달해 있다고 생각했었으며, 또한 그렇게 생
각한 것이 옳았던 것인지도 모른다. 그러나 이제 그는, 자신이 평지
에서 그것에 매우 불충분하게 숙달되어 있었을 뿐이며, 사실상 그것
에 대해 단순한 무지 속에 있었음을 깨달았다. 그 반면에 여기서는
개인적인 경험들, 즉 그것의 성격에 대해 우리가 여러 번 암시하려고
시도했으며, 그 어떤 순간들에 그의 입에서 "오, 하느님!" 하는 감탄
사가 나오게 한 개인적인 경험들이 그로 하여금, 전대미문의 것, 모
험적이고 형용하기 어려운 것의 증가하는 강조를 내면으로부터 알아
차리고 이해할 능력을 주었는데, 여기 위의 사람들에게는 누구에게
나 흔히 있는 그런 일이었다.[12]

그러나 병과 성적 흥분이 결합된 베르크호프의 분위기가 한스에
게 일깨우는 것은 그냥 단순한 성적 관심이 아니라, 그에게 잠재되
어 있으나 표면적으로는 오랫동안 잊혀져온 동성애적 성향이다. 토
마스 만이 결혼한 남자로서, 즉 이성을 사랑해야 할 의무를 진 남성
으로서의 자기 자신의 성(性)에 대해 자신감이 없었고 혼란스러워
했다는 사실은 그의 일기를 통해 잘 나타난다. 예를 들어 1920년 7
월 14일자 일기에서 그는 이렇게 쓰고 있다:

카티아와 잠자리를 같이함. 〔……: 일기장 편집자 생략〕이 일과

---

am Main: Vittorio Klostermann, 1995), S. 18.

12) Thomas Mann, *Gesammelte Werke*, 제3권, S. 332.

관계되는 나 자신의 심신의 상태를 분명히 이해하지는 못하겠음. 사실상의 임포텐스라고는 볼 수 없을 것이며, 오히려 나의 '성생활'의 그 낯익은 혼란과 불확실성에 원인이 있을 것이다. 신경 과민적 허약은 다른 방향으로 향하는 욕구의 결과로 생긴 것임에 틀림없다. 만일 한 소년이 '앞에 누워 있다면' 어떨까?[13]

그리고 1920년 7월 25일에 그는 기차칸에서 만난 "호감이 가는 젊은 남자"를 회상하며 "나는 여자와는 영영 끝난 것 같다?"[14]라고 쓰고 있다. "작가〔토마스 만〕의 대리자"[15]인 한스도 토마스 만의 성적 혼란을 그대로 물려받고 있다. 토마스 만과 마찬가지로 한스는 이성(異性)을 사랑하는 보통 남자로서의 자기 자신에 대해 회의적인 견해를 가지고 있다. "제 자신을 '남자'라고 부를 때, 저는 허풍스럽고 상스럽게 여겨집니다"[16]라고 그는 클라브디아의 애인 피터 페퍼코른에게 고백하며, 또한 그는 자신이 "남자들을 연적으로서만 보는 식으로 남자답지는 않음"[17]을 강조한다. 서술자도 "그〔한스〕는 남성적인 것에 대한 자신의 관계를 여성을 통하여 결정되게 하지 않는다"[18]고 말하고 있다.

---

13) Thomas Mann, *Tagebücher 1918~1921*, S. 453.

14) 같은 책, S. 454.

15) Gerhard Härle, *Die Gestalt des Schönen: Untersuchung zur Homosexualitäts-thematik in Thomas Manns Roman "Der Zauberberg"*(Königstein im Taunus: Anton Hain, 1986), S. 45. 토마스 만은 1925년 베르나르트 귀예민과의 『마의 산』에 관한 인터뷰에서 "무엇보다도 저는 제 자신을 한스 카스토르프와 동일시하고 싶습니다"(Thomas Mann, *Selbstkommentare: "Der Zauberberg,"* hrsg. von Hans Wysling, Frankfurt am Main: Fischer, 1993, S. 79)라고 말하고 있다.

16) Thomas Mann, *Gesammelte Werke*, 제3권, S. 845.

17) 같은 책, S. 811~12.

18) 같은 책, S. 797.

2. 한스 카스토르프의 동성애적 성향

I. 클라브디아와 히페의 동일성

한스의 동성애적 동경은 그가 선택한 사랑의 대상인 클라브디아의 외모에서부터 나타난다. 클라브디아는 여성답다기보다는 오히려 소년 같은 외모—좁은 골반,[19] 작은 가슴[20]—를 가지고 있다. 한스 비슬링이 관찰하고 있듯이, "그녀의 매력은 바로 그녀의 성별상의 애매 모호성에서 나오는 것처럼 보인다."[21] 클라브디아는 베르크호프 요양소의 여자들 중 한스의 성적 관심을 유발시키는 유일한 사람이자 이 소설에서 비중 있게 묘사되는 유일한 여자 인물이지만, 한스가 그녀에게 관심을 갖게 된 결정적인 이유는 그녀가, 한스가 열세살 때 사랑한 학교 친구 프리비슬라프 히페와 이상할 정도로 닮았다는 사실이다. 이 장에서 살펴보겠듯이, 한스는 클라브디아를 통하여 히페에 대한 자신의 사랑을 (재)발견하게 되며, 한스의 그녀에 대한 감정은, 히페에 대한 그의 (표면적으로만) 잠들었던 사랑의 재확인이다.

드나들 때마다 문을 쾅 닫음으로써 "한스 카스토르프가 죽어도 견딜 수 없던, 옛날부터 증오했었던 소리"[22]를 내는 버릇을 가진 클라브디아는, 처음에는 한스에게 오히려 분노의 대상이었다:

---

19) "그녀는 〔……〕 골반이 넓지 않았다"(같은 책, S. 299).

20) "마루샤의 가슴처럼 높고 풍만하게 발달되어 있지 않은, 작고 소녀다운 그녀〔클라브디아〕의 가슴"(같은 곳).

21) Hans Wysling, "*Der Zauberberg*-als Zauberberg," *Das Zauberberg-Symposium 1994 in Davos*, hrsg. von Thomas Sprecher(Frankfurt am Main: Vittorio Klostermann, 1995), S. 48.

22) Thomas Mann, *Gesammelte Werke*, 제3권, S. 67.

처음에는 그는 매번 격분해서 고개를 홱 돌리고는, 그 방심한 지각
녀가 훌륭한 러시아인 테이블의 자기 자리로 가는 것을 화난 눈으로
쫓았으며, 또한 이빨 사이로 나지막한 소리로 그녀에게 욕설이나 격
노한 비난의 외침을 보냈었다.[23]

그러나 어느 순간부터 그는 분노보다는 그녀의 모습이 그 누군가
를 연상시킨다는 사실에 정신을 집중하기 시작한다:

한스 카스토르프는 그녀가 넓은 광대뼈와 좁다란 눈을 가졌다는
사실을 어렴풋이 깨달았다…… 그가 그 광경을 보았을 때, 그 무엇
그리고 그 누군가에 대한 막연한 추억이 그를 가볍게, 잠시 동안 스
치고 지나갔다.[24]

한스 카스토르프는 〔……〕 혼자 생각했다: 그녀는 내게 그 무엇인
가를 연상시키지만, 그것이 무엇인지 모르겠는걸.[25]

도대체 무엇을 그리고 누구를 그녀가 내게 연상시킨단 말인가, 하
고 그는 생각했다.[26]

어느 날 오솔길에서의 산책중 한스는 코피를 쏟고, 급류가의 벤치
위에 누워서 꿈을 꾸게 되는데, 그 꿈속에서 그는 클라브디아가 연
상시키는 것이 히페였음을 깨닫게 된다:

---

23) 같은 책, S. 190.
24) 같은 책, S. 111.
25) 같은 책, S. 121.
26) 같은 책, S. 124.

얼마나 이상할 정도로 그가[즉 히페가] 그녀를 닮았단 말인가 —
여기 위에 있는 그 여자를! 그러니까 그 때문에 내가 그렇게 그녀에
게 관심을 가지는 것일까? 혹은 또한, 그 때문에 내가 그렇게도 그에
게 관심을 가졌던 것일까? 터무니없는 생각이지! 정말 터무니없어.[27]

이때부터 소설은 클라브디아와 히페의 유사성을 강조하는 구절들
로 가득 차게 된다. 우선 클라브디아는 히페와 똑같은 "먼 산들의 빛
깔처럼 푸른색과 회색이 뒤섞인, 좁다랗고 [……] 매혹적으로 길게
생긴 키르기스인의 눈"[28]을 가졌다:

　　클라브디아의 눈은, [……] 위치·색깔·표정에 있어서 프리비슬
　라프 히페의 그것과 너무나도 눈에 띄게, 깜짝 놀랄 정도로 닮아 [있
　었다!] [……] '닮았다'는 전혀 적합한 단어가 아니었다. 그것은 동
　일한 눈이었다.[29]

그리고 넓고 높은 광대뼈를 지닌 클라브디아의 얼굴 생김새,[30] 웃
는 모습,[31] 머리 가누는 법,[32] 그리고 약간 쉰 듯한 목소리까지[33] 히

---

27) 같은 책, S. 174.

28) 같은 책, S. 206.

29) 같은 책, 같은 곳. 이 밖에도 클라브디아와 히페의 눈의 유사성을 강조하는 구절
　　들은 소설에 많이 나온다: "정확히 프리비슬라프의 눈으로 그녀는 그를 바라보았
　　었다"(같은 책, S. 176); "그녀의 좁게 찢어진 프리비슬라프 눈"(같은 책, S. 247);
　　"그녀의 프리비슬라프 눈"(같은 책, S. 296, 326); "그것은 그에게 그 어떤 눈, 운
　　명을 바라보는 비스듬한 눈의 빛과 색깔을 연상시켰다. [……] 일찍이 그가 바라
　　보았었고 필연적으로 재발견한 눈, 즉 히페와 클라브디아 쇼샤의 눈을 말이다"
　　(같은 책, S. 661).

30) "그의 얼굴과, 기이하지만 그에게는 이미 오래 전부터 낯익은 형태를 지닌 그녀의
　　얼굴 사이에"(같은 책, S. 205); "또한 얼굴의 위쪽 반의 널찍함과 납작한 코, 홍
　　조를 띤 흰 피부에 이르기까지 모든 것이 [……] 프리비슬라프와 똑같았다"(같은
　　책, S. 206).

페와 흡사하다. 이 유사성은 갈수록 더 강조되어, 한스는 나중에는 클라브디아와 히페를 완전히 동일시하게 된다. 그는 운명의 사육제 날 밤에 클라브디아에게 이렇게 고백한다:

그러나 내가 너를 다시 알아보았고, 너에 대한 나의 사랑을 재인식했다는 사실로 말하자면,—그래, 그건 정말이야. 난 너를 이전에 이미 알았었어. 너와 너의 정말로 아름다운 비스듬한 눈, 너의 입과 네가 말할 때의 네 목소리를 말이야. 이미 한번, 내가 학생이었을 때 나는, 세속적인 의미에서 너와 알게 되기 위해 네게서 너의 연필을 빌린 적이 있었어. 왜냐하면 난 너를 비이성적일 정도로 사랑하고 있었거든. 그리고, 베렌스가 내 몸에서 발견한 그 흔적들, 나도 이전에 병들어 있었다는 것을 보여주는 그 흔적들을 내게 남긴 것은, 너에 대한 나의 옛 사랑임에 틀림없어.[34]

---

31) "그는 서서, 그녀가 웃으며 말하는 것을 보았다. 프리비슬라프 히페가 언젠가 교정에서 말하며 웃었을 때와 똑같이 말이다"(같은 책, S. 335); "또한 쇼샤 부인도 이 공연에 대해 매우 웃었다. 그럴 때 그녀의 눈은 더 작아졌고 그녀의 입은 벌어져 있었다. 프리비슬라프 히페가 웃을 때의 눈과 입 모양과 똑같다고 한스 카스토르프는 생각했다"(같은 책, S. 404).

32) "그 밖에도 그녀는 또한 머리를 약간 앞으로 내밀고 있어서, 그녀의 흰 블라우스의 파인 목 부분에 추골이 두드러져나와 있었다. 프리브슬라프 히페도 머리를 그와 비슷하게 가누었었다"(같은 책, S. 176).

33) "그것은 깊지는 않으나 약간의 날카로움을 지닌, 듣기 좋게 쉰 듯한 목소리였다. 한스 카스토르프는 그 목소리를 이미 오래 전부터 알고 있었고, 한번은 심지어 아주 가까이에서 들어본 적도 있었다. 즉 이 목소리가 바로 그 자신에게 '좋아, 빌려주지. 그러나 넌 수업 시간이 끝난 후에 그것을 내게 틀림없이 돌려주어야 해'라고 말했을 때 말이다"(같은 책, S. 297); "'그런데, 당신 사촌은요?'라고, 그의 뒤에서, 그의 머리 위에서 한 목소리가 물었다. 그것은 그의 귀에는 매혹적인 목소리로 들렸다. 〔……〕 그것은 일찍이 '좋아, 빌려주지. 그러나 그것을 부러뜨리지 마'라고 말했던 그 목소리, 억제하는 듯한 운명의 목소리였다"(같은 책, S. 771).

34) 같은 책, S. 475~76.

클라브디아가 베르크호프를 떠났다가 되돌아온 후에, 한스는 그
녀에게 다시 말한다:

　난 〔……〕 이미 소년 시절에, 여기서 사육제의 밤에 그랬던 것처
럼, 〔……〕 비이성적이게도 너에게서 연필을 빌린 적이 있어.[35]

이 소설에서 의미심장한 모티프로 등장하는 '연필 빌리기'는 동성
애적 행위를 상징하는 것으로 볼 수 있으며,[36] '연필'은 "명백한 남
근의 상징"[37]이다. 위의 인용문들에서 연필 빌리기가 '비이성적'인
행동으로 묘사된 것도 그런 이유에서라고 볼 수 있다.[38] 사육제날
밤에 한스는 "작지만 네 것 Klein, aber dein"[39]이라고 말하며 클라브
디아가 건네주는 연필을 받는다. 이 표현은 "작지만 내 것 Klein,
aber mein"이라는 관용적 표현을 재치 있게 변화시킨 것이다. 연필
이 남근의 상징이라는 사실을 고려할 때, 연필의 소유자가 클라브디
아임을 강조한 한스의 말은 상징적인 차원에서 그녀의 '남성'을 강

---

35) 같은 책, S. 827.

36) 뵘은 이 소설에서의 '연필 빌리기'에 좀더 복잡한 해석을 부여하고 있다: "텍스트
　　에 묘사된 연필 빌리기는 사춘기 소년들끼리의 상호 자위 행위의 신화적 재서술
　　이다. 한스는 연인의 남근을 손으로 쥐고 연인이 그에게 지시하는 대로 한다. 빌
　　리기란, 새로운 지식을 빌리기, 습득한 지식을 자기 자신에게 실습해보는 것을 의
　　미한다" (Karl Werner Böhm, "Die homosexuellen Elemente," S. 148).

37) Frederick Alfred Lubich, *Die Dialektik von Logos und Eros im Werk von Thomas
　　Mann*(Heidelberg: Carl Winter Universitätsverlag, 1986), S. 121.

38) '연필 빌리기'가 다분히 상징적인 의미를 지니며 비이성적인 행위라는 사실은 실
　　제로 클라브디아에게서의 연필 빌리기가 행해지기 이전의 다음과 같은 언급에서
　　도 나타난다: "요아힘이 이 분위기[즉 마루샤의 섹시함이 자아내는 성적으로 고
　　조된 분위기]를 기피하고 그것으로부터 달아났을 때 그가 지녔던 것과 같은 이성
　　과 명예심이 한스 카스토르프를 사로잡았고, 그를 어느 정도 규율과 질서 속에 묶
　　어두었으며, 그가 그 좁다란 눈을 가진 여자[즉 클라브디아]에게서 말하자면 '연
　　필을 빌리는 것'을 가로막았다" (Thomas Mann, *Gesammelte Werke*, 제3권, S. 290).

39) 같은 책, S. 464.

90

조해준다. 사육제 이후 클라브디아가 떠난 뒤, 한스는 다시금 자신의 두 연인—히페와 클라브디아—을 서로 일치시킨다. 그는 "자신이 병든 클라브디아 쇼샤에게 그(녀)의 연필, 그의 연필, 프리비슬라프 히페의 연필을 되돌려주었음"[40]을 추억하고는, "그(녀)의 연필 son crayon"이라는 프랑스어 표현에 대해 이렇게 생각한다: "'그(녀)의 연필'! 그것은 이 경우에는 그의 연필이 아니라 '그녀의' 연필을 가리키지. '그(녀)의'라는 표현은 다만 '연필'이란 단어가 〔문법적으로〕 남성이기 때문에 사용된 거야."[41] '연필'의 문법적인 성과 실제 소유자인 클라브디아의 성 사이의 혼란은 한스의 시각에서 본 클라브디아의 성적 애매성을 암시하고 있다.[42]

Ⅱ. 클라브디아에 대한 한스의 '동성애'

좀전에 인용된 소설 구절들에서 연필 빌리기가 '비이성적'이라고 묘사된 것이 히페와 클라브디아를 동일시한 데서 비롯된 것이라면, 히페와의 직접적인 관련을 언급하지 않는 대목에서도 한스는 클라브디아에 대한 자신의 사랑이 '비이성적 unvernünftig'이고 '금지된

---

40) 같은 책, S. 675.

41) 같은 책, S. 676.

42) 1985년에 발표한 자신의 논문에서 뵘은, 클라브디아 쇼샤가 남근의 상징인 연필, 체온계, 담배의 모티프와 밀접한 관련을 가진다고 주장하고 있다(Karl Werner Böhm, "Die homosexuellen Elemente," S. 145~65 참조). 그러나, 이 글에서 살펴보았듯이 '연필'의 모티프가 그녀와 불가분의 관계에 있는 것은 사실이지만, 체온계와 담배는 클라브디아보다는 한스와 연관되어 있다. 클라브디아의 체온이나 체온계는 소설에서 거론되지 않는다. 그리고 비록 그녀가 담배를 피우는 것이 묘사되거나 언급되기는 하지만(Thomas Mann, *Gesammelte Werke*, 제3권, S. 325, 473, 781, 823~24, 827 참조), 뵘이 주장하는 것처럼 담배를 남근의 상징으로 보기는 어렵다. 오히려 한스가 피우는 담배는 여자 이름—마리아 만치니—을 가지고 있으며, 한스는 자신의 담배가 마치 여자인 양 이야기한다: "물론 그녀〔즉 그것〕는 약간 변덕스럽기는 해요. 그러나 〔……〕 마리아는 그녀의 특성들에 있어서 매우 신뢰할 만하답니다"(같은 책, S. 353).

verboten' 사랑이라고 느낀다:

> 한스 카스토르프는 〔……〕 사람들이 흔히 말하듯이 '홀딱' 사랑에
> 빠져 있었다. 그러나 이 상투어가 지닌 유쾌한 의미에서가 아니라,
> 금지되고 비이성적이며 평지의 평화롭고 가벼운 노래들을 거기다 대
> 고 부를 수는 없을 때처럼, 사랑에 빠져 있었다.[43]

객관적인 정황으로 보면 한스의 클라브디아에 대한 사랑은 건전
한 시민 사회의 요구에 부응하지 못할 것도 없는 정상적인 이성간의
사랑이다. 클라브디아는 30세 전후로 보이는 매우 매력적인 여자이
고 한스는 23세의 "이성과 양심을 가진 청년"[44]이다. 두 사람은 비
록 요양소에서 서로 만나기는 하지만, 둘 다 심각하게 아픈 것은 아
니다.[45] 따라서 이 "젊은 〔……〕 남자와, 똑같이 아직 젊고 매혹적
으로 살금살금 걸어다니는 여자"[46] 사이의 사랑은, 적어도 겉으로
보기에는, 토마스 만이 수필 「결혼에 관하여」에서 동성애의 반대로
든 "자연의 섭리에 맞는, 결혼 가능한, 아이를 탄생시킬 수 있는 사
랑"[47]인 것처럼 보인다. 그런데 왜 한스는 클라브디아에 대한 자신
의 사랑이 '비이성적'이고 '금지된' 사랑이라고 느끼는 것일까? 클
라브디아가 결혼한 여자이기 때문일까? 그러나 그녀는 남편의 동의
하에 별거중이고, '병'이 그녀에게 부여해준 '자유'가 그녀로 하여
금 다른 남자들과 애정 관계를 맺는 것을 얼마든지 가능하게 해준다
는 사실은, 그녀가 후에 새로운 애인인 페퍼코른과 함께 베르크호프
요양소로 되돌아온다는 사실에서도 알 수 있다. 그럼에도 불구하고,

---

43) 같은 책, S. 805.

44) 같은 책, S. 197.

45) 클라브디아의 '병'에 대해서는 이 장에서 후에 다시 거론될 것임.

46) Thomas Mann, *Gesammelte Werke*, 제3권, S. 831.

47) Thomas Mann, *Gesammelte Werke*, 제10권, S. 198.

한스는 클라브디아에 대한 자신의 사랑이 비이성적이고 금지된 사
랑이라고 느끼는데, 그 자신은 그 이유를 그녀의 '병'과 그 병에서
기원하는 '생식 불능Unfruchtbarkeit'에서 찾으려고 시도한다:

　한스 카스토르프는, 여기 위의 그 칠칠치 못한 여자에 대한 자신의
남모르는 관계를, 이성의 ― 즉 그 자신의 이성적인 양심의 ― 법정 앞
에서 그 어떤 동의에의 요구도 제기할 수 없는 휴가중의 모험으로 여겼
다. 동의를 요구할 수 없는 주요 원인은, 쇼샤 부인이 병들어 있었고,
축 늘어지고 열이 나며 몸 안이 벌레 먹은 상태라는 사실이었다. 그러한
상황은 그녀의 전존재의 의심스러움과 긴밀히 연관되어 있었으며,
또한 한스 카스토르프의 신중함과 거리감에도 큰 몫을 하고 있었다.
그렇다, 그녀와 실제로 사귀어볼 생각은 그에게 들지 않았다.[48]

　여자들이 동화처럼, 보는 사람들의 눈이 즐겁도록 옷을 차려입어
도 되며, 또한 그렇게 차려입는 것이 예의 범절에 어긋나지 않는 것
은 그 어떤 목적을 위한 것임이 자명하다. 즉 다음 세대, 인류의 번식
이 문제가 되는 것이다. 그러나 그 여자의 육체가 병들었다면, 그래서
어머니가 되기에 적합하지 못하다면 어떨까? 그래도 그녀가, 남자들로
하여금 그녀의 육체, 그녀의 병든 육체에 대해 호기심을 느끼도록,
가제 소매가 달린 옷을 입는 것이 의미가 있을까? 그건 분명히 무의
미함에 틀림이 없으며, 사실상 예의 범절에 어긋나는 것으로 여겨지
고 금지되어야 마땅할 것이다. 왜냐하면 남자가 병든 여자에게 관심을
가진다는 사실은, 〔……〕 옛날 한스 카스토르프가 프리비슬라프 히페
에 대해서 가졌던 남모르는 관심만큼이나 단연코 비이성적이기 때문
이었다. 어리석은 비교였고, 좀 고통스런 기억이었다. 그러나 그 기

---

48) Thomas Mann, *Gesammelte Werke*, 제3권, S. 203.

억은, 요청되지도 않고 그가 부르지도 않았는데 찾아왔다.[49]

위의 인용문들에서 강조된, 한스가 클라브디아에게서 짐작하는 '생식 불능'은 토마스 만의 견해에 의하면 이성애가 아니라 동성애의 특징이라는 사실은 이 장에서 다시 언급되겠다.

또한 이 소설에서는 클라브디아에 대한 한스의 관계가 아무런 책임이나 의무를 동반하지 않는 성질의 관계임이 강조된다:

그와 그 러시아 여자 사이의 〔……〕 막연히 긴장된 관계는 〔……〕 비사회적인 성질의 것이었다. 그것은 어떠한 의무도 지우지 않았고 지워서도 안 되었다.[50]

한스가 클라브디아에게 '연필을 빌린' 운명의 사육제날 밤에, 두 연인은 프랑스어로 대화를 나눈다. 그 이유에 대해서 한스는 클라브디아에게 프랑스어로 이렇게 설명하고 있다:

너도 눈치챘겠지만, 난 프랑스어를 거의 못해. 그런데도 너와는 내 모국어보다 이 언어로 이야기하는 것이 더 좋아. 왜냐하면 내게는, 프랑스어로 애기하는 것은 말하지 않고도 말하는 것, 어느 의미에서는 책임 부담 없이 말하는 것을 의미하니까. 마치 꿈속에서 이야기하듯이 말이야.[51]

한스의 프랑스어 대화는 예를 들어 『사기꾼 펠릭스 크룰의 고백』에서의 우플레 부인의 프랑스어와는 의미가 다른데, 왜냐하면 한스

____

49) 같은 책, S. 182~83.
50) 같은 책, S. 202.
51) 같은 책, S. 469.

에게는 프랑스어가 외국어이기 때문이다. 외국어로 말할 때 화자와 그가 말하는 외국어 사이에는 모국어를 말할 때와는 다른 거리가 생겨나며, 이 거리가 화자에게서 그가 말하는 내용에 대한 책임을 덜어준다.[52] 이런 점에서 볼 때, 한스가 클라브디아에게 직접적으로 애정 고백을 하는[53] 이 운명의 밤이, 대부분의 사람들이 가면을 쓰거나 가장을 했으며, 따라서 진지성이 결여된 사육제의 밤이라는 사실도 우연이 아니다. 한스는 후에 이 밤을 회상하며 페퍼코른에게 다음과 같이 설명한다:

제가 그 어떤 교육적인 속박들을 〔……〕 벗어버리고 그녀에게 접

---

52) 토마스 만의 외국어 사용, 특히 프랑스어 사용에 관해서는 다음의 논문이 있다: Joel A. Hunt, "The Stylistics of a Foreign Language: Thomas Mann's Use of French," *Germanic Review*, 32(1957), pp. 19~34. 이 논문에서 헌트는 『마의 산』에서의 사육제날 밤의 한스와 클라브디아의 대화에 대해 다음과 같이 언급하고 있다: "한스 카스토르프의 말은, 독일어는 진지함과 〔……〕 건강한 '사랑'을 〔……〕 의미하고, 프랑스어는 방종과, 덧없는 육체에 대한 삶의 부정한 숭배의 표명임을 보여준다" (같은 글, p. 28). 그러나 필자의 생각으로는 이와 같은 특징이 토마스 만에게 있어서 프랑스어와 독일어의 고유 의미라기보다는 한스에게 프랑스어가 '외국어'이기 때문이라고 할 수 있다. 『요제프와 그의 형제들』의 제3부 『이집트에서의 요제프』에서 요제프가 모시는 주인 포티파르의 아내 무트는 요제프에게 직접 말로 사랑을 고백하기 전에, 일부러 말을 어눌하게 하도록 혀를 깨문다 (Thomas Mann, *Gesammelte Werke*, 제5권, S. 1153~54 참조). 에처가일리스는 무트가 혀를 깨문 것에 대해 이렇게 쓰고 있다: "분명하고 명료한 언어를 포기함으로써, 그녀는 또한 어떻든 자신이 말하고 있는 내용에 대한 개인적인 책임도 벗어버리고 있는 셈이다" (Inta Miske Ezergailis, *Male and Female: An Approach to Thomas Mann's Dialectic*, The Hague: Nijhoff, 1975, p. 45). 한스가 프랑스어로 애정 고백을 하는 것도 같은 효과를 지닌다고 할 수 있다. 서술자는 "한스 카스토르프가 프랑스어를 서투르게, 마치 곰곰이 생각하며 머뭇거리듯이 말했기 때문에, 그들의 대화는 상당히 느리게 진척되었다" (Thomas Mann, *Gesammelte Werke*, 제3권, S. 470)고 보고하고 있다.

53) 한스는 클라브디아에게 프랑스어로 이렇게 고백한다: "난 너를 사랑해. 〔……〕 난 너를 언제나 사랑했어. 왜냐하면 너는 내 인생의 '너,' 나의 꿈, 나의 운명, 나의 열망, 나의 영원한 동경이니까……" (같은 책, S. 476)

근한 밤은 〔……〕 가면을 쓴 밤, 사육제의 밤, 무책임한 밤, 모든 사람이 서로를 '너'라고 부른 밤이었지요. 밤이 흘러가는 동안 '너'라는 단어는 꿈과 같은, 무책임한 방식으로 완전한 의미를 지니게 되었습니다.[54]

클라브디아 쇼샤를 가장 잘 묘사하는 단어가 있다면, 그것은 '자유 Freiheit'라는 단어일 것이다. 그녀 자신도 자기가 "자유를 무엇보다도 사랑한다"[55]고 말한다. 그녀는 "남편과 떨어져서 손가락에 결혼 반지도 끼지 않은 채 온갖 요양소에서 지내며,"[56] 자세도 구부정하고, 식사 때마다 이유도 사과도 없이 지각하고, 문으로 드나들 때마다 문을 쾅 떨구어 닫으며, 빵을 뭉쳐 공처럼 만들고, 손끝을 물어뜯는 버릇이 있다. 클라브디아의 자유로움은 이처럼 "불손함 Ungezogenheit"[57] "부주의함 Lässigkeit"[58] "단정치 못함 Nachlässigkeit"[59] "버릇 없음 Verwöhntheit"[60] 등의 형태로 나타난다. 클라브디아의 '자유로움'은 그녀에게만 국한되는 것이 아니라 한스에게도 영향을 미친다. 처음에는 클라브디아의 행동을 매우 못마땅하게 생각하던 한스는 그녀를 사랑하게 됨에 따라, 비판을 멈출 뿐만 아니라, 자기 쪽에서 그녀를 모방하기까지 한다. 그는 클라브디아처럼 식사 때 등을 구부정하게 해보는가 하면, 문을 쾅 닫아보기도 하며, 그것을 이제는 "편안하고" "적절하다고"[61] 느낀다. 클라브디아의 자유로움은

---

54) 같은 책, S. 843.

55) 같은 책, S. 470.

56) 같은 책, S. 202.

57) "쇼샤 부인의 불손한 행동들"(같은 책, S. 319).

58) 같은 책, 같은 곳.

59) "'〔……〕 그녀〔클라브디아〕는 듣기 좋은 목소리와 보기 좋은 몸동작을 가지고 있더군. 그러나 품행은 자유 분방하고 단정치 못했어'라고 침센 부인은 말했다"(같은 책, S. 697).

60) 서술자는 클라브디아를 "그 버릇 없는 여자"(같은 책, S. 824)라고 지칭한다.

또한 '도덕의 초월,' 즉 '탈도덕성 Außermoralität'과도 밀접한 관련을 지닌다. 클라브디아는 매우 수상쩍은 '도덕관'을 지니고 있다. 그녀는 사육제날 밤의 대화중 한스에게 이렇게 말한다:

우리(즉 클라브디아 자신과 그녀를 방문하는 동국인)에게는, 도덕을 미덕, 즉 이성 · 규율 · 예의 범절 · 정직성에서가 아니라, 오히려 그 반대에서 찾아야 할 것처럼 보여. 말하자면, 위험에 몸을 내맡기면서 죄 안에서, 해로운 것에서, 우리를 소모시키는 것에서 찾아야 할 것 같아. 우리에게는, 몰락하고 심지어 멸망하는 것이 자신을 보존하는 것보다 더 도덕적으로 여겨지는걸. 위대한 도덕가는 미덕을 갖춘 사람들이 전혀 아니라 우리에게 비참 앞에서 기독교식으로 몸을 굽히는 것을 가르쳐주는 악 가운데서의 모험가들, 품행이 안 좋은 자들, 큰 죄인들이었어.[62]

한스는 클라브디아의 부주의성과 탈도덕성을 다시금 그녀의 '병' 탓으로 돌린다:

그녀가 병들었다면, (……) 그녀의 병은 (……) 상당 부분 도덕적인 성격의 것이며, (……) 그녀의 '부주의함'의 원인이나 결과가 아니라 그것과 바로 동일한 것이라는 말없는 의구심이 그에게 솟아올랐다.[63]

그러면 여기서, 한스가 클라브디아에 대한 자신의 사랑의 모든 문제점들—즉 금지됨, 비이성적임, 생식 불능, 무책임, 탈도덕성—의

---

61) 같은 책, S. 321.
62) 같은 책, S. 473.
63) 같은 책, S. 318~19.

원인으로 치부하고 있는 클라브디아의 '병'이란 과연 무엇인가 살펴
보기로 하자. 소설에서 그녀는 '임파선의 결핵성 전색'이라는 의학
명을 가진, 클라브디아 자신의 설명에 의하면 "매우 복잡하고
〔……〕 전혀 간단하지 않은"[64] 병을 앓고 있다. 그러나 그녀의 병은
이름과 기록으로만 존재할 뿐, 그녀는 소설 내에서 단 한번도 어떤
병 증세를 나타내 보이지 않는다. 클라브디아는 요양소를 전전하기
는 하지만 "언제나 요양소에서, 남편과 떨어져서 살아야 할 만큼 심
하게 아프지는 않으며,"[65] 베르크호프 요양소의 환자들은 그녀가 남
편과 떨어져 살아야 할 다른 이유들을 가지고 있음에 틀림없다고 일
반적으로 믿고 있다.[66] 뵘이 적합하게 표현하고 있듯이, 클라브디아
의 병은 소설 내에서 "서술적 공백"[67]을 이루고 있다. 앞으로 설명
되겠지만, 클라브디아의 '병'은 독자들의 생각을 엉뚱한 곳으로 돌
리기 위한 주의 전환 기법의 하나이며, 그녀에 대한 한스의 사랑이
소설 내에서 되풀이하여 묘사되듯이 '비이성적'이고 '생식 불능적'
이며 '금지된' 사랑인 이유는 그것이 깊은 차원에서 동성애이기 때
문이다.

한스는 클라브디아에 대한 자신의 사랑을 '비이성적'이고 '금지
된' 사랑으로 여김과 동시에 평범한 사랑—즉 "저 아래 평지의 그
어떤 건강한 여자"에 대한 "허락되고 평화스럽고 가망성이 많은 방
식으로"[68] 진행되는 사랑—에 대한 자신의 경멸감을 거듭 표현한
다:

---

64) 같은 책, S. 471.

65) 같은 책, S. 194.

66) 엥엘하르트 양은 한스에게 이렇게 말한다: "거기엔 다른 이유들이 있음에 틀림없
   어요. 여기 사람들은 다른 이유들이 있다고 일반적으로 믿고 있지요"(같은 곳).

67) Karl Werner Böhm, "Die homosexuellen Elemente," S. 154.

68) Thomas Mann, *Gesammelte Werke*, 제3권, S. 198.

'자신의 마음'을, 사람들이 흔히 말하듯이, 허락되고 평화스럽고 가망성이 많은 방식으로, 저 아래 평지의 그 어떤 건강한 여자에게 '선사'했으며, 이제 자신의 허락되고 가망성이 많으며 이성적이고 근본적으로 유쾌한 감정들에 몸을 내맡긴 그 어떤 젊은이는, 그런 애정 깊은 노래에서 만족감과 기쁨을 발견할 수도 있을 것이었다. 그러나 〔……〕 쇼샤 부인에 대한 그의 관계에 있어서는 〔……〕 그러한 시구가 단연코 적합하지 않았다.[69]

식당에서 저쪽 건너편에 앉아 있는 클라브디아가 자기 쪽으로 몸을 돌려 마치 그를 찾고 있는 것 같은 몸짓을 하는 것을 본 한스는 이렇게 느낀다:

오오, 얼마나 믿을 수 없을 정도의 모험인가! 얼마나 큰 환희이자 승리이며 무한한 기쁨인가! 한스 카스토르프가 저 아래 평지에서, 허락되고 평화스럽고 가망성이 많은 방식으로 그 어떤 건강한 여자에게 〔……〕 '자신의 마음을 선사했다' 해도, 그가 그런 여자를 바라볼 때, 지금과 같은 환상적인 만족감을 동반한 도취를 맛볼 수는 없었을 것이다.[70]

또한 요아힘과의 산책길에서 클라브디아와 성공적으로 아침 인사를 나눈 뒤의 한스의 심정은 이렇게 묘사되어 있다:

예를 들어 평지에서 허락되고 가망성이 많으며 근본적으로 유쾌한 방식으로 어떤 건강한 여자에게 '자신의 마음을 선사'해서 거기에서 큰 성공을 거둔 자라도 더 행복할 수는 없었을 것이다. 그렇다, 그〔한

---

69) 같은 책, 같은 곳.
70) 같은 책, S. 322.

스]가 행운의 시간에 자기 것으로 빼앗고 확보한 그 사소한 것에 대해 지금 행복한 이만큼은, 그런 자는 결코 행복할 수 없을 것이다.[71]

위의 세 인용문에서 드러난 클라브디아에 대한 한스의 사랑과 평범한 사랑 사이의 대조적인 관계는 '위(다보스의 요양소)/아래(평지),' '병든/건강한,' '비이성적인/이성적인,' '가망 없는/가망성이 많은'과 같은 서로 대조되는 단어들로 요약될 수 있다.

1925년 발표된 토마스 만의 수필 「결혼에 관하여」는 토마스 만이 동성애에 대한 자신의 견해를 공식적으로 표명했다는 점에서 우리의 주제와 밀접한 관련을 가진다. 이 수필의 주된 내용은 강한 동성애적 성향을 비밀에 부친 채, 적어도 표면적으로는 건실한 가장이자 남편이던 토마스 만의 결혼—즉 이성애—에 대한 긍정과 옹호이다. 그러나 이 수필에서도 역시 토마스 만은 그의 문체상의 특징— 'sowohl~ als auch~'(……도 ……도), 'einerseits~ andererseits~' (한편으로는…… 다른 한편으로는……) 등을 사용하는—인 '양다리 걸치기'식 논리 전개 방식[72]을 채택함으로써 동성애에도 어느 정도 '이해심'과 '관용'을 보여주었다. 이 수필에서 토마스 만은 동성애를 "성적 유미주의"[73]라고 부르고 있으며, 유미주의에 대해 이렇게 쓰고 있다:

어쨌거나 유미적인 것은, 탈도덕적이고 윤리나 인생의 의무에 대해서 아무것도 모르는, 유용성과 생산성이라는 생각으로부터 전혀

---

71) 같은 책, S. 329.

72) 페터 퓌츠는 토마스 만의 이 같은 문체상의 특징을 니체의 '부분주의Perspektivismus'의 영향으로 보고 있다(Peter Pütz, *Kunst und Künstlerexistenz bei Nietzsche und Thomas Mann: Zum Problem des ästhetischen Perspektivismus in der Moderne*, 제3판, Bonn: Bouvier, 1987, S. 72~73 참조).

73) Thomas Mann, *Gesammelte Werke*, 제10권, S. 197.

영향을 받지 않은 관점이다. 그리고 유용성과 생식에 관한 생각으로
부터의 성적인 것의 해방에 반대할 목적으로서는, 〔……〕 유미주의
적ㆍ인도적인 경향의 주장들은 별로 도움이 될 수 없을 것이다.
〔……〕 미와 형태의 원칙은 삶의 영역으로부터 나오는 것이 아니다.
〔……〕 그것은 〔……〕 가장 깊은 내면에서는 죽음과 생식 불능의 생
각과 결부되어 있다.[74]

또한 토마스 만은 이 수필에서 동성애에 대하여 이렇게 언급하고
있다:

> 그것〔즉 동성애〕은 생식 불능, 무가망성, 무결과, 무책임의 의미에
> 서의 '자유로운' 사랑이다. 그것으로부터는 아무것도 생겨나지 않으
> 며, 그것은, 〔……〕 미적으로는 매우 자랑스럽고 자유로울지 모르지
> 만 의심의 여지 없이 비도덕적인 '예술을 위한 예술'이다.[75]

위의 두 인용문에서 토마스 만이 동성애의 특징으로 지적한 '탈
도덕성' '자유' '생식 불능' '무가망성' '비도덕성' '죽음' '무책임'은
『마의 산』에서 클라브디아에 대한 한스의 사랑을 묘사하는 데 쓰인
용어들임을 알 수 있다. 따라서 한스 카스토르프의 클라브디아 쇼샤
에 대한 사랑은 토마스 만적 의미에서는 사실상 동성애이며, 한스에
게 있어서 클라브디아는 그가 과거에 사랑했고 현재도 뜨겁게 사랑
하고 있는 프리비슬라프 히페의 대용임을 알 수 있다. 비슬링이 쓰
고 있듯이, "사실상 한스는 클라브디아의 모습 속에서 저 소년〔즉
히페〕을 사랑하고 있는"[76] 것이다. 토마스 만이 동성애를 작품 내에
서 표면상 이성애로 변화시킨 것은 "개인적인 어떤 것을 초개인적

---

74) 같은 책, S. 196~97.
75) 같은 책, S. 197.

으로 만들어야 하고 너무나도 사적인 것을 숨겨야 할 필요성에서"
나온 "위장술"[77]이다.

Ⅲ. 히페와 팀페

토마스 만의 일기가 나온 이래 우리는, 프리비슬라프 히페의 실제
모델이 토마스 만의 두번째 사랑의 대상이었던, 뤼벡 시절의 학교
친구 빌리 팀페라는 사실을 알고 있다. 1950년 여름 취리히의 돌더
그랑 호텔의 식당 웨이터 프란츠 베스터마이어와 그의 삶에서의 '마
지막 사랑'에 빠졌을 때, 당시 이미 75세인 토마스 만은 1950년 7월
16일자 일기에서 이렇게 회상하고 있다:

> 나의 '마지막 사랑'에 대한 생각은 나의 마음을 지속적으로 가득
> 채워주고, 내 삶의 모든 근본들과 배경들을 불러 일깨운다. 첫 대상
> 이었던 알민은 〔……〕「토니오 크뢰거」에, 빌리는『마의 산』에, 파울
> 은『파우스트』에 살아 있다. 이 모든 열정들은 그 어떤 영원화를 얻
> 었다.[78]

1891년 토마스 만의 아버지가 죽은 후 얼마 지나지 않아, 토마
스 만의 나머지 가족들은 뮌헨으로 이주하였으나, 토마스 만은 다
니던 고등학교를 어느 정도 마치기 위하여 뤼벡에 남기로 결정되
었다. 그는 처음에는 교육자인 후페 박사 집에서 하숙하였으나,
후페 박사가 반년 만에 죽는 바람에 고등학교 교사인 팀페 선생의
집에 새로운 거처를 얻게 되었는데, 팀페 선생의 아들 빌리가 토
마스 만의 새로운 애정의 대상이 된 것이다.[79] 토마스 만은 빌리에

---

76) Hans Wysling, "*Der Zauberberg*-als Zauberberg," S. 48.

77) 같은 책, 같은 곳.

78) Thomas Mann, *Tagebücher 1949~1950*, S. 220~21.

게서 실제로 연필을 빌린 적이 있었다. 1950년 9월 15일자 일기는 토마스 만이 팀페에게서 빌린 연필의 부스러기를 소중히 보관했었음을 보여준다: "취리히로부터 옷가지와 서류가 든 여행 가방 도착. 서류 중에는, 내가 W. T.[즉 빌리 팀페]의 연필 부스러기만큼이나 소중히 여기는 프란츨 베스터마이어의 편지도 있음."[80] 실제로 일어났던 '연필 빌리기'와 같은 평범하고 구체적인 사실에 상징성을 부여하는 능력이야말로 토마스 만의 특징적인 재능이라고 할 수 있다.

IV. 한스와 요아힘

클라브디아에 대한 한스의 사랑뿐 아니라 한스와 요아힘 침센과의 관계에도 동성애적인 요소를 발견할 수 있다. 한스는 진찰실에서 본 사촌 요아힘의 상체, "검은 털로 덮인 가슴뼈와 역시 검은 털로 덮인 건장한 팔을 지닌, 이 날씬하고 노르스름하게 갈색인 청년의 상체"에 감탄을 느낀다:

> 보라! 그는 전형적으로 아름답게 자라났군. 털에 이르기까지 벨베데레의 아폴로 상을 꼭 닮았는걸.[81]

한스는 자신이 짝사랑하고 있는 클라브디아가 자기는 무시한 채 요아힘과만 대화를 나누어도 요아힘에 대해 질투심을 느끼지 않는 반면, 자기를 사이에 둔, "그 동료 여환자[즉 클라브디아]에 대한 요아힘의 은근한 적의"[82]를 느낀다. 요아힘이 죽었을 때, 한스는

---

79) Klaus Harpprecht, *Thomas Mann*, S. 59~60; Anthony Heilbut, *Thomas Mann*, pp. 56~57 참조.

80) Thomas Mann, *Tagebücher 1949~1950*, S. 267.

81) Thomas Mann, *Gesammelte Werke*, 제3권, S. 251.

82) 같은 책, S. 298.

"뺨 위로 펑펑 눈물을 쏟는다."[83] 슈퇴어 부인이 요아힘의 장례식에
베토벤의 "에로티카"[84]를 틀어야 한다고 주장할 때, 그녀의 이 엉터
리 단어는 은밀히 한스의 심정을 대변해주고 있는 셈이다. "청년다
운 힘의 표상이자 마치 군복을 위해 창조된 것 같은"[85] 요아힘은 전
형적으로 토마스 만이 매혹당하던 타입의 청년이었다. 군대와 군복
은 토마스 만에게는 에로스의 상징과도 같았으며,[86] 수필 「결혼에
관하여」에서 만은, 동성애가 고대에는 "전쟁 및 죽음의 동지애"[87]를
이루었다고 쓰고 있다. 요아힘의 이미지가 그의 군인으로서의 신분
과 불가분의 관계에 있다는 사실은 죽은 요아힘이 나중에 강령술 집
회에서 구노의 오페라 「마가레테」[88] 중 군인 「발렌틴의 기도」와 더
불어 저승에서 불러내어지며, 군복을 입고 나타난다는 점에서도 드
러난다:

　　사촌 요아힘은 사복 차림이 아니었다. 그의 군도는 포개진 허벅다
리에 기대어져 있는 것처럼 보였고, 그는 양손으로 손잡이를 잡고 있

---

83) 같은 책, S. 743.

84) 같은 책, S. 745.

85) 같은 책, S. 15.

86) "그[토마스 만]는 여전히 군복을 입은 젊은 남자들에게 감명을 받았다"(Anthony
Heilbut, *Thomas Mann*, p. 330)라고 헤일벗은 그의 토마스 만 전기에서 쓰고 있
다. 예를 들어 1918년 12월 28일자 일기에서 토마스 만은, 18, 19세 가량 되어보이
는 군복을 입은 청년에 대한 자신의 관심을 표명하고 있다(Thomas Mann,
Tagebücher 1918~1921, S. 118 참조).

87) Thomas Mann, *Gesammelte Werke*, 제10권, S. 198. 이런 점에서 『마의 산』의 맨 마
지막의 전쟁 장면 중 두 병사가 죽은 채 함께 누워 있는 모습을 묘사하고 있는 다
음 구절은 명백히 동성애적 분위기를 지니도록 의도되어져 있다: "거기에는 둘이
누워 있었다. 그들은 친구였다. 궁지에 처하게 되자 그들은 서로 몸을 포개었다.
이제 그들은 섞이었고 사라져버렸다"(Thomas Mann, *Gesammelte Werke*, 제3권, S.
993). 즉 금지된 사랑은 이렇듯 죽음을 통해서만 이루어지는 것이다.

88) 『마의 산』에서는 오페라 「마가레테」라고 언급되지만, 이 구노의 오페라의 실제 제
목은 「파우스트」이다.

었다. 그리고 권총집 비슷한 것을 역시 그의 혁대에서 알아볼 수 있
었다.[89]

이 군복을 통해 요아힘과 한스 사이에는 상징적으로 에로틱한 관
계가 성립되는데, 그 이유는 이 순간 요아힘이 입고 나타나는 군복
은, 토마스 만이 1949년 9월 8일에 쓴 한 편지에서 설명하고 있듯
이, "곧 다가올 1차 세계 대전의 군복, 즉 요아힘이 계속 살아 있었
더라면 입었을, 그리고 한스 카스토르프가 장차 입을 군복"[90]이기
때문이다.

V. 한스와 제템브리니

한스의 교육자로 자처하는 제템브리니와 한스 사이에도 일종의
애정적 긴장 관계가 감지된다. 제템브리니라는 이름에 대해 헤일벗
은 이렇게 쓰고 있다: "'제템브리니'는 베니스 방언으로 '구월의 남
자들'이라는 뜻인데, 구월의 남자들이란 시즌이 끝났을 때 와서 그
지역의 소년들을 반값에 사는 소년 취향의 동성 연애자를 말한다."[91]
헬무트 코프만도 제템브리니라는 이름이 "동성 연애자들을 뜻하는
옛날 베니스의 명칭"이라고 언급하고, "제템브리니와 한스 카스토
르프 사이의 가볍게 동성애적인 관계는 간과될 수 없다"[92]고 쓰고
있다. 제템브리니는 어느 정도 자기 이름에 걸맞게 행동한다고 볼
수 있다. 왜냐하면 그의 한스에 대한 '교육'은 다분히 에로틱한 분
야에 치중되어 있기 때문이다. 그는 한스에게 끊임없이 클라브디아
에 대해 경고하는가 하면, 한스와 페퍼코른과의 관계에 대해서도 신

---

89) Thomas Mann, *Gesammelte Werke*, 제3권, S. 946.

90) Thomas Mann, *Selbstkommentare: "Der Zauberberg,"* S. 155.

91) Anthony Heilbut, *Thomas Mann*, p. 434.

92) Helmut Koopmann, "Die Lehren des *Zauberbergs*," p. 77.

경을 곤두세운다.[93] 한스에 대한 제템브리니의 '애정'은 소설 마지
막에 둘이서 서로 헤어지는 장면에서 명백히 드러난다:

혼잡한 가운데 로도비코[제템브리니]는 그[한스]를 말 그대로 포
옹했다. 그는 한스를 양팔에 감싸안고는 남국인이 (또는 러시아인
이) 그렇게 하듯이 그의 양뺨에 키스했는데, 그것은 큰 감격에도 불구
하고 우리의 무모한 여행자를 적잖이 난처하게 했다. 그러나 제템브
리니 씨가 그를 마지막 순간에 성이 아닌 이름으로, 즉 '지오바니'라
고 부르고, 그럼으로써 교양 있는 서양에서 통상적으로 쓰이는 호칭
형태를 무시하고 말을 놓았을 때, 그[한스]는 거의 평정을 잃을 뻔했
다.[94]

VI. 양성 일체에 대한 한스의 관심

토마스 만의 동성애적 성향에서 주목할 점은, 그가 성적으로 애매
모호한, 즉 중성적이거나 양성적인 모습을 좋아하였다는 사실이다.
그가 이미 성년에 이른 남자들보다는 나이 어린 소년들을 좋아한 것
도 소년들이 지니는 독특한 중성적인 모습에 그 원인이 있었던 것
같다. 토마스 만이 수필 「미켈란젤로의 성애」에서 미켈란젤로가 연
인 빅토리아의 죽음 후에 다시 여러 번 사랑에 빠졌으며, 그것도
"무엇보다도, [⋯⋯] 그 얼굴에서 남성다움과 여성다움이 그[미켈
란젤로 자신]에게 신적으로 하나로 합쳐진 것처럼 보이는 사람들
을"[95] 사랑했다고 썼을 때, 그는 동시에 자기 자신에 대해서 쓰고 있
었는지도 모른다. 토마스 만은 성적으로 애매모호한 것과 남녀 양성

---

93) "당신이 그녀[클라브디아]보다 거의 그[페퍼코른]에게 더 관심을 쏟는다는 사실
   을 알아채지 않을 수 없군요"(Thomas Mann, *Gesammelte Werke*, 제3권, S. 807)라
   고 제템브리니는 한스에게 날카롭게 말한다.
94) 같은 책, S. 989.

적 존재에 대한 자신의 강한 흥미를 한스에게 그대로 물려주었다. 앞에서 언급되었듯이 클라브디아에 대한 한스의 사랑만 해도 "독특하게 소년에 대한 사랑과 여성에 대한 사랑의 사이에서 떠돈다."[96] 또한 사육제날 밤의 클라브디아에 대한 한스의 애정 고백은 "해부학적 찬가, 인간의 육체의 경건하고도 열광적인 잔치"[97]의 묘사로 끝을 맺는데, 그 말 중에는 "다리 사이의 애매모호한 성(性)! le sexe obscur entre les cuisses!"[98]을 감탄하는 구절이 나온다. 즉 한스가 생각하는 이상적이고 아름다운 인간의 육체는 성별을 초월한 육체인 것이다. 한스가 찬양하는 인간의 육체가 성별을 초월한 육체라는 사실은 '눈 Schnee'이라는 제목이 붙은 장에서 그가 꾸는 꿈에서도 나타난다. 뵘도 지적하고 있듯이,[99] 꿈의 전편에서 남쪽 바다의 풍

---

95) Thomas Mann, *Gesammelte Werke*, 제9권, S. 791. 토마스 만의 작품에 나타난 양성 일체적 모티프들에 대해서는, Mechthild Curtius, *Erotische Phantasien bei Thomas Mann*(Königstein im Taunus: Athenaeum, 1984) 중 제2장(S. 61~131) 참조.

96) Hans Wysling, "*Der Zauberberg*-als Zauberberg," S. 48. 또한 "클라브디아 쇼샤가 〔토마스 만의 부인〕 카티아 만의 모습을 지니고 있다는 사실은 간과될 수 없다"(같은 글, S. 49)는 비슬링의 관찰도 이런 관점에서 볼 때 흥미롭다. 왜냐하면 카티아는 클라우스 프링스하임과 쌍둥이 남매였으며, 남성적인 면모를 지니고 있었기 때문이다. 헤일벗은 만의 수필 「결혼에 관하여」에 대해서 다음과 같이 코멘트하고 있다: "그〔즉, 토마스 만〕는 '자전거를 타는, 운전을 하는, 공부를 하는, 남성적인 지성을 가진 여자'라고 해방된 여자의 특징들을 묘사하고 있다(카티아 만은 그 모든 특징들의 좋은 본보기이다)"(Anthony Heilbut, *Thomas Mann*, p. 455).

97) Thomas Mann, *Gesammelte Werke*, 제11권, S. 845~46. 이 인용 구절은 토마스 만이 미국 시인 월트 휘트먼의 시 「나는 전율을 일으키는 육체를 노래하네 I Sing the Body Electric」를 묘사한 구절이다. 잘 알려진 대로 한스의 애정 고백의 마지막 부분은 이 휘트먼의 시의 제9장을 산문으로 풀어놓은 것이라고 볼 수 있는데, 휘트먼은 토마스 만에게 있어서는 동성 연애자였고, 이 시는 그의 확신에 의하면 동성애를 찬미한 시였다(Frederick Alfred Lubich, *Die Dialektik von Logos und Eros*, S. 129; Anthony Heilbut, *Thomas Mann*, p. 415; Karl Werner Böhm, "Die homosexuellen Elemente," S. 160 참조).

98) Thomas Mann, *Gesammelte Werke*, 제3권, S. 477.

99) Karl Werner Böhm, "Die homosexuellen Elemente," S. 160 참조.

경 속에서 그가 보는 아름다운 젊은이들의 성별은 분명히 지적되어 있지 않은 반면,[100] 같은 꿈의 후편에서 어린아이를 찢어 먹으며 피의 향연을 벌이는 사람들은 "두 명의 늙은 여자들," 그리고 "잔학한 여자들"[101]이라고 명시되어 있다. 또한 한스의 소위 "죽음에 대한 공감"[102]도 죽음이 성별의 차이를 소멸시키기 때문인지도 모른다. 예를 들어 「죽음의 춤」이라는 제목이 붙은 장에서 그는 요아힘과 함께 일련의 죽어가는 환자들을 방문하여 위로하는데,[103] 그 중 한 남자 환자인 프리츠 로트바인에 대해 한스는, "로트바인의 성별이 그

---

100) 소설에서는 이렇게 묘사되어 있다: "사람들, 해와 바다의 자식들이 도처에서 움직이거나 쉬고 있었다. 그들은 지성적이고 명랑하며 아름다운 젊은이들이었으며, 그들을 바라보는 것은 정말 기분 좋은 일이었다"(Thomas Mann, *Gesammelte Werke*, 제3권, S. 679). 그러나, 나체로 목욕하는 젊은 청년들을 그린 루트비히 폰 호프만의 유화 「원천」이 이 장면의 모델이 되었다는 사실은 널리 알려져 있다 (Anthony Heilbut, *Thomas Mann*, p. 419; Karl Werner Böhm, "Die homosexuellen Elemente," S. 159; Stefan Bodo Würffel, "Zeitkrankheit - Zeitdiagnose aus der Sicht des *Zauberbergs:* Die Vorgeschichte des Ersten Weltkriegs-in Davos erlebt," *Das "Zauberberg"-Symposium 1994 in Davos*, hrsg. von Thomas Sprecher, Frankfurt am Main: Vittorio Klostermann, 1995, S. 221 참조).

101) Thomas Mann, *Gesammelte Werke*, 제3권, S. 683. 토마스 만은 일종의 여성 혐오증을 가지고 있었다. 예를 들어 그는 손자 프리도 ― 그의 막내아들 미하엘의 첫 아들 ― 를 거의 숭배하듯이 사랑하였고 『파우스트 박사』에서 에효의 모습으로 영원화하기까지 한 것과는 대조적으로, 외손녀들 ― 그의 셋째딸 엘리자베트의 두 딸들 ― 에 대해서는 차가운 감정을 가지고 있었다. 그는 일기에서 거의 한번도 손녀들을 정식 이름 ― 안겔리카와 도메니카 ― 으로 지칭하지 않았으며, 1954년 7월 11일자 일기에서는 이렇게 쓰고 있다: "메디〔엘리자베트〕와 커피 마시다. 그녀와 〔그녀의〕 아이들과 아침 식사하다. 큰애는 밥맛없게 생겼음. 작은 애는 매우 우스꽝스러움"(Thomas Mann, *Tagebücher 1953~1955*, S. 246). 그리고 토마스 만은 그의 작품의 영어 고정 번역자인 헬렌 트레이시 로우 포터에게 쓴 1925년 4월 25일자 편지에서, 자신이 『마의 산』의 영어 번역자로 남자 번역가를 선호하고 있음을 밝히고 있다: "이 책〔즉 『마의 산』〕이 〔……〕 수반하는 〔……〕 요구 사항들은 〔……〕 여성보다는 남성적인 체질에 틀림없이 더 적절할 것입니다"(Thomas Mann, *Selbstkommentare: "Der Zauberberg,"* S. 65).

102) Thomas Mann, *Gesammelte Werke*, 제11권, S. 851.

103) Thomas Mann, *Gesammelte Werke*, 제3권, S. 418~48 참조.

의 말기적 상태로 인해 덜 뚜렷해진다"[104]고 생각하고는, 여자 환자들에게와 마찬가지로 꽃을 선물하기로 결정한다. 한스의 양성 일체에 대한 관심은 사람에만 국한된 것도 아니다. 사육제 직후 클라브디아가 떠난 뒤 한스는 한동안 식물 연구에 몰두하는데, 그는 특히 자웅 동체인 '미나리아재비'를 특별히 매혹적이라고 여긴다.[105]

3. 맺는 말
─ 동성애의 '노출적 은폐'

토마스 만 연구자들이 만의 작품에 나타난 동성애를 묘사할 때 자주 사용하는 "노출적 은폐"[106]라는 표현은 특히 『마의 산』에 들어맞는 표현이라고 생각된다. 왜냐하면 이 글에서 살펴보았듯이, 만은 빌리 팀페에 대한 자신의 동성애적 감정을 이 작품 속에서 표면상 이성애로 바꿔놓음으로써, 직접적으로가 아니라 상징적으로 그리긴 했지만,[107] 그가 이 작품에서 동성애에 대한 자신의 강한 관심을 감

---

104) 같은 책, S. 423.

105) 한스는 요아힘에게 이렇게 말한다: "그러나 이곳에선 미나리아재비들이 있지. 그것들은 저 아래 평지에서도 다르게 보이지 않아. 미나리아재비과에 속하는 〔……〕 특별히 매혹적인 식물이지. 말이 났으니 말이지만 자웅 동체이고"(같은 책, S. 505).

106) Karl Werner Böhm, *Zwischen Selbstzucht und Verlangen*, S. 348. 다른 학자들도 비슷한 용어를 사용하였다: "폭로와 숨김"(Gerhard Härle, *Die Gestalt des Schönen*, S. 49); "은폐와 폭로의 이중 게임"(같은 책, S. 72); "원래는 동성애를 은폐해야 할 사회적 필요성에서 나온 수사학적 은폐와 폭로의 전략"(Robert Tobin, "Das offene Geheimnis," S. 209); "동성애의 은폐와 폭로의 역학"(같은 글, S. 210); "폭로와 은폐, 위장과 노출의 패턴"(Hans Rudolf Vaget, "Confession and Camouflage," p. 572).

107) 토마스 만은 직접적인 동성애 묘사에 거부감을 가지고 있었다. 헤를레는 "토마스 만의 동성애에 대한 거부는 특히, 그것이 공공연히, 즉 〔예술적으로〕 승화되

추기 위하여 사용한 은폐 수법들은 매우 속이 뻔히 들여다보이는 성질의 것들이기 때문이다. 그러나 이 '속이 뻔히 들여다보임'도 또한 토마스 만의 계산된 의도라고 할 수 있다. 토마스 만의 다른 작품들과 마찬가지로 『마의 산』도 역시 토마스 만의 인생의 근본 테마이자 근원적인 문제인 동성애를 다룬 '인생의 작품Lebens-Werk'이었다. 헤를레가 쓰고 있듯이 토마스 만은, "가장 본질적인 인생의 작품으로서의 자신의 문학 작품을, 그 자체 내에서, 그리고 실제 살아온 삶과 서로 맞물리게 연결시켜, 웅대한 의미와 풍부한 관계를 지닌 건축물로 구성해내려고"[108] 시도하였고 또한 그렇게 하는 데 성공한 것이다.

지 않은 채 드러날 때 나타난다" (Gerhard Härle, *Die Gestalt des Schönen*, S. 54)고 쓰고 있다.

108) Gerhard Härle, *Männerweiblichkeit*, S. 22.

제4장

『파우스트 박사』에 그려진 아드리안 레버퀸의 사랑

1. 들어가는 말
— 『파우스트 박사』: 사랑에 관한 소설

야만적인 국가사회주의로 치닫게 되는 독일 민족의 운명, 막다른 길에 처한 현대 예술의 문제성과 그 극복 등과 같은 거창한 주제에도 불구하고 클라우스 조머하게가 올바르게 주장하고 있듯이 "또한 『파우스트 박사』도 여러 의미에서 사랑에 관한 소설이다."[1] 그러나 언뜻 보기에 이 소설의 주인공 아드리안 레버퀸은 사랑과는 거리가 먼 인물처럼 보인다:

> 그의 본성에는 언제나 "날 건드리지 말아"라고 말하는 그 무엇이 도사리고 있었다: 〔……〕 사람들과의 너무 가까운 육체적 근접에 대한 그의 혐오를 〔……〕 나는 잘 알고 있었다. 그는 말 그대로 '혐오,' 회피, 절제, 고립의 인간이었다. 육체적인 다정함의 표현들은 그의 천성과는 전혀 일치될 수 없는 것처럼 보였다.[2]

---

1) Claus Sommerhage, *Eros und Poesis: Über das Erotische im Werk Thomas Manns*(Bonn: Bouvier, 1983), S. 238.

2) Thomas Mann, *Gesammelte Werke*, 제6권, S. 294.

　“‘혐오,’ 회피, 절제, 고립의 인간” 아드리안 레버퀸, 그가 과연 누구를 사랑한 적이 있으며 누구로부터 사랑을 받은 적이 있을까? 아드리안의 친구이자 소설의 서술자인 제레누스 차이트블롬은 소설의 첫 부분에서 이렇게 밝히고 있다:

　　이 친구가 누구를 사랑했을까? 아마도 한때 한 여자를 사랑했는지 모른다. 마지막으로 어떤 아이를 사랑했을 수도 있다. 어느 때고 모든 사람들의 마음을 사로잡는 경박한 풋내기 남자를 사랑했으며, 그런 뒤엔 자신이 그에게 애정을 품고 있다는 바로 그 이유로 그 사내를 자신으로부터 떠나보냈고 죽음으로 몰아넣었던 것이다.[3]

　위의 인용문에서 차이트블롬은 『마의 산』에서의 크로코브스키 박사만큼이나 ‘사랑’이란 단어를 “애매모호한 〔……〕 의미로”[4] 사용하고 있다. 아드리안의 루디 슈페르트페거에 대한 감정은 강한 동성애적 성격을 띠고 있는 반면, 조카 네포무크 슈나이데바인에 대한 사랑은 성적인 욕구가 전혀 배제된 순수하기 그지없는 사랑이기 때문이다. 위의 인용 구절에서 아드리안이 사랑했다가 죽음으로 보냈다는 ‘경박한 풋내기 남자’가 슈베르트페거이고 아드리안이 사랑한 ‘아이’가 ‘에효’라는 애칭을 가진 조카 네포무크라는 것은 의심의 여지

---

3) 같은 책, S. 12~13.

4) Thomas Mann, *Gesammelte Werke*, 제3권, S. 178. 존 프랜시스 페처는 『파우스트 박사』에서 발견되는 12가지 서로 다른 종류의 사랑——“통속적이고 감각적인 사랑에서부터 숭고한 박애에 이르기까지”——을 분류해내고는 이 12가지 다른 성격의 사랑이 아드리안의 최후 작품 「파우스트 박사의 비탄」의 핵심 구절인 “나는 악한 동시에 선한 기독교도로서 죽기 때문이다”라는 구절을 이루고 있는 12음절에 반영되어 있다고 주장한다(John Francis Fetzer, *Music, Love, Death and Mann's "Doktor Faustus,"* Columbia: Camden House, 1990, pp. 120~21 참조).

없는 사실이다. 그러나 아드리안이 사랑했다는 '한 여자'는 누구를 가리키는 것일까? 차이트블롬이 후에 제21장에서 다음과 같이 쓰지만 않았더라면, 우리는 위의 인용에서 가리키는 여자가 헤테라 에스메랄다라고 생각할 수 있을 것이다:

> 눈의 마력, 즉 검은 눈, 푸른 눈의 마력에 아드리안이 특별히 감수성이 예민하다는 사실을 기억하기 위해서는 마리 고도, 루디 슈베르트페거, 네포무크 슈나이데바인의 이름만 불러보면 된다.[5]

만일 위의 두 인용 부분이 내용상 서로 상응하고 첫 인용구에서 가리키는 여자가 마리 고도라면, 우리는 아드리안이 육체적 사랑을 나눈 유일한 이성인 헤테라 에스메랄다에 대한 언급이 첫 인용에서 빠져 있는 이유를 궁금해하지 않을 수 없다. 그리고 무엇보다도, 위의 두 구절들이 꼭 서로 상응한다고 보아야 할 이유는 없다. 후에 설명되겠지만, 소설을 전지적인 관점에서 되돌아볼 때 아드리안이 육체적으로는 물론이고 정신적으로라도 마리를 진심으로 사랑하였는지는 의문이기 때문이다.

토마스 만의 일기를 살펴보면, 강한 동성애적 경향과 욕구에도 불구하고 만이 동성과의 직접적인 성관계를 가져보지 않은 것이 거의 확실하다. 그가 구체적 의미에서의 동성애적 행위에 대해서는 평생 동안 거의 아는 바가 없었다는 사실은 예를 들어 1950년 11월 24일자 일기에서 드러난다. 거기서 만은 동성애를 다룬 고어 비달의 소설 『도시와 기둥』을 읽고 그 소설에 대해 이렇게 적고 있다: "저녁에 계속해서 『도시와 기둥』을 읽다. 뛰어나고 가르침을 주는 진실성을 지닌, 흥미롭고 중요한 인간적인 기록이다. 그러나 성적인 것,

---

5) Thomas Mann, *Gesammelte Werke*, 제6권, S. 236.

즉 여러 남자들과의 애정 관계는 내겐 이해가 가지 않는다. 어떻게 남자들과 잘 수 있단 말인가."[6] 현실에서 충족되지 않은 성적 욕구를 문학 작품 속에서 예술적으로 승화시키고 간접적으로 충족시키는 것이 토마스 만에게 있어서 문학의 중요한 기능이었다. 그러나 그의 문학 작품들에서도 정도의 차이는 있으나 노골적인 동성애 장면의 묘사가 나오지는 않는다. 토마스 만은 사회적 이유에서뿐 아니라 미학적 이유에서도 노골적인 동성애 묘사를 지양하였다. 1921년 2월 23일자 일기에서 토마스 만은 동성애를 직접적으로 그린, 노르웨이 작가 한스 핸리크 예거의 소설 『병든 사랑』을 "내게 예술적으로 아무것도 가르쳐주는 것이 없는, 혐오감을 불러일으키는 불쾌한 기록"[7]이라고 묘사하고 있다. 만의 작품에서 동성애는 충족될 수 없는 '동경'으로 묘사되거나 은밀하고 상징적인 방식으로 암시될 뿐이다. 토마스 만이 "기묘하고 극도로 사적인 작품"[8]이라고 부른 『파우스트 박사』도 예외가 아니다. 토마스 만의 동성애적 동경은 이 소설에서 묘사된 아드리안의 동성 관계뿐 아니라 이성 관계에도 투영되어 있으나, 어느 경우에도 명백하고 노골적인 묘사는 등장하지 않는다. 이 장에서는 아드리안의 중요한 인간 관계 및 애정 관계들, 즉 루디 슈베르트페거, 차이트블롬, 네포무크 슈나이데바인, 헤테라 에스메랄다, 그리고 수수께끼의 인물인 어린 인어 아가씨와의 관계를 고찰해보기로 하겠다.

---

6) Thomas Mann, *Tagebücher 1949~1950*, S. 294.

7) Thomas Mann, *Tagebücher 1918~1921*, S. 486.

8) Thomas Mann, *Tagebücher 1940~1943*, hrsg. von Peter de Mendelssohn(Frankfurt am Main: Fischer, 1982), S. 620(1943년 9월 3일자 일기).

2. 아드리안 레버퀸의 사랑

I. 아드리안과 루디 슈베르트페거

토마스 만의 문학에 나타나는 "동성애의 은폐와 폭로의 역학"[9]은 『파우스트 박사』에서의 아드리안과 슈베르트페거의 관계에 대한 묘사에서도 그 특징을 이루고 있다. "그[아드리안]의 콘서트 바이올리니스트 루디 슈베르트페거와의 성적인 접촉"과 슈베르트페거가 "헝가리에서 벌어진 한 짧은 연애 사건 동안 아드리안 자신의 섹스 파트너"[10]였다는 주장이 연구자들에 의해 의심도 재고도 없이 당연한 것으로 받아들여지고 있는 것과는 대조적으로, 슈베르트페거와 아드리안 사이의 구체적인 성행위는 사실상 이 소설의 어느 곳에도 묘사되지 않는다. 그럼에도 불구하고 소설에는 이 두 사람의 관계가 우정이라기보다는 애정이라는 사실을 '암시'하는 여러 정보들이 숨겨져 있다.

아드리안과 슈베르트페거의 관계가 동성애적 관계라는 가장 뚜렷한 작품 외재적 근거는 아마도, 슈베르트페거가 토마스 만이 1899년 말 뮌헨에서 사귀게 된 친구이자 만의 애정의 대상이었던 화가이자 바이올리니스트 파울 에렌베르크를 문학적으로 형상화한 인물이라는 사실일 것이다. "그 음악가[슈베르트페거]는, 토마스 만이 열렬히 사랑한 사람이라고 불러도 되는, 또는 아마도 그의 청춘 시절의 가장 정열적인 열정의 대상이라고 부르는 것이 더 나을, 화가 파울 에렌베르크의 초상이었다"[11]라고 하르프레히트는 1995년에 출판된 토마스 만 전기에서 쓰고 있다. 소설 집필 시작 한 달 전인 1943년 4

---

9) Robert Tobin, "Das offene Geheimnis," S. 210.

10) John Francis Fetzer, *Music, Love, Death*, S. 81.

11) Klaus Harpprecht, *Thomas Mann*, S. 1431.

월 29일에 토마스 만은 일기에 다음과 같이 적고 있다:

> P. E.〔즉 파울 에렌베르크〕시절의 상세한 사건들을 소설을 위해
> 메모하다. 뮌헨의 차펜슈퇴서 오케스트라의 바이올린 연주자인 루디
> 슈베르트페거라는 인물.[12]

작중 인물 슈베르트페거와 실제 인물 파울 에렌베르크는 이미 외
모부터 서로 닮아 있다. 그들은 둘 다 토마스 만이 선호한 전형적인
외모상의 특징이었던 '푸른 눈'과 '금발'을 가지고 있다.[13] 하르프레
히트는 파울 에렌베르크가 "푸른 눈에 금발"[14]이라고 쓰고 있다. 그
리고 소설에서 서술자 차이트블롬은 "푸른" "강청색의" "청색의"
등의 형용사를 동원하여 슈베르트페거의 푸른 눈을 강조하고 있으
며,[15] 그가 금발을 가졌다는 사실도 언급하고 있다.[16] 파울은 화가였
고 그림이 본업이었지만 소설 속의 슈베르트페거처럼 바이올리니스
트이기도 했다. 하르프레히트는 파울을 "아름답고 명랑한 청년이자
재능 있는 화가, 〔……〕 또한 재능 있는 바이올리니스트"[17]라고 묘
사하고 있다. 토마스 만 자신도 바이올린을 곧잘 연주했으므로, 그

---

12) Thomas Mann, *Tagebücher 1940~1943*, S. 568.

13) 이 '금발에 푸른 눈'은 파울뿐만 아니라 아르민 마르텐스와 빌리 팀페를 비롯하여
   토마스 만의 애정의 대상이었던 대부분의 소년 및 청년들의 공통된 특징이었다.

14) Klaus Harpprecht, *Thomas Mann*, S. 144.

15) 소설에는 루디의 눈을 묘사하는 다음과 같은 표현들이 나온다: "그의 강청색 눈"
   (Thomas Mann, *Gesammelte Werke*, 제6권, S. 265); "그의 아름다운 강청색 눈"
   (같은 책, S. 266); "그의 푸른 눈"(같은 책, S. 346); "그의 눈의 아름다운 푸른색"
   (같은 책, S. 395); "너무나 아름다운 그의 푸른 눈"(같은 책, S. 462); "그의 예쁜
   청색 눈"(같은 책, S. 544); "파란 눈의 대수롭지 않은 사람"(같은 책, S. 553); "그
   의 푸른 눈"(같은 책, S. 567); "푸른 눈"(같은 책, S. 595).

16) 소설에는 "금발"(같은 책, S. 265), "그의 치솟아오르는 금발 고수머리"(같은 책,
   S. 595) 등의 언급이 나온다.

17) Klaus Harpprecht, *Thomas Mann*, S. 146.

는 자주 파울 및 파울의 동생인 작곡가이자 피아니스트 카를 에렌베르크와 함께 음악을 연주하곤 했다. "재능 있고 젊은 바이올리니스트이자 차펜슈퇴서 오케스트라의 단원"[18]인 슈베르트페거와 아드리안을 함께 묶는 가장 튼튼한 연결고리가 그들의 음악에 대한 공통된 관심이듯이, "그 셋(즉 토마스 만과 에렌베르크 형제)을 서로 밀접하게 연관시킨 것은 무엇보다도 음악이었다."[19]

서술자 차이트블롬은 슈베르트페거의 "시시덕거리기 좋아하는 성격"[20]을 여러 번 되풀이하여 언급하며, 그가 "어린 소녀들이든 성숙한 여자들이든 가리지 않고 여자들과의 시시덕거림에 기쁘게 몰두한 채, 시간이 나는 저녁마다 매일 적어도 한 곳, 그러나 대개는 두 군데에서 세 군데까지의 모임에서 시간을 보내는, 열렬한 사교가"[21]라고 꼬집고 있다. 하르프레히트에 따르면 파울도 슈베르트페거처럼 "항상 가벼운 시시덕거림에 관심을 가졌으며,"[22] 토마스 만은 이런 파울의 기질과 "여자들에게서의 인기"[23] 때문에 많은 심리적 고통을 받았다고 쓰고 있다: "파울과의 관계의 부동적인 미결정성—그의 섬세한 열정, 토라진 채 가버리기, 교태에 넘치는 시시덕거림, 과장된 동지애—이 그(토마스 만)의 마음을 이미 오랫동안

---

18) Thomas Mann, *Gesammelte Werke*, 제6권, S. 265.

19) Klaus Harpprecht, *Thomas Mann*, S. 146.

20) Thomas Mann, *Gesammelte Werke*, 제6권, S. 462. 본문에서 인용된 곳 이외에도 소설에서 슈베르트페거와 관련하여 '시시덕거림 Flirt'이라는 단어가 등장하는 곳은 다음과 같다: "고조된 의미에서의 '시시덕거림'"(같은 책, S. 544); "슈베르트페거의 시시덕거리기 좋아하는 성격"(같은 책, S. 551); "시시덕거림이라는 타고난 수단"(같은 곳); "시시덕거림 또는 시시덕거림과 비슷한 것으로 일이 진행되고 있다는 의식이 벌써 그의 사기를 위해서 긴장을 해소시켜주는 어떤 것을 가지고 있었음에 틀림없는 광적인 장난 연애가"(같은 책, S. 587); "시시덕거림에의 열광"(같은 책, S. 590); "시시덕거리기밖에 모르는 머리"(같은 책, S. 591).

21) 같은 책, S. 265.

22) Klaus Harpprecht, *Thomas Mann*, S. 165.

23) Thomas Mann, *Notizbücher*, 제2권, Notizbuch 7, S. 67.

괴롭히고 있었다. 〔……〕 그는 그 화가〔파울〕가 시시덕거린다고 원
망했다."24) 또한 토마스 만의 작품 구상을 위한 노트에는 파울과의
관계를 묘사하는 다음과 같은 구절이 나온다: "아무런 악덕에도 물
들지 않고, 담배나 술조차 않으며, 다른 어떤 유혹적 자극도 필요로
하지 않는 그렇게도 자유롭고 순결한 사람, 그런 사람이 어떻게 시
시덕거림이라는 해롭지 않은 마취제를 스스로에게 허용하지 말아야
한단 말인가! 말이 났으니 말이지만 그는 사랑이나 우정을 위해서
가 아니라 시시덕거림을 위해 태어났다. 우리의 우정도 또한 시시덕
거림이며, 만일 그것이 시시덕거림이 아니라면 그에게 매력을 덜 주
었을 것이다."25)

   토마스 만이 『파우스트 박사의 형성』(1949)에서 밝힌 대로, 그는
의도적으로 아드리안의 외모를 묘사하지 않았다.26) 그 반면에 슈베
르트페거의 외모는 소설에서 비교적 자주 묘사된다. 되풀이하여 언
급되는 그의 푸른 눈과 금발 이외에도, 질투 많은 서술자 차이트블
롬마저도 슈베르트페거를 "아름다운 다리"27)와 "훌륭한 몸매"28)를
가진 "매력적인 젊은이"29)로 묘사하고 있으며, 슈베르트페거의 "부
인할 수 없는 성적 매력"30)을 인정한다. 예를 들어 로테 부인의 집에

---

24) Klaus Harpprecht, *Thomas Mann*, S. 221.

25) Thomas Mann, *Notizbücher*, 제2권, Notizbuch 7, S. 67.

26) 『파우스트 박사의 형성』에서 토마스 만은 이렇게 쓰고 있다: "이상하게도 나는 그
   〔아드리안〕에게 외모·모습·육체를 부여하지 않았다. 나의 가족들은 언제나, 내
   가 그의 외모를 묘사하기를 원했다. 〔……〕 그렇게 하는 것은 얼마나 쉬웠을까!
   그러나 그것은 또한 얼마나 비밀스럽게 금지되어 있었으며 아직 과거에는 한번도
   체험되지 않은 의미에서 불가능했던가!"(Thomas Mann, *Gesammelte Werke*, 제11
   권, S. 204).

27) Thomas Mann, *Gesammelte Werke*, 제6권, S. 270.

28) 같은 책, S. 395.

29) 같은 책, S. 389.

30) 같은 책, S. 586.

118

서 열린 예술가들의 파티에서 15세기 플로렌스의 전통 복장 차림으로 나타난 슈베르트페거를 차이트블룸은 "보티첼리의 빨간 모자를 쓴 청년의 초상화와 닮았다"[31]고 묘사하고 있다.

아름다운 용모와 성적 매력에 덧붙여서, 슈베르트페거의 잠재적 동성 연애자적 기질은 그가 타인들과의—여성들뿐만 아니라 남성들과도—육체적 접촉을 좋아한다는 사실에서도 나타난다. 차이트블룸이 관찰하고 있듯이, "그[슈베르트페거]는 팔이든, 팔꿈치든, 어깨든, 항상 상대방의 어딘가를 움켜쥐고, 만지고, 건드려야만 하는 사람들 가운데 속[한]다."[32] 아드리안과 슈베르트페거 사이의 일상적이고 가벼운 육체적 접촉들은 소설에서 여러 번 묘사된다:

> 그[슈베르트페거]는 그[아드리안]의 팔을 잡고, 혼잡한 파티 참석자들의 주변에서 그와 함께 홀 주위를 거닐었다.[33]

> 슈베르트페거는 폭발적인 친밀감에서 그 순간의 자유를 포착하여, "자네, 정말 멋지게 했군!" 하고 외치며 아드리안을 포옹하고 그의 머리를 자신의 머리에 갖다대고 눌렀다.[34]

> 청중들은 〔……〕 작곡자가 무대에 나타날 것을 고집했다. 그러자 그[아드리안]는 연주자[즉 슈베르트페거]와 손을 맞잡고 여러 번 갈채에 감사를 하는 호의를 베풀었다.[35]

> 그럴 때 그[슈베르트페거]는, 그가 흔히 그렇게 하듯이 아드리안

---

31) 같은 책, S. 270~71.
32) 같은 책, S. 568.
33) 같은 책, S. 272.
34) 같은 책, S. 426.
35) 같은 책, S. 553.

의 무릎을 눌렀다.[36]

위의 인용들에서 묘사된 육체적 접촉들은 일상적인 성격을 지니고 있지만, 슈베르트페거의 아드리안에 대한 끈질긴 유혹을 고려해 볼 때, 그들의 관계가 적어도 슈베르트페거의 편에서는 성적 저의를 포함하고 있다는 사실을 짐작할 수 있다.

슈베르트페거가 아드리안과 가까워지기 위해 기울이는 노력을 차이트블롬은 "유혹," "고독에 대한 친밀감의 대담한 공격"이라고 부르며, "그것이 사실상 루디 슈베르트페거의 아드리안 레버퀸과의 관계에 대한 이름"[37]이라고 덧붙인다. 아드리안의 냉담함과 타인에 대한 무관심에도 불구하고 슈베르트페거는 아드리안에게 "일종의 구혼자"[38]처럼 행동한다: "그는 곧장 아드리안을 목표로 삼았고, 그 때문에 노골적으로 숙녀들을 등한시하기까지 하면서 그의 비위를 맞추었고, 그의 판단을 구했고, 그가 자기를 동반해주기를 원했으며, 〔……〕 자신이 그와의 음악에 관한, 그리고 음악 외적인 대화를 열망하고 있음을 나타냈다."[39] 그는 천진하고 붙임성 있고 끈질기게 아드리안에게 호감을 표시하고 또한 그의 호의를 구한다. 아드리안이 뮌헨의 로테 부인 집에 세들어 살던 시절, 사교적이지 못한 아드리안이 두통에 시달린다는 이유 또는 핑계로 주인집에서 벌어지고 있는 사교 모임에 참석하지 못할 때, 슈베르트페거는 아드리안의 방으로 직접 찾아가서 아드리안에게 모임에 참석하기를 간구하는가 하면, 파이퍼링으로 거주지를 옮긴 아드리안이 악화된 병세로 시달릴 때, "슈베르트페거는 아드리안의 병에 열렬한 관심을 쏟〔는〕다."[40]

---

36) 같은 책, S. 568.
37) 같은 책, S. 467.
38) 같은 책, S. 387.
39) 같은 책, S. 266.

그리고 그는 아드리안에게 자신의 이네스 로테와의 불륜 관계를 고백한 후, "마침 이런 상황에서, 자신이 높이 평가하는 수준 높은 남자분(즉 아드리안) 가까이에 있는 것, 그런 남자분의 영역, 그런 분과의 의견 교환이 그(슈베르트페거)의 기분을 얼마나 상쾌하게 해주는지," 그리고 "사람들이 자신(즉 슈베르트페거)을 대개 잘못 평가하고 있으며, 자기는 여자들과 누워 있는 것보다, 그런 남자분과 자신을 고양시켜주고 장려해주는 진지한 대화를 나누는 것이 훨씬 즐겁다"[41]고 아드리안에게 고백한다. 슈베르트페거는 자신이 "플라토닉한" 성격의 소유자임을 강조한다:

> 그(슈베르트페거)가 스스로의 성격을 묘사하자면, 정확하게 검토해본 결과 플라토닉한 기질의 소유자라고 부르는 것이 가장 적합하다고 생각한다는 것이었다.[42]

'플라토닉 러브 platonische Liebe'라는 표현은 흔히 정신적 커뮤니케이션에 기반을 둔 비(非)성적인 사랑을 말한다. 그러나 '플라토닉한 platonisch'이라는 단어는 또 다른 의미의 측면을 가지고 있다. 예를 들어 파울 데르크스는 "동성애를 수반하는, '플라토닉한'이란 단어의, 잠재적이지만 언제라도 활성화될 수 있는 (의미의) 한 부분"[43]을 언급하고 있다. 토빈도 루디 슈베르트페거가 강조하는 "플라토닉한 기질"이라는 표현이 "루디의 본성의 동성 연애자적 구성 요소들에 대한 작위적인 우회적 표현"[44]이라고 부르고 있다.
　"'냉정함,' 삶과 동떨어짐, '영혼'의 부족"[45]과 "비인간성"[46]을 특

---

40) 같은 책, S. 462.
41) 같은 책, S. 466.
42) 같은 책, 같은 곳.
43) Paul Derks, *Die Schande der heiligen Päderastie*, S. 434.
44) Robert Tobin, "Das offene Geheimnis," S. 216.

징으로 가진 아드리안에게 슈베르트페거와의 교제가 일종의 '인간
화'를 가져다준다는 사실은 아드리안 스스로가 인정하고 있다. 아드
리안은 슈베르트페거가 "내 인생에서 나의 마음속에 인간적인 것을
일깨워주고 내게 행복을 가르쳐준 사람"이며, 그에게서 "내 인생에
서 처음으로 인간적인 따스함을 〔발견했다〕"[47]고 고백하면서 슈베
르트페거가 그의 "인간성을 위해 행한 공로"[48]를 강조한다. 유고로
남아 있는 아드리안이 슈베르트페거에게 쓴 편지를 차이트블롬은
"인간적인 문서"[49]라고 부른다. 토마스 만의 글들에서 '인간적인
menschlich'이라는 단어는 동성애를 암시하는 부수 의미를 지니고
있다. 예를 들어 1950년 11월 24일자 일기에서 토마스 만은 동성애
를 다룬 비달의 소설 『도시와 기둥』을 "중요한 인간적인 문서"[50]라
고 지칭하고 있다.

　작가 토마스 만과 소설의 주인공 아드리안 레버퀸은 그들의 사랑
을 예술로 승화시킨다는 공통점을 가지고 있다. 토마스 만의 파울에
대한 사랑이 『파우스트 박사』의 구상에 중요한 역할을 했다는 사실
은 이 소설의 집필 시작 2개월 전인 1943년 3월 17일자 토마스 만의
일기에서도 볼 수 있다:

---

45) Thomas Mann, *Gesammelte Werke*, 제11권, S. 203.

46) 같은 책, S. 204.

47) Thomas Mann, *Gesammelte Werke*, 제6권, S. 579.

48) 같은 책, S. 584.

49) 같은 책, S. 552. 이 편지는 토마스 만이 파울 에렌베르크에게 쓴 1902년 1월 28일
　　자 편지를 연상시킨다(Thomas Mann, *Briefe 1948~1955 und Nachlese*, hrsg. von
　　Erika Mann, Frankfurt am Main: Fischer, 1965, S. 432~33 참조). 아드리안의 편지
　　를 받은 즉시 슈베르트페거가 아드리안을 방문하는 것처럼—"곧장, 급히, 고통스
　　런 망설임이라고는 전혀 없이, 당시에 편지 수신인이 파이퍼링을 방문했다"
　　(Thomas Mann, *Gesammelte Werke*, 제6권, S. 552)—파울도 토마스 만의 편지를
　　받은 직후인 1월 30일 토마스 만을 방문하였다(Thomas Mann, *Notizbücher*, 제2
　　권, Notizbuch 7, S. 54 참조).

50) Thomas Mann, *Tagebücher 1949~1950*, S. 294.

오전에 오래 전의 메모첩을 읽다. 1901년[51]에 적은, 파우스트 박사
에 대한 세 줄짜리 계획을 발견하다. P. E.〔즉 파울 에렌베르크〕및
토니오 크뢰거 시절과의 접촉. 〔……〕이 젊은 날의 고통을 다시 읽
자 수치심과 감동을 느끼다. 누구도 사랑을 그보다 더 강하게 체험할
수는 없을 것이다. 결국 나는, 그래도 내가 모든 뒷마무리를 했다고
나 자신에게 말할 수 있을 것이다. 놀라운 일은, 그 체험을 예술로 승
화시킨 것이었다.[52]

토마스 만의 파울에 대한 사랑처럼, 아드리안의 슈베르트페거에
대한 사랑도 예술 창작으로 귀결된다. 아드리안과 슈베르트페거의 관
계 진전에 중요한 역할을 하는 것은 아드리안이 슈베르트페거를 위해
서 작곡한 바이올린 협주곡이다. 슈베르트페거는 아드리안에게 바이
올린 협주곡을 "자신만을 위해 작곡해줄 auf den Leib schreiben"[53] 것
을 부탁한다. 'auf den Leib schreiben'이라는 독일어 표현은 직역하
자면 '몸 위에 쓰다'라는 뜻이므로 성적인 부수 의미를 지니고 있
다. 슈베르트페거는 다음과 같이 말한다:

---

51) 알려진 바대로 이 1901년이란 연대는 토마스 만의 기억력의 실수이며, 이 "세 줄
　　짜리 계획"은 1904년에 씌어졌다(Thomas Mann, *Tagebücher 1940~1943*, S. 977,
　　1943년 3월 17일자 일기에 대한 주석 제1번 참조).

52) 같은 책, S. 551. 토마스 만이 『파우스트 박사의 형성』에서 이 일기장 구절을 인용
　　했을 때는 파울에 대한 언급은 빠져 있다. 『파우스트 박사의 형성』에서 토마스 만
　　은 이 부분을 다음과 같이 다시 쓰고 있다: "1901년에 적은, 파우스트 박사에 대한
　　세 줄짜리 계획을 발견하다. 토니오 크뢰거 시절 및 뮌헨 시절과의 접촉. 〔……〕
　　'오래된 사랑과 우정이 그것과 더불어 되살아나는 것 같음.' 이 젊은 날의 고통을
　　다시 보자 수치심과 감동을 느끼다"(Thomas Mann, *Gesammelte Werke*, 제11권, S.
　　155).

53) Thomas Mann, *Gesammelte Werke*, 제6권, S. 466.

저는 그 작품을 자면서도 연주할 수 있도록 완전히 제 것으로 만들
겠어요. 그리고 어머니처럼 그 작품의 모든 음표를 각별한 애정으로
돌보겠어요. 저는 그 곡의 어머니이고 당신은 아버지일 테니까요. 그
작품은 우리 사이에서 태어난 자식과도 같겠지요. 정신적인 자식 말
입니다.[54]

위의 인용 구절에서 슈베르트페거가 사용한 표현들—"einver-
leiben(완전히 내 것으로 만들다)"(직역하면 '몸 속에 넣다'라는 뜻);
"im Schlafe spielen(잠자면서 연주하다)"; "es hegen und pflegen
〔……〕 wie eine Mutter(어머니처럼 〔……〕 그것을 품고 돌보다)"; "ein
Kind(자식)"—은 마치 남녀의 성관계를 통에서나 일어날 수 있는
수태 과정을 연상시킨다.

슈베르트페거가 아드리안의 인생에 가져다준 '인간화'는 아드리
안이 그를 위해 쓴 이 바이올린 협주곡에 반영되어 있다. 이 바이올
린 협주곡은 언젠가 아드리안이 말한 "모든 인간과 허물없이 친숙
한 예술"[55]을 구현하며, 아드리안 자신도 이 협주곡이 "인간적인 것
에 의해 자극을 받은 작품"[56]임을 인정한다. 따라서 차이트블롬이
이 작품을 '비인간성'을 특징으로 지니는 아드리안의 전체 작품들과
조화를 이루고 있지 않은 "이질적인 작품"[57]이라고 부르는 것도 무
리가 아니다:

---

54) 같은 책, S. 467.

55) 같은 책, S. 429.

56) 같은 책, S. 579. 대리 청혼을 부탁하는 장면에서 슈베르트페거와 아드리안은 다
음과 같은 대화를 주고받는다: "'자네〔즉 아드리안〕의 음악은 지금까지 비인간적
이었단 말인가? 그렇다면 그것의 위대성은 결국은 그것의 비인간적인 성격에 기
인하네. 〔……〕 난 자네에게서 인간적인 것에 의해 자극을 받은 작품을 듣고 싶지
않네.' '듣고 싶지 않다고? 전혀 듣고 싶지 않단 말인가? 그래놓고도 자네는 벌써
그런 작품 하나를 세 번이나 사람들 앞에서 연주했단 말인가?'"(같은 곳).

57) 같은 책, S. 544.

레버퀸의 작곡 기법적 특색이 분명히 나타나 있음에도 불구하고 그 작품은 그의 가장 수준 높고 가장 자부심을 가질 만한 작품에 속하지는 못했으며, 적어도 부분적으로는 정중한 느낌, 겸손한 태도, 더 잘 표현하자면 자기를 낮추는 듯한 분위기를 지니고 있었다.[58]

이 작품은, 거기에 나타난 음악적인 경향의 그 어떤 정중한, 연주자를 위한 협주곡다운 고분고분함 때문에 레버퀸의 무자비하게 급진적이고 가차없는 전체 작품의 틀에서 다소 벗어나 있다.[59]

이 작품의 '인간적' 성격은 그것의 두드러지는 '감각성'에서도 나타난다. 차이트블롬은 "이 작품 안에서 그〔슈베르트페거〕에게 얼마나 많은 고조된 의미에서의 '시시덕거릴' 기회가 주어져 있단 말인가!"[60]라고 쓰고 있다. 3악장으로 구성된 이 협주곡에서 '애정을 가지고 느리게'라는 제목이 붙은 제1악장은, 차이트블롬의 표현에 따르면 "항상 거의 조소의 경계에 있도록 유지되어진 감미로움과 연정"을 지니고 있는데, 그것의 주요 선율은 "놀라운 〔……〕 멜로디의 착상, 분명코 진열장을 연상케 하는 화려한 어떤 것을 가진, 큰 곡선을 그리며 사라지는, 감각을 뇌쇄시키는 현란한 가창풍(歌唱風) 선율"[61]이다. 제3악장에서도 되풀이되는 이 선율적 착상에 대해 차이트블롬은 다음과 같이 코멘트하고 있다:

그 착상에 있어서 특색 있고 황홀한 점은, 그 어떤 정점에 도달한

---

58) 같은 책, S. 524.
59) 같은 책, S. 542.
60) 같은 책, S. 544.
61) 같은 책, S. 543.

선율이 예기치 않게, 부드럽게 강세를 타면서 한 음 더 높이 상승했다가, 그 음으로부터 아주 아취 있게, 아마도 너무 아취 있게 다시 미끄러지는 것이었다.[62]

위에 인용된 선율 묘사는 섹스에서의 클라이맥스와 앤티클라이맥스를 연상시키며, 이것은 곧이어 뒤따르는 "그것은 이미 육체적으로 작용하는, 머리와 어깨를 사로잡는, '천상적인 것'에 거의 도달할 듯 말 듯한 미의 표명이었다"[63]라는 차이트블롬의 코멘트에 의해 확인된다. 차이트블롬은 언젠가 뮌헨의 불링어 씨 집에서 벌어진 대화 가운데서 아드리안이 이상주의를 배격하고 예술에 있어서의 감각성을 옹호했던 것을 상기하면서,[64] 이 작품이야말로 그때 아드리안이 했던 주장의 구체화라고 생각한다. 그래서 그렇지 않아도 슈베르트페거에 대해 질투심을 가지고 있던 차이트블롬은 아드리안에게 이 작품을 "살롱 음악의 극치"라고 꼬집고, 차이트블롬이 미리 확신했던 대로 아드리안은 "이 명칭에 화를 내지 않고 그것을 미소로써 받아들[인]다."[65]

이 작품은 또한 아드리안과 슈베르트페거의 '우정'이 구체적인 의미에서의 '동성애'로 발전하는 동기를 제공한다. 아드리안은 빈에서 열린 이 작품의 처녀 연주에 몸소 참석하며, 연주회가 끝난 후 곧장 파이퍼링의 집으로 되돌아가지 않고 연주자 슈베르트페거와 함께

---

62) 같은 책, 같은 곳.

63) 같은 책, S. 543~44.

64) 아드리안은 이렇게 말했었다: "이상주의는 정신이 정신적인 것에만 관심을 가지는 것이 아니라 감각적인 아름다움의 동물적인 우울함에도 깊이 사로잡힐 수 있다는 사실을 고려하지 않습니다. 정신은 심지어 외설에도 이미 경의를 표한 적이 있습니다. 필리네는 결국 창녀에 지나지 않지만, 작가[즉 괴테]와 가까운 인물인 빌헬름 마이스터는 그녀에게 존경을 표합니다. 그렇게 함으로써 감각적 순수함의 상스러움은 공공연히 부인되는 것이죠"(같은 책, S. 549).

65) 같은 책, S. 544.

126

숨은 후원자인 톨나 부인의 헝가리[66] 영지로 여행을 떠난다. 이 여
행이 그들의 사랑을 구체적으로 실현하는 기회가 되었다는 사실은,
그들이 이 여행을 계기로 서로 말을 놓는—너 du'라고 부르는—사
이가 되었다는 데서도 짐작할 수 있다:

    그 작품은 아드리안을 빈으로 이끌었다. 그런 뒤 그것은 그를 루디
슈베르트페거와 함께 헝가리의 영지로 이끌었다. 그들이 그곳에서 되
돌아왔을 때, 루돌프는, 어린 시절부터 알았다는 이유로 그때까지는
오로지 나(즉 차이트블롬)에게만 주어져왔던 특권을 함께 누릴 수 있
음을 기뻐하였다. 즉 그와 아드리안은 서로 말을 놓았던 것이다.[67]

    '서로 말을 놓는 것 Duzen'이 토마스 만에게 있어서 애정 관계의
중요한 선회점을 이룬다는 사실은 이미 『마의 산』에서도 나타난 바
있다. 한스 카스토르프는 운명의 사육제날 밤, 즉 "'너'라고 불러도
되는 밤"[68]에 클라브디아에게 "너는 내 인생의 '너'"[69]라고 고백한
다. 또한 아드리안은 후에 자신의 마지막 고백에서 슈베르트페거에
대한 자신의 감정을 이렇게 고백한다:

    이미 그 이전에 저는, 악마의 수도승으로서, 살과 피로 되었으나 여
자가 아닌 인간은 사랑해도 될 거라고 생각했습니다. 그는 제게서 '너'

---

66) '헝가리 Ungarn' 및 '헝가리의 ungarisch'라는 단어가 『파우스트 박사』에서 항상
성적 욕망의 추구와 관련되어 사용된다는 사실을 오스카 자이들린은 1983년에 발
표한 논문에서 설득력 있게 보여주었다(Oskar Seidlin, "Doktor Faustus reist nach
Ungarn: Notiz zu Thomas Manns Altersroman," *Heinrich Mann Jahrbuch*, 1, 1983,
S. 187~204 참조).

67) Thomas Mann, *Gesammelte Werke*, 제6권, S. 552.

68) Thomas Mann, *Gesammelte Werke*, 제3권, S. 843.

69) 같은 책, S. 476.

라는 호칭을 듣기 위해 무한한 친밀성을 보여주었고, 마침내는 제가 그것을 그에게 허용했지요. 그래서 저는 강요와 지시에 따라 그를 살해하고 죽음으로 보내야 했습니다.[70]

아드리안이 말을 놓자는 슈베르트페거의 제안을 오랫동안 거부해오다가 헝가리 여행을 계기로 드디어 말을 놓는 사이가 되듯이, 토마스 만도 예외적으로 파울과 말을 놓는 사이가 되었다.[71]

그러나 무엇보다도 아드리안과 슈베르트페거의 동성애에 대한 소설 내의 가장 뚜렷한 증거는, 제38장 끝에 나오는 차이트블롬의 설명이다. 차이트블롬은 아드리안과 슈베르트페거의 관계를 "사랑이라는 현상"[72]이라고 부른다. 아드리안은 이 사랑이라는 현상을 "자아와 비자아 사이의 관계의 놀랍고도 언제나 약간 부자연스러운 변화"[73]라고 정의하며, 차이트블롬 자신은 그것을 "그 자체로서는 반쯤은 놀랍고, 개체의 고립성에 모순되는 저 현상"[74]이라고 정의하고 있다. 그러나 차이트블롬은 아드리안과 슈베르트페거의 관계에 있어서는 이 사랑이란 현상이 "마성적인 변화"를 겪었다고 쓰고 있으며 다음과 같이 덧붙이고 있다:

　　나는, 내가 여기[즉 아드리안과 슈베르트페거 사이의 관계]에서 적어도 무엇인가를 깨닫고 이해할 수 있었던 것은 내가 고전 문헌학 공부를 통해 얻은 어떤 특유의 교활함 덕분이라는 사실을 암시하겠다.[75]

---

70) Thomas Mann, *Gesammelte Werke*, 제6권, S. 664.
71) 하르프레히트는 다음과 같이 관찰하고 있다: "〔에렌베르크〕 형제들과 그〔토마스 만〕는, 여느 때 그가 두려움 섞인 마음으로 피해온 '너'라는 명칭을 사용하기 시작했다"(Klaus Harpprecht, *Thomas Mann*, S. 149).
72) Thomas Mann, *Gesammelte Werke*, 제6권, S. 550.
73) 같은 책, 같은 곳.
74) 같은 책, S. 551.

동성애가 흔히 '그리스식 사랑' 또는 '소크라테스식 사랑'이라고 불리는 사실에서도 알 수 있듯이,[76] 동성애는 고대 그리스에서 성행한 사랑의 방식이었다. 또한 차이트블롬은 "비밀에 대한 경외심"[77]이 자신으로 하여금 아드리안과 슈베르트페거와의 관계에 대한 자세한 설명을 하는 것을 막는다고 고백하고 있다. '비밀 Geheimnis'이란 단어는 토마스 만의 저작 세계에서는 특별한 숨은 뜻을 지닌다. 그것은 자주 작가 자신의 '사적인 비밀,' 즉 '동성애의 비밀'을 암시하는 것이다. 토마스 만이 "나의 '마지막 사랑'"[78]이라고 부른 프란츠 베스터마이어를 사랑하던 시절인 1950년 7월 10일자 일기에서 만은 자신의 동성애적 욕망에 대해 쓰면서 "비밀을 강요하는 나의 인생"[79]이라는 표현을 쓰고 있다. '비밀'이란 단어의 특별한 뉘앙스는 일기처럼 사적인 글에만 국한된 것이 아니다. 소설『바이마르에서의 로테』의 제7장에서 주인공 괴테는 빙켈만에 대해 이렇게 생각한다:

빙켈만…… 〔……〕 소중한 사람, 명민하게 감각적인 것에 몰두한, 비통할 정도로 총명한 몽상가이자 사랑에 빠진 자! 내가 당신의 비밀을 알고 있는 것일까요? 당신의 모든 학문에 영감을 준 그 정령을,

---

75) 같은 책, 같은 곳.

76) 니콜라스 코리어가 지은 것으로 추측되는, 17세기에 출판된 에로틱한 저술인『알로이지아 지게아의 사랑의 대화』에는 다음과 같은 언급이 나온다: "알키비아데스와 페돈은, 그들이 스승 소크라테스를 한번 즐겁게 해주고자 했을 때, 소크라테스의 동침자들이 되었다. 이 성스러운 남자의 성 습관에서 '소크라테스식 사랑'이라는 표현이 유래한다"(Nicolas Chorier, *Die Liebesgespräche der Aloisia Sigaea*, Luxemburg: Inter-Verlag, 1967, S. 171; 또한 Paul Derks, *Die Schande der heiligen Päderastie*, S. 57에 인용됨).

77) Thomas Mann, *Gesammelte Werke*, 제6권, S. 550.

78) Thomas Mann, *Tagebücher 1949~1950*, S. 220(1950년 7월 16일자 일기).

79) 같은 책, S. 214.

당신을 고대 그리스와 연결시키는, 오늘날은 종교와 무관한 그 열정을? 왜냐하면 당신의 기지에 찬 말은 사실상 남성적이자 소년적인 것에만, 대리석 위에 놓고 볼 만한 소년의 아름다운 순간에만 적합하기 때문이오. 중요한 것은, '인간'이란 단어가 남성이라는 행운을 당신이 가졌었으며, 당신이 그러니까 미(美)를 마음껏 남성화해도 되었다는 사실이오.[80]

아드리안 자신은 슈베르트페거에게 "자네가 나의 인간성을 위해 행한, 그리고 세상에는 아마도 비밀로 남게 될 공로"[81]에 주의를 환기시키며 슈베르트페거에게 이렇게 고백한다:

내가 나의 속마음을 털어놓은 사람, 이제 모든 것을 아는 사람, 내가 〔……〕 내 마음의 책 속의 가장 비밀스런 페이지들을 열어 보인 사람은 그〔차이트블롬〕가 아니라 자네라네.[82]

이상에서 살펴보았듯이, 아드리안과 슈베르트페거의 동성애적 관계는 직접적이고 사실적인 성적 묘사 없이도 소설에서 오해의 여지없이 분명히 암시되어 있는 것이다.

아드리안과 슈베르트페거의 관계를 종결시키고 마침내는 슈베르트페거가 살해당하도록 하는 데 결정적인 역할을 하는 인물은, 아드리안과 슈베르트페거가 1924년말 취리히에서 처음 알게 된 마리 고도이다. 아드리안은 그녀를 진심으로 사랑한 것일까? 여러 가지 점으로 미루어보아, 슈베르트페거를 중매꾼으로 내세운 아드리안의 대리 청혼은 진심에서 우러난 것이 아니라 악마가 슈베르트페거를

---

80) Thomas Mann, *Gesammelte Werke*, 제2권, S. 681.
81) Thomas Mann, *Gesammelte Werke*, 제6권, S. 584.
82) 같은 책, S. 582.

죽음으로 보내기 위해 아드리안을 통해 꾸며낸 사건으로 해석될 수
밖에 없다. 아드리안이 마리 고도와 결혼할 생각을 가지고 있다는
애기를 들었을 때, 차이트블롬은 그것이 아드리안이 슈베르트페거
로부터 벗어나는 계기가 되리라고 생각하며 그 계획을 반긴다:

> 그[아드리안]의 [결혼] 의도가, 슈베르트페거에의 요정 같은 속박
> 으로부터의 해방을 의미한다는 사실에 대한 기쁨을, 나는 나 자신에
> 게는 감추지 않았다. [……] 그[슈베르트페거]의 승리 이후에 나는,
> 그가 아드리안의 생에서 다시 좀더 이성적인 자리를 차지할 준비가
> 되어 있다고 생각했던 것이다.[83]

'좀더 이성적인 자리'라는 말은 곧, 지금까지 슈베르트페거가 아
드리안의 인생에서 차지했던 자리는 '비이성적인' 성격을 지닌다는
말이며, 이 역시 그들의 동성애적 관계를 암시해준다. 그러나 곧 차
이트블롬은 아드리안의 의도의 진실성을 의심하기 시작한다:

> 내 머릿속을 맴돈 것은 아드리안이 자신의 의도에 대해 말할 때의
> 이상한 태도였다. 즉 그는, 그 의도의 실현이 오로지 자신의 의지에
> 만 달려 있으며, 상대편 여성의 동의에 대해서는 전혀 걱정하지 않아
> 도 된다는 투로 말했던 것이다.[84]

> 하필이면 루돌프를 통한 대변과 구혼을 동반한 그 전체 소동은 내
> 게는 일부러 꾸민 것 같고 부자연스러우며 용서될 수 없는 것처럼 보
> 였다.[85]

---

83) 같은 책, S. 560.
84) 같은 책, 같은 곳.
85) 같은 책, S. 586.

루돌프에게서 '풍기는' 것, 즉 그의 부인할 수 없는 성적 매력을
자신을 위해 작용하게 하고 구애하게 하겠다는 생각이 도대체 그〔아
드리안〕에게 진심으로 신뢰할 만한 것이었을까? 그가 그 생각에 기
대를 걸었다는 것을 믿어도 되었을까?[86]

차이트블롬은 "이 친구〔즉 아드리안〕가 여자의 사랑을 자신에게
로 끌도록 만들어져 있는지 〔……〕 나로 하여금 〔……〕 의심하게
만드는 〔……〕 〔아드리안의〕 고독과 낯설음"[87]을 언급하면서, 심지
어 아드리안의 대리 청혼이, 슈베르트페거와 마리를 서로 짝지어주
고 자신은 고독 속으로 되돌아가기 위한 아드리안의 술책이 아닐까
의심하기조차 한다:

　　때때로 내게는 〔……〕 그〔아드리안〕가 모든 것을 단념한 채 자신
의 고독 속으로 되돌아가기 위하여, 사랑스럽다는 공통점으로 인해
함께 속하는 그 두 사람〔즉 슈베르트페거와 마리〕을 의도적으로 서
로 짝지어주고자 한 것일지도 모른다는 추측이 들기도 했다.[88]

또한 슈베르트페거에 대한 애정에서 아드리안은 그를 위해 바이
올린 협주곡을 작곡하고, 아드리안의 네포무크에 대한 사랑이 그의
오페라 「폭풍」에 나오는 요정 아리엘의 노래들과 그의 최후의 대작
인 오라토리오 「파우스트 박사의 비탄」에 반영되어 있으며, 그가 헤
테라 에스메랄다에게서 체험한 사랑의 감미로움이 그의 전 작품에
비밀스런 철자법 상징— '나-마-가-마-내림 마 음(흡)h-e-a-e-es'으

---

86) 같은 책, 같은 곳.
87) 같은 책, S. 560.
88) 같은 책, S. 586.

로 이루어진 음의 모티프—으로 나타나 있는 반면 마리와의 만남은 아드리안의 음악 작품에 아무런 흔적도 남기지 않는다는 사실, 그리고 슈베르트페거와 네포무크가 아드리안으로부터 사랑을 받았다는 이유로 악마에 의해 죽음으로 끌려간 반면, 마리에게는 그와 같은 일이 일어나지 않는다는 사실도 아드리안이 마리를 진심으로 사랑하지 않았음을 시사해준다. 아드리안의 유일한 정상적인 이성 관계가 될 수도 있었을 그의 마리 고도와의 관계는 그러므로 아드리안 자신의 주장과는 달리 허위임이 드러나는 것이다.

Ⅱ. 아드리안과 제레누스 차이트블롬

토마스 만은 알려진 바대로 큰 "성공과 명성에의 동경"[89]을 가지고 있었다. 그가 다니던 뤼벡의 고등학교의 교내 문예지 『봄의 폭풍』에 '파울 토마스'라는 가명으로 시 몇 편과 단편 「환상」(1893)을 발표한 것을 제외하면, 라이프치히에서 발간되던 문예지 『사회』에 고작 시 한 편과 단편 「타락」을 발표한 것이 유일한 문학적 경력이었던 1895년에 20세의 토마스 만은 친구 그라우토프에게 이렇게 쓰고 있다: "두고 봐, 나의 명성이 모든 신문에서 자자할 테니!"[90] 1899년에 『사회』지에 발표한 시 「독백」에서 토마스 만은 "한 좁다란 월계관에 대한 꿈"[91]을 언급하고 있다. 또한 그의 형 하인리히 만에 따르면, 그는 이미 무명 작가 시절부터 "전국민이 그를 어깨 너머로 보고 그에게 동의해주기를"[92] 원했다고 한다. 비슬링은 토마스 만의 명예욕에 대해 다음과 같이 쓰고 있다:

---

89) Karl Werner Böhm, *Zwischen Selbstzucht und Verlangen*, S. 129.

90) Thomas Mann, *Briefe an Otto Grautoff und Ida Boy-Ed*, S. 31.

91) Thomas Mann, *Gesammelte Werke*, 제8권, S. 1106.

92) Heinrich Mann, *Ein Zeitalter wird besichtigt*(Berlin: Aufbau, 1973), S. 221.

　　1910년경에 그는 자신의 「문학 에세이」를 위한 노트에 이렇게 적
고 있다: "실러는 무엇보다도 위대한 작가이고자 하는 명예심을 가
지고 있었다." 〔……〕 그것은 또한 그 자신의 명예심이기도 했다. 그
의 모든 작품과 또한 그의 편지글들을 이룩하게 한 것은 이 위대함에
의 의지이다.[93)]

　　오만하고 고독하며 획기적인 예술 작품을 창조해내는 천재 작곡
가 아드리안 레버퀸은 따라서 토마스 만의 이상적 자아로 볼 수 있
다. 이 소설의 제7장을 집필중이던 1943년 7월 30일 토마스 만은 일
기에 "나는 어린 아드리안에 대한 나의 사랑을 느낀다"[94)]라고 쓰고
있다. 또한 만은 『파우스트 박사의 형성』에서 아드리안에 대해 이렇
게 쓰고 있다: "나는 〔……〕 그〔레온하르트 프랑크〕에게, 내가 상상
의 인물을 그〔아드리안〕만큼 사랑해본 적은 없었노라고 고백했다.
토마스 부덴브로크도, 한스 카스토르프도, 아셴바흐도, 요제프도,
『바이마르에서의 로테』에 나오는 괴테도 〔……〕 아드리안만큼은 사
랑하지 않았다고 말했다. 나는 진실을 말하였던 것이다. 글자 그대
로 나는, 선한 제레누스가 그에 대해 품는 감정들을 함께 나누었고
근심스레 그와 사랑에 빠졌다."[95)]

　　토마스 만이 자신의 창작 인물인 아드리안에 대해 품은 애정이 이
상적 자아에 대해서 품는 자기 도취적 자애(自愛)라면, 차이트블롬
이 아드리안에게 바치는 무조건적인 숭배와 관심과 사랑은 토마스
만 자신이 예술가로서 독자들과 세상 사람들, 특히 자신이 사랑한
청년들과 소년들로부터 받기를 원하던 숭배와 관심과 사랑이다. 토

---

93) Hans Wysling, "Zu Thomas Manns Briefwerk," *Die Briefe Thomas Manns: Regesten
　　und Register*, hrsg. von Hans Bürgin und Hans-Otto Mayer, 제1권(Frankfurt am
　　Main: Fischer, 1976), S. X.

94) Thomas Mann, *Tagebücher 1940~1943*, S. 607.

95) Thomas Mann, *Gesammelte Werke*, 제11권, S. 203.

마스 만이 세상의 칭찬에 매우 연연했으며 비방에 민감했다는 사실
은 만 자신이 고백한 바 있다.[96] 따라서 아드리안과 그의 작품을 무
조건 숭배하고 존경하는 차이트블롬은 적어도 한편으로는 작가 토
마스 만의 '이상적인 수용자'이자 팬이라고 할 수 있다. 그러나 다른 더
중요한 한편으로는 차이트블롬은 아드리안과 마찬가지로 작가 토마
스 만 자신의 일부이기도 하다. 토마스 만은 자신의 자전적인 요소
들을 이 두 중심 인물들에게 나누어 분배하였던 것이다:

> 사람들은 또한, 제[즉 토마스 만]가 그 작품에서 나 자신을 둘로
> 나누었으며, 서술자와 주인공이 둘 다 내게서 받은 무엇인가를 가지
> 고 있다고 말했습니다. 〔……〕 그것은 어느 정도 사실입니다.[97]

토마스 만이 『파우스트 박사의 형성』에서 언급한 이 두 중심 인물
들의 "동일성의 비밀"[98]도 이와 같은 관점에서 이해되어야 할 것이
다. 아드리안과 "아드리안의 또 다른 자아"[99]인 차이트블롬은 토마
스 만의 두 다른 면을 각기 한 면씩 가지고 있는 것이다. 이와 같은
관점에서 볼 때, 니체의 생애를 주요 소재로 삼고 있는 이 소설에서
토마스 만이 차이트블롬을 니체적 특징을 분배하기 위한, 아드리안

---

96) 토마스 만은 『파우스트 박사의 형성』에서 이렇게 쓰고 있다: "나의 사위 보르제스
   는 '비타민 P.' ― 즉 'Praise(칭찬)' ―에 대해 말하곤 했는데, 이 약물이 강장 효
   과와 생기를 가져다줄 수 있고 회의적인 생각이 들 때조차도 적어도 명랑함을 가
   져다준다는 것은 사실이다. 우리 모두는 상처들을 가지고 있고, 칭찬은 상처를 낫
   게 해줄 수는 없어도 덜 아프게 해주는 향유와 같다. 그럼에도 불구하고 ― 나 자
   신의 경험에 비춰 판단해도 된다면 ― 칭찬에 대한 우리의 감수성은, 모욕적인 경
   멸, 음흉한 비방에 대한 우리의 민감성과 비교한다면 아무것도 아니다"(같은 책,
   S. 230).

97) Thomas Mann, *Briefe 1948~1955*, S. 62.

98) Thomas Mann, *Gesammelte Werke*, 제11권, S. 204.

99) Thomas Mann, *Gesammelte Werke*, 제6권, S. 595.

에 대한 보충 인물로 구상했다는 사실도 이 두 인물의 상호 보충성과 한 단계 더 높은 차원에서의 동일성을 말해준다. 엘루드 쿠네 입슈는, 니체의 생애와 성격적 특성들 중에서 아드리안의 전기와 맞지 않는 점들, 예를 들어 젊은 니체에게서 특징적이었던 우정에 대한 숭배, 니체의 나움부르크에서의 군복무, 고전 문헌학 공부, 결핍된 수학적 재능 등은 기묘하게도 대부분 차이트블롬에게 부과되어 있다는 사실을 관찰하고, 차이트블롬이 젊은 니체라면, 아드리안은 "정신, 형식, 냉정함, 엄격함, 거리감과 병을 지닌 만년의 니체"[100] 이며, 악마는 "가치 전도와 완전한 도덕적 비개의성 시기의 니체"[101] 라고 결론짓는다. 차이트블롬과 아드리안을 합쳐야만 완전한 니체의 모습이 그려지듯이, 역시 그들 둘을 합해야만 완전한 토마스 만의 모습을 알 수 있는 것이다. 그러나 참고로 말해두면, '동일성의 비밀'은 비단 이 두 중심 인물에만 국한되는 것이 아니라, 이 소설과 아드리안 음악의 구성 원칙을 이루고 있다. 차이트블롬은 아드리안의 오라토리오 「형상 묵시록」과 관련하여 "그 음악의 가장 깊은 비밀, 즉 동일성의 비밀"을 언급하며 "동일한 것을 다르게 들리도록 만드는 아드리안 레버퀸의 뛰어난 재능이 [이 작품의] 도처에 나타나 있다"[102]고 관찰하고 있다. 구체적인 예로서 차이트블롬은 이 작품에 나타나는 "가장 복된 것과 가장 소름끼치는 것의 본질적 동일성, 어린 천사들의 합창과 지옥의 웃음소리의 내적 동일성"[103]을 거론한다. 이 소설에서의 동일성은 또한 빅터 A. 오스월드가 증명해보인 톨나 부인과 헤테라 에스메랄다의 동일성,[104] 부헬 농장과 파이

---

100) Elrud Kunne-Ibsch, "Die Nietzsche-Gestalt in Thomas Manns *Dr. Faustus*," *Neophilologus,* 53(1969), S. 187.

101) 같은 글, S. 187~88.

102) Thomas Mann, *Gesammelte Werke*, 제6권, S. 502.

103) 같은 책, S. 645.

104) Victor A. Oswald, Jr., "Thomas Mann's *Doktor Faustus:* The Enigma of Frau von

퍼링의 상징적 동일성, 아드리안의 음악과 차이트블롬의 아드리안 전기—즉 이 소설—사이의 동일성 등으로 확대된다.

차이트블롬은 자신과 아드리안이 "어린 시절부터의 친구"[105]라는 사실을 강조하며, 그들의 "유년 시절에 뿌리를 둔 우정"[106]에 큰 자부심을 느끼고 있다. 아드리안과 차이트블롬이 어린 시절의 학교 친구라는 사실은 작가의 자전적인 요소를 포함하고 있다. 학교는 소년 시절 토마스 만의 동성애적 성향이 눈을 뜬 곳이었다. 그가 소년 시절 사랑한 아르민 마르텐스와 빌리 팀페는 그의 학교 친구였으며, 그가 자신의 동성애적 동경을 가장 솔직하게 털어놓을 수 있었던 벗 오토 그라우토프도 그의 학교 친구였다. "이 시절엔 학교 생활이 삶 그 자체인 법이다"[107]라는 차이트블롬의 말은 곧 토마스 만 자신의 말이라고 할 수 있다. 차이트블롬의 아드리안에 대한 "고통스럽게 긴장된 사랑"[108]이 싹트기 시작하는 것도 카이저스아셰른에서의 공통된 학창 시절이다.

아드리안은 차이트블롬에게 사랑을 되돌려주지 않으며, 차이트블롬이 아드리안에게 바치는 사랑은 차이트블롬 자신이 잘 알고 있다시피 일생에 걸친 짝사랑이다. 이미 소설의 첫 부분에서 차이트블롬은 다음과 같이 쓰고 있다:

나는 놀람과 자상함, 동정과 헌신적인 경탄을 지니고 그를 사랑했으며, 그가 내게 조금이라도 사랑의 감정을 되돌려 보여주는지 문제 삼지 않았다. 아니다, 그는 그렇게 하지 않았던 것이다.[109]

Tolna," *Germanic Review*, 23(1948), S. 249~53 참조.
105) Thomas Mann, *Gesammelte Werke*, 제6권, S. 415, 477.
106) 같은 책, S. 124.
107) 같은 책, S. 63.
108) 같은 책, S. 290.
109) 같은 책, S. 12.

차이트블롬의 아드리안에 대한 사랑은 성적인 성격을 띠고 있는 것일까? 물론 차이트블롬과 아드리안이 직접적인 육체적 관계를 갖지 않았다는 사실은 명백하다. 그럼에도 불구하고 차이트블롬의 감정은 동성애적 성격에서 완전히 벗어나 있다고는 할 수 없다. 차이트블롬이 아드리안의 애정 또는 우정의 대상들인 헤테라 에스메랄다, 슈베르트페거, 뤼디거 쉴트크나프에 대해 느끼는 질투에서 벌써 "그의 은근한 동성애"[110]를 발견할 수 있다. 레너가 주장하고 있듯이 "자신의 지적 우월성을 확신하고 있는 자[즉 아드리안]와 전기 집필자인 친구 사이에는 그것의 동성애적 구성 요소들이 간과될 수 없는 어떤 의견 일치가 드러난다."[111] 에스메랄다와의 첫 만남에 대한 보고를 포함하고 있는 아드리안의 편지를 분석하면서 차이트블롬은 "사랑·성·육체의 영역은 우리의 대화에서 결코 그 어떤 개인적이고 친밀한 방식으로 언급되어진 적이 없었으며, 항상 예술과 문학이라는 매체를 통해서만 언급되어졌었다"[112]고 쓰고 있다. 예술, 즉 음악은 아드리안과 차이트블롬에게 있어서는 육체적·감각적 사랑과 밀접한 관련을 가지는 것이다. "나는 〔……〕 음악이 그 시절에 우리에게 니콜라우스 레버퀸의 악기 창고가 보여주는 순전히 육체적인 실체 이외의 다른 실체를 거의 갖지 않았다는 사실을 잊지 않고 있다"[113]고 차이트블롬은 쓰고 있다. 아드리안의 음악에 대한 "싹트는 정열"[114]은 그의 사춘기와 때를 같이하여 "드러난다"[115]:

---

110) Klaus Harpprecht, *Thomas Mann*, S. 1431.

111) Rolf Günter Renner, *Lebens-Werk*, S. 312.

112) Thomas Mann, *Gesammelte Werke*, 제6권, S. 195.

113) 같은 책, S. 61.

114) 같은 책, S. 67.

115) 같은 책, S. 64.

내가 그것[즉 아드리안의 음악에 대한 싹트는 정열]을 발견한 것
은 그[즉 아드리안]가 열다섯살 때였다. 어느 날 오후에 나는 그의
방에서 그를 찾았으나 그는 없었다. 그런 뒤 나는, 거실이 있는 층의
중간 방에서 상당히 눈에 띄지 않게 자리잡고 있는 작은 하모늄 앞에
앉아 있는 그를 발견했다. 아마 잠깐 동안 나는 문간에 서서 그의 연
주에 귀를 기울였던 것 같다. 그러나 그런 상태가 마음에 들지 않아
안으로 들어섰고, 무엇을 하고 있느냐고 그에게 물었다. 그는 하모늄
의 바람통을 쉬게 내버려두고 건반에서 손을 떼고는 웃으며 얼굴을
붉혔다.[116)

위의 인용 구절에서 아드리안이 연주하는 하모늄은 차이트블롬이
말한 '육체적 실체'를 가지고 있는 것처럼 보인다. 아드리안은 마치
연인을 애무하듯 하모늄의 건반을 두드리며, 차이트블롬이 자신의
연주를 엿듣고 있었다는 사실을 깨달았을 때 그는, 자신의 하모늄
연주가 마치 들켜서는 안 되는데 들켜버린 성행위 또는 자위 행위라
도 되듯이 급히 하모늄의 건반에서 손을 떼고는 얼굴을 붉힌다. 이
렇듯 아드리안에게 음악은 사랑과 불가분의 관계에 있다. 차이트블
롬도 또한 그의 비올라 다모레 연주가 보여주듯이 음악의 세계와 무
관하지 않으며, 음악에 대해 아드리안 못지않은 감수성을 가지고 있
다:

　삼촌의 악기 창고, 말없는, 그러나 수많은 형태로 스스로를 알리는
아름다운 소리의 낙원이 우리들 소년들에게 행사하는 그 마술적인
매력을 사람들은 이해할 수 있을 것이다. 우리들에게라고? 아니다.
나 자신에 대해서만, 나의 매혹당함, 나의 즐거움에 대해서만 말하는

<hr>

116) 같은 책, S. 65.

것이 낫겠다.[117]

위의 인용 구절은 음악이 차이트블롬에게 성적 쾌감을 준다는 사
실을 보여준다. 이와 같은 음악의 성적 매력은 토마스 만에게 있어
서는 특히 바그너의 음악에서 두드러지게 나타났다. 만은 여러 번
바그너의 음악이 듣는 사람에게 일깨우는 성적 감각성을 언급하였
다. 연설 '리하르트 바그너의 고뇌와 위대성' (1933)에서 토마스 만
은 바그너의 음악을 "감각성의 예술"[118]이라고 불렀으며, 바그너의
예술 작품에서 발견되는 "모든 '사랑'의 성적인 것으로의 소급"[119]에
주의를 환기시킨다. 손님인 소프라노 타냐 올란다와 테너 하랄트 쾨
예룬트 덕분에, 뮌헨의 슐라긴하우펜 씨 집에서는 자주 바그너의 오
페라 음악이 공연되는데, 제28장에서는 아드리안과 차이트블롬이
함께 참석한 어느 날 저녁 그 집에서 벌어지는 「트리스탄과 이졸데」
의 공연이 묘사된다. 이졸데의 역할을 맡은 올란다는, 그녀에게 트
리스탄과의 밀회를 하지 말도록 설득하는 브란게네를 향해 사랑의
강력한 힘에 대해 노래를 부르며, 노래의 마지막에 그녀는 트리스탄
에게 와도 좋다는 표시로 팔을 힘차게 아래로 휘둘러 횃불을 끈다.
이 노래에서 얻은 자신의 감동을 차이트블롬은 이렇게 묘사한다:

　　예컨대 이졸데의 "그대는 미네 부인을 모르는가?"에서부터 "횃불,
　그것이 내 생명의 빛이라 할지라도, 나는 웃으며 그것을 꺼버리길 망
　설이지 않는다네"라는 그녀의 도취적인 대사에 이르기까지의 노래가
　끝난 뒤에, 〔……〕 나는 하마터면, 갈채를 받으며 의기양양하게 미소
　짓고 있는 그녀 앞에서 눈에 눈물을 가득 담고서 무릎을 꿇을 뻔했

---

117) 같은 책, S. 60.
118) Thomas Mann, *Gesammelte Werke*, 제9권, S. 366.
119) 같은 책, S. 370.

다.[120]

　아무리 차이트블롬이 "나는 올란다의 목소리 같은 영웅적인 여자 목소리에 감동되는 것에 저항할 수 없다"[121]고 고백하고 있기는 하지만, 그가 "눈에 눈물을 가득 담고서" 그녀 앞에서 "무릎을 꿇고 싶을" 정도로 감동을 받는다는 사실은 주목할 가치가 있다. 차이트블롬이 이졸데의 사랑의 고백에 그토록 공감을 하고 감동을 받는다면, 그것은 자신이 누군가를 그토록 사랑하고 있어서 자신을 이졸데와 동일시해서일 것이다. 아드리안에 대한 관심과 사랑 때문에 "나 자신의 인생을 〔……〕 말하자면 왼손으로 꾸려온"[122] 차이트블롬이 누구를 사랑하고 있는지는 자명한 일이다. 위의 공연이 있고 난 뒤 "그〔아드리안〕의 시선이 울음을 터뜨릴 지경으로 감동된 나의 얼굴에 스쳤을 때, 〔……〕 그는 미소〔짓는〕다."[123] 이 장면에 대해 포드 B. 파케스 페레는 "차이트블롬이 울 때, 만은, 파울 에렌베르크와의 관계에서 그 자신이 그렇게도 공공연히 드러내보인 과민증을 풍자하고 있다"[124]고 쓰고 있으며, "아마도 그의 인생에서 처음으로 그〔아드리안〕는 차이트블롬이 자신에 대해 품고 있는 진정한 감정을 깨닫는다"[125]고 언급하고 있다. 다행스럽게도 차이트블롬은, 그 공연 직후 자신의 고조된 사랑의 감정을 아드리안 앞에서 '사랑의 바이올린 Liebesgeige'이라는 별명을 가진 비올라 다모레의 연주를 통해 표현할 기회를 얻게 된다. 리데젤 남작이 차이트블롬에게, 그가

---

120) Thomas Mann, *Gesammelte Werke*, 제6권, S. 369.

121) 같은 책, 같은 곳.

122) 같은 책, S. 415.

123) 같은 책, S. 369.

124) Ford B. Parkes-Perret, "Thomas Mann's Silvery Voice of Self-Parody in *Doktor Faustus*," *Germanic Review*, 64(1989), S. 26.

125) 같은 글, S. 25.

지난번에도 연주한 바 있는 밀란드르의 미뉴에트 안단테를 다시 한 번 연주해줄 것을 부탁하자, 차이트블롬은 그 자신과 아드리안이 평소 리데젤 남작에게 품고 있는 경멸감에도 불구하고 감격한다.[126] 이 에피소드에서 볼 수 있듯이, 차이트블롬이 아드리안에 대해 품고 있는 사랑과 성적 욕구는 '음악'을 통해 일깨워지고 고조되고 전달되고 표현되는 것이다:

> 또한 차이트블롬의 인생에 특징적인 분위기와 특색을 준 것은, 오히려 한 남자〔즉 아드리안〕에 대한 거의 예속적이라고 해야 할 사랑과 그 사랑을 통해 우러난, 예술에 대한 지칠 줄 모르는 상반된 속박이었다. 차이트블롬은 유혹당할 가능성이 있는 자일 뿐만 아니라, 그는 환희에 넘친 동의로써 이미 유혹당한 자이고, 동성애라는 내면적 분야에 불안해하며 입회된 자이며, 〔……〕 게다가 저 예술, 즉 음악에 몰두해 있다.[127]

따라서 차이트블롬의 아드리안에 대한 사랑이, 차이트블롬이 연주하는 악기, 즉 '사랑의 바이올린'이라는 별명을 가진 비올라 다모레의 이미지로 상징화된다는 사실은 다시금 음악과 사랑의 깊은 연관성을 보여준다. 비올라 다모레의 구조는 토마스 만이 차이트블롬의 비올라 다모레 묘사를 위해 참고로 사용한 프리츠 폴바흐의 책 『오케스트라의 악기들』에 다음과 같이 설명되어 있다:

> 그것〔즉 비올라 다모레〕은 일곱 개의 현(絃)을 가지고 있다. 그러나 각 현의 아래에는 같은 소리를 내는 강철 보조 현이 평행으로 대어져 있는데, 색깔이 칠해진 위쪽의 주현(主絃)이 동요함에 따라 이

---

126) Thomas Mann, *Gesammelte Werke*, 제6권, S. 369~70 참조.
127) Claus Sommerhage, *Eros und Poesis*, S. 244.

강철 보조 현이 함께 자극되어 동요하게 되고, 그럼으로써 〔이 악기의〕 소리는 특유의 색채를 띠게 된다.[128]

파케스 페레는 차이트블롬의 아드리안에 대한 관계가 위에서 설명된 비올라 다모레의 보조 현과 주현 사이의 관계와도 같다고 보고 있다:

『파우스트 박사』에서 비올라 다모레는 그 명칭에 걸맞게 레버퀸에 대한 차이트블롬의 사랑의 상징으로서의 역할을 한다고 나는 믿는다. 〔……〕 그 악기의 '보조 현들'과 마찬가지로, 차이트블롬은 그의 친구의 동력에 반향하거나 반응한다. 그는 그〔아드리안〕를 따라하거나 그를 '동반'하는 것이다.[129]

비올라 다모레의 이미지는 아드리안에 대한 차이트블롬의 종속적 사랑에 대한 적절한 비유라고 생각된다. 차이트블롬은 자신의 삶을 아드리안의 삶의 부속물로 보고 있으며, 자신의 인생을 분명히 아드리안의 인생에 종속시키기 때문이다. 그는 "내가 나 자신의 인생을 소홀히하지는 않았지만 항상 부차적으로, 별로 주의를 기울이지 않고, 말하자면 왼손으로 꾸려왔다"[130]고 고백하고 있으며 "내가 〔이 전기에서〕 다루고 있는 그 삶이 나 자신의 삶보다 내게 더 가깝고, 소중하고 흥미로웠으며,"[131] "'그〔아드리안〕에게서 눈을 떼지 않는 것,' 그의 비범하고도 수수께끼 같은 삶을 주시하는 것이 언제나 나 자신의 삶에 본질적이고 절실한 과제로 부여되어 있는 것처럼 보였

<hr>

128) Fritz Volbach, *Die Instrumente des Orchesters: Ihr Wesen und ihre Entwicklung*, 제2판(Leipzig: Teubner, 1921), S. 49~50.

129) Ford B. Parkes-Perret, "Thomas Mann's Silvery Voice of Self-Parody," S. 20~21.

130) Thomas Mann, *Gesammelte Werke*, 제6권, S. 415.

131) 같은 책, S. 235.

고 나 자신의 삶의 참된 내용을 이루고 있었다"[132]고 쓰고 있다. 차이트블롬은 자신이 개인적으로 신학에 대해 반감을 품고 있음에도 불구하고[133] 아드리안이 회원으로 있는 빈프리트 기독 학생회에 아드리안을 따라 손님으로 참가하고, "그[아드리안]가 듣는 것을 함께 듣고 싶고, 그가 배우는 것을 알고 싶은, 간단히 말하면 그에게 주의를 기울이고 싶은 거부할 수 없는 욕구에서" 아드리안이 듣는 신학 과목들을 함께 수강하며, 게다가 "그[아드리안] 때문에 나 자신의 과목의 강의들을 빼먹기조차"[134] 한다. 차이트블롬은 아드리안의 작품 활동을 '보조'하기도 한다. 그는 아드리안의 작품 구상을 위해 브렌타노 시집의 원본을 선물로 주는가 하면,[135] 셰익스피어의 희극 『사랑의 헛수고』를 오페라용으로 각본해주기도 하고, 오페라 「로마인의 모습」과 오라토리오 「신학자 성 요한의 계시록」의 텍스트 준비도 돕는다.[136]

차이트블롬은 토마스 만이 이 소설의 제38장에 썼다가 나중에 삭제해버린 부분에서 다음과 같이 쓰고 있다:

내가 언급하고 있는 감정의 영역은 [……] 내 영혼과 육체의 가장 깊은 곳에서 내게 낯설고 이해할 수 없다. 비록 나의 인생에서 [아드리안에 대한] 우정의 이해 관계가 남편이자 가장으로서의 의무들의 이해 관계를 크게 압도했음에도 불구하고 말이다. 그것은, 언제나 많은 냉담한 [……] 무관심을 감수해야 했던 이 헌신적인 우정의 비범

---

132) 같은 책, S. 415.

133) 차이트블롬은 "신학적인 분위기는 내게 맞지 않았고 수상쩍게 보였으며, [……] 그 속에서 숨쉬는 것이 나를 압박하고 내 마음속에 당황함을 불러일으켰다"(같은 책, S. 118)라고 쓰고 있다.

134) 같은 책, S. 150.

135) 같은 책, S. 246 참조.

136) 같은 책, S. 12 참조.

한, 특별한, 흥분시키고 매우 몰두시키는 성격에 그 원인이 있었다.
[……] 그러나 그럼에도 나는, 감정 생활의 그 어떤 방향들을 상상 속
에서조차도 따를 수 없는 나의 무능함을 오히려 비판하고 있는 것이
지 그것을 자랑하고 있는 것이 아니다. 나는, 이 무능함 속에서, 나를
앞서 말한 영역과 친숙한 관계에 있도록 만들어야 마땅한 나의 인문
주의의 실패를 발견할 각오가 되어 있다. 미켈란젤로와 셰익스피어
가 열렬한 경의를 표한 고대의 관습이나 양속의 재탄생이 지상의 생
활을 더 숭고하게 만들 때면 언제나 다시금 새로워진, 고대에는 사랑
의 정수로 인정된 호감의 한 변종! 그것은 고대 문헌학자의 동감이나,
또는 적어도 그의 이해와 사고에 전혀 낯설고 정신적으로 이해할 수
없는 것이어서는 안 되는 것인데 말이다.[137]

이 구절은 원래 제38장에서 차이트블롬이 아드리안과 슈베르트페
거의 동성애적 관계를 설명하는 부분을 위해 씌어졌다가 나중에 삭
제되었다. 여기서 차이트블롬은 '동성애'라는 단어를 한번도 사용하
고 있지 않지만, 그가 암시하고자 하는 '감정의 영역'과 '감정 생활
의 그 어떤 방향들'이 동성애를 가리킨다는 사실은 쉽게 짐작할 수
있다. 이 인용문에서 차이트블롬은 겉으로는 자신의 동성 연애자적
성향을 강하게 부인하고 있다. 그러나 다른 한편으로 그는 "나의 인
생에서 [아드리안에 대한] 우정의 이해 관계가 남편이자 가장으로
서의 의무들의 이해 관계를 크게 압도했다"고 고백하고 있다. 페처
의 표현대로 차이트블롬은 "한 손으로 주는 것을 다른 손으로 빼앗
아가는"[138] 것이다. 차이트블롬의 진술들의 반어적 성격은 제38장
집필시의 만의 일기에서도 잘 나타난다. 1946년 12월 21일자 일기에

---

137) Thomas Mann, *Tagebücher 28. 5. 1946~31. 12. 1948*, hrsg. von Inge
　　　Jens(Frankfurt am Main : Fischer, 1989), S. 880에 인용.
138) John Francis Fetzer, *Music, Love, Death*, p. 85.

서 볼 수 있듯이 "아드리안과 슈베르트페거 사이의 관계에 대한 언급들의 은밀화"[139]를 위해 위의 인용 구절을 포함한 차이트블롬의 동성애에 대한 긴 논술을 삭제하기로 결심하기까지, 토마스 만이 다음과 같은 과정을 겪었음을 이 무렵의 일기는 보여주고 있다: "만년필로 〔제38〕장 쓰다. (동성애)"[140]; "〔제38〕장 쓰다. 중개자〔즉 차이트블롬〕의 아이러니를 느낄 수 있음. (동성애 〔……〕)"[141]; "저녁에 제38장 낭독"[142]; "아침 식사 때 어제 낭독한 부분에 대해 다시 이야기 나누다. 비밀스런 은폐의 가능성. 그러나 차이트블롬의 논술은 반어적 가치를 지니고 있으며 언제나 〔소설에 포함되기로〕 예정되어 있었다"[143]; "동성애에 관한 〔차이트블롬의〕 논술에 대해 불만족. 고쳐야겠음."[144] 연구자들 사이에서도 차이트블롬의 주관적인 진술들을 어느 정도로 진지하게 받아들여야 하는가에 대한 논의가 있어왔다. 예를 들어 페처는 "이 현학적인 전기 작가의 시각은 그가 쓰고 있는 악마적이고 다이내믹한 보고 내용과 너무 자주 상충한다"[145]고 관찰하고 있으며, 따라서 차이트블롬의 코멘트들을 진지하게 받아들여서는 안 된다고 주장하고 있다. 페처에 의하면 "파로디는 이 소설에서 주제이자 대상이다."[146] 파케스 페레는 차이트블롬을 토마스 만의 "자기 파로디"[147]라고 부르고, 차이트블롬의 아드리안에 대한 사랑의 묘사를 통하여 "만은 여기서 자기 자신의 동성애적 감정을 파로디하고 있는 것처럼 보인다"[148]고 주장하고 있다. 그

---

139) Thomas Mann, *Tagebücher 28. 5. 1946~31. 12. 1948*, S. 75.

140) 같은 책, S. 35(1946년 8월 31일자 일기).

141) 같은 책, S. 36(1946년 9월 1일자 일기).

142) 같은 책, S. 39(1946년 9월 9일자 일기).

143) 같은 책, 같은 곳(1946년 9월 10일자 일기).

144) 같은 책, S. 75(1946년 12월 20일자 일기).

145) John Francis Fetzer, *Music, Love, Death*, p. 24.

146) 같은 책, p. 87.

147) Ford B. Parkes-Perret, "Thomas Mann's Silvery Voice of Self-Parody," p. 20.

는 또한 "자기 자신의 동성애적 성향에 대한 차이트블롬의 다소 간접적인 시인으로써, 만은 자신의 작품에서 그전 어느 때보다도 더 솔직하게 자신의 상황을 인정하는 것처럼 보인다"[149]고 관찰하고 있다. 차이트블롬의 진술의 아이러니컬한 성격을 강조하는 이와 같은 견해들은 토마스 만의 주장과도 일치한다. 1948년에 쓴 한 편지에서 토마스 만은 "차이트블롬은 나 자신의 파로디입니다"[150]라고 쓰고 있으며, 1943년 9월 19일자 일기에서는 이렇게 쓰고 있다:

유태인 사원에서의 브루노 프랑크의 강연. 〔……〕 그는 차이트블롬의 인문주의자적 서술 문체를 완전히 진지하게, 자기 자신의 것으로 사용하다. 문체에 있어서 나는 사실상 파로디밖에 모르며, 그런 점에서 조이스와 가까운데도 말이다.[151]

『파우스트 박사의 형성』에서도 만은, 소설에 파로디적 요소를 부여하는 것이 서술자 차이트블롬의 중요한 역할 중 하나임을 강조하였다:

어느 시점에서 내가, '친구'라는 매개체를 나와 그 대상 사이에 삽입하기로 결정하였는지는 〔……〕 당시의 기록에서 알아낼 수 없다. 틀림없이 펠릭스 크룰의 파로디적 자서전에 대한 기억이 그 결정에 함께 작용했을 것이다.[152]

그〔차이트블롬〕의 흥분은 그러나 나 자신의 흥분이었다. 나는 나

---

148) 같은 글, p. 27.
149) 같은 글, S. 26.
150) Thomas Mann, *Briefe an Paul Amann*, S. 69.
151) Thomas Mann, *Tagebücher 1940~1943*, S. 627.
152) Thomas Mann, *Gesammelte Werke*, 제11권, S. 164.

자신의 넘치는 감정을 파로디했던 것이다.[153]

또한 헤르만 헤세의 『유리알 유희』와 자신의 『파우스트 박사』의 유사성을 언급하면서 만은 가상의 전기라는 형식이 반드시 파로디를 수반한다고 쓰고 있다.[154] 즉 동성애에 대한 차이트블롬의 강한 의식적 부인은 그의 잠재적인 동성 연애자적 기질을 오히려 드러내주는 것이다.

아드리안의 슈베르트페거에 대한 사랑이 그들의 '플라토닉한 자식'인 바이올린 협주곡을 낳고, 헤테라 에스메랄다가 아드리안의 모든 작품에 비밀스런 흔적—그녀의 이름을 뜻하는 '나-마-가-마-내림 마 음(音)h-e-a-e-es'으로 표현된 철자법 상징—을 남기고 있으며, 조카 에효에 대한 사랑이 아드리안의 최후 작품이자 최고 걸작인 「파우스트 박사의 비탄」에 '에효(반향) 효과'로 반영되어 있는 반면, 차이트블롬은 아드리안의 작곡 활동에 중요한 보조 역할을 하였음에도 불구하고 아드리안의 작품 자체에는 차이트블롬에 대한 감사나 우정이 반영되어 있지 않다. 이것은 아드리안이 차이트블롬을 사랑하지 않는다는 단순한 사실을 통해 설명될 수 있다. 이 두 중심 인물들간의 관계는, 차이트블롬의 관점에서 볼 때만 '사랑'이며, 아드리안의 관점에서 볼 때는 단순한 '우정' 이상의 이름을 얻기는 힘들다. 이 짝사랑이 무엇인가 창조적인 것을 낳는다면, 그때는 사랑하는 자가 창조자일 수밖에 없다. 다시 말하면, 차이트블롬이 "나의 헌신적인 작품"[155]이라고 부르는, 그가 쓴 아드리안 레버퀸의 전기야말로 이 짝사랑이 낳은 창작품이다.

여기에서 주목할 점은 아드리안의 작품들과 차이트블롬의 '작품'

---

153) 같은 책, S. 168.
154) 같은 책, S. 193 참조.
155) Thomas Mann, *Gesammelte Werke*, 제6권, S. 668.

인 아드리안의 전기의 유사성이다. 이 소설이 "고도로 구조화된 12음 시스템"의 "규정된 48가지 변화들"[156]을 상징하는 숫자인 48장으로 구성된 것은, 특히 차이트블롬이 장의 배열에 많은 신경을 쓰고 있는 점으로 미루어보아 아마 우연이 아닐 것이다. 하랄트 포겔은 이 소설에서 세 개의 시간층이 서로 포개져 있는 방식이 다성부 음악에서의 목소리들의 겹침과 비슷하다고 주장하였다.[157] 이 소설의 구성과 아드리안의 작품의 특징인 12음 시스템의 공통점은 토마스 만 자신도 되풀이하여 강조한 바 있다. "저는, 그 소설이 예술 작품이라기보다는 사고(思考) 작품이라는 것을 인정하고 싶지 않습니다. 그 소설은 매우 철저하게 구성된 예술 작품이며, 그 자체가 그것이 내용으로 다루고 있는 것, 즉 구성적 음악이려고 애쓰고 있습니다"[158]라고 토마스 만은 1949년의 한 편지에서 쓰고 있으며, 『파우

---

156) John Francis Fetzer, *Changing Perceptions of Thomas Mann's "Doktor Faustus": Criticism 1947~1992*(Columbia: Camden House, 1996), p. 50. 작곡자에 의해서 정해지는 어떤 12음의 기본 형태는 역진행 Krebs, 전회 Umkehrung, 전회의 역진행 Krebs der Umkehrung이라는 세 변형 형태를 가지게 되므로, 한 12음열은 네 형태를 가지는 셈인데, 이 네 가지 형태가 모두 각각의 12음으로 조바꿈될 수 있으므로 48가지 치환 가능성이 생겨나게 된다. "관계가 가장 중요하다"(Thomas Mann, *Gesammelte Werke*, 제6권, S. 66)는 아드리안의 말에서도 짐작할 수 있듯이, 12음 작곡법에서는 한 음과 이웃 음 사이의 음 간격만이 절대적으로 규정되어 있다. '역진행'이란, 12음의 근본 배열을 역순으로 진행하는 것을 말하며, '전회'는 음 간격을 반대 방향으로 바꾸는 것을 말한다. 예를 들어, 기본 12음 형태에서 두번째 음이 첫번째 음보다 반음 낮다면, '전회'에서는 두번째 음이 첫번째 음보다 반음 높으며, 다른 이웃한 음들끼리도 역시 그런 식으로 바뀌게 된다. '전회의 역진행'이란 말 그대로 전회된 12음 형태를 역순으로 진행하는 것이다 (또한 같은 책, S. 255~56 참조).

157) Harald Vogel, "Die Zeit in Thomas Manns Roman *Doktor Faustus*: Eine Untersuchung zur polyphonen Zeitstruktur des Romans," *Zeitgestaltung in der Erzählkunst*, hrsg. von Alexander Ritter(Darmstadt: Wissenschaftliche Buchgesellschaft, 1978), S. 337~67 참조.

158) Thomas Mann, *Selbstkommentare: "Doktor Faustus" und "Die Entstehung des Doktor Faustus,"* hrsg. von Hans Wysling(Frankfurt am Main: Fischer, 1992), S.

스트 박사의 형성』에서도 "나의 책 그 자체가, 그것이 내용으로 다루고 있는 것, 즉 구성적 음악이어야만 할 것이라는 사실을 나는 분명히 느끼고 있었다"[159]고 밝히고 있다. 차이트블롬은 아드리안의 '엄밀 악장'에 대해 다음과 같이 코멘트한다:

> 그〔아드리안〕는 내게, 〔……〕 주제와 관련되지 않은 것, 언제나 같은 것의 변주(變奏)임이 드러나지 않은 것은 더 이상 아무것도 포함하고 있지 않은 어떤 스타일 또는 테크닉의 마방진을 보여주었다. 이 스타일, 이 테크닉은, 전체 구성에서 그것의 모티프적 기능을 다하지 않는 음을 하나도 허락하지 않으며, 자유로운 음은 더 이상 존재하지 않는다는 것이었다.[160]

위의 묘사는 차이트블롬이 쓴 아드리안의 전기, 즉 무수한 '동일성의 비밀'을 품고 있고 철저한 인물 구성을 보여주는 이 소설에도 그대로 해당된다. 오스월드가 지적하고 있듯이 "만은 자신의 작품 구절들을 해석하기 위한 실마리를 주기 위하여 거듭 아드리안의 음악에 대한 묘사를 사용하는"[161] 것이다.

이 소설의 구성 및 기법이 아드리안의 구성적 음악과 유사성을 지닌다는 사실은, 아드리안의 작곡 기법, 즉 아르놀트 쇤베르크의 12음 작곡법에서 중요한 의미를 지니는 '조바꿈'의 원칙이 이 소설의 구성 기법으로 적용되어 있다는 데서도 나타난다. 차이트블롬은 "아드리안의 유년 시절의 무대와 그의 후년의 생활 환경 사이에 존재하는 평행성,"[162] 즉 부헬 농장과 파이퍼링의 슈바이게슈틸 가

277.

159) Thomas Mann, *Gesammelte Werke*, 제11권, S. 187.

160) Thomas Mann, *Gesammelte Werke*, 제6권, S. 645.

161) Victor A. Oswald, Jr., "Full Fathom Five: Notes on Some Devices in Thomas Mann's *Doktor Faustus*," *Germanic Review*, 24(1949), p. 278.

(家) 사이의 유사성을 언급하면서, 파이퍼링의 환경을 "다르기는 하지만 멀지는 않은 음표로 조바꿈된 환경"[163]에 비유한다. 또한 아드리안의 오라토리오 「형상 묵시록」의 형식적 특징을 이루고 있는 "같은 것을 다르게 들리게 하기"[164]의 기법, 즉 반복을 눈치 채이지 않게 만드는 기법이야말로, 토마스 만이 『파우스트 박사의 형성』에서 언급한 차이트블롬과 아드리안의 '비밀스런 동일성'과 오스월드가 밝혀낸 톨나 부인과 헤테라 에스메랄다의 동일성에 비추어볼 때, 이 소설의 구성 원칙과 상응점을 이루고 있다고 할 수 있다.

차이트블롬의 설명에 따르면, 아드리안의 오라토리오 「파우스트 박사의 비탄」에는 헤테라 에스메랄다를 상징하는 기호인 '나마가-마-내림 마 음(音)h-e-a-e-es'의 5음이 선율과 화음을 지배하고 있으며, "계약과 약속, 피의 협정이 거론되는 곳에서는 어디에나"[165] 이 음열의 모티프가 나타난다고 쓰고 있다. 또한 그는 "레버퀸은 문구나 약자로 된 비밀스런 메시지들을 그의 작품에 삽입하기를 좋아한 첫번째 작곡가도 아니었고 마지막 작곡가도 아닐 것이다"[166]라고 말하고 있다. 우리가 지금까지 살펴본 이 소설과 아드리안의 음악 사이의 구성적·기법적 공통점으로 미루어보아, 우리는 이 소설에서도 혹시 이러한 테크닉이 쓰이지 않았는지 시험삼아 살펴볼 수 있을 것이다. 그럼 소설에서 "계약과 약속, 피의 협정이 거론되는 곳"이 어디일까? 그것은 물론 아드리안이 악마와 대면하여 계약을 체

---

162) Thomas Mann, *Gesammelte Werke*, 제6권, S. 520.

163) 같은 책, S. 273. 부헬 농장과 파이퍼링 사이에는 다음과 같은 지형적·인물적 평행들이 존재한다: "게오르크/게레온"(맏아들), "우줄라/클레멘티네"(딸), "하네/발트푸르기스"(하녀), "주조/카슈페를"(개), "보리수/느릅나무"(나무), "암소의 여물통/클라머 연못"(연못), "시온 산/롬 언덕"(언덕). 그리고 이 두 장소에서 다 아드리안은 둘째아들 역할을 한다.

164) 같은 책, S. 502.

165) 같은 책, S. 648.

166) 같은 책, S. 207.

결한 팔레스트리나의 마나르디 가(家)일 것이다. 오스월드는, 차이트블롬 부부가, 마나르디 가에 묵고 있는 아드리안과 쉴트크나프를 방문중인 1912년 여름에 이 집에 거주한 사람들의 이름에서——헬레네 차이트블롬 Helene Zeitblom, 뤼디거 쉴트크나프 Rüdiger Schildknapp, 아드리안 레버퀸 Adrian Leverkühn, 에르콜라노 마나르디 Ercolano Manardi, 제레누스 차이트블롬 Serenus Zeitblom, '어머니' 마나르디 'Mére' Manardi, 알폰소 마나르디 Alfonso Manardi, 다리오 마나르디 Dario Manardi, 아멜리아 마나르디 Amelia Manardi——첫 한두 글자들을 모아서 나열해보면 역시 뚜렷하게 헤테라 에스메랄다를 상징하는 'He-ra Esmeralda'가 된다는 사실을 밝혀냈다.[167] 오스월드의 이 같은 발견은 매우 뛰어나고 날카로운 관찰이긴 하지만 좀 더 완벽했을 수도 있다고 필자는 생각한다. 그는 한 중요한 인물을 빠뜨린 것이다. 그것은 마나르디 가에서의 아드리안의 무시무시한 대화의 상대자, 즉 악마Teufel이다. '악마'의 첫 두 글자 'Te'를 '헬레네'를 뜻하는 'He'와 '뤼디거'에서 따온 'R' 사이에 넣으면, 비록 철자 하나가 차이가 나긴 하지만 발음상으로는 완벽한 '헤테라 에스메랄다Hetera Esmeralda'가 된다. 즉 아드리안의 음악에서 사용된 철자법 상징이 차이트블롬의 전기, 즉 이 소설에서도 같은 방식으로 사용되어 있음을 알 수 있다.

이 소설과 아드리안 음악의 상징적 동일성은, 이미 소설의 첫 부분부터 아드리안의 스승 벤델 크레추마에 의해 주장되고 아드리안에 의해 동의되는 '언어'와 '음악'의 잠재적 동일성에 의해 이론적인 뒷받침을 얻는다. '음악과 눈'이라는 제목의 연설에서 크레추마는 악보가 마치 문자로 쓰인 문서와 같이 작용한다고 주장하면서, "전문가는 악보의 모양을 한번 흘끗 보기만 하면 그 작곡 작품의 정신과 가치에 대

---

167) Victor A. Oswald, Jr., "Full Fathom Five," p. 275 참조.

한 결정적인 인상을 받을 수 있다"[168]고 말한다. 또한 그는 셰익스피어의 소네트 중에서 "눈으로 듣는 것은 사랑의 섬세한 기지에 속한다"는 구절을 인용하면서, "시대를 막론하고 작곡가들은 귀보다는 읽는 눈을 위한 많은 요소들을 그들의 악보에 비밀스럽게 집어넣었다고"[169] 주장한다. 후에 아드리안의 작품에 나타나게 되는 '나-마-가마-내림 마 음(音)h-e-a-e-es'의 5음으로 구성된 헤테라 에스메랄다의 모티프는 그 적절한 예라고 할 수 있다. 아드리안은 이 철자법 상징을 통하여 음악을 마치 글자로 씌어진 기호 체계처럼 다루고 있는 것이다. 언어와 음악의 동일성을 확신하고 있는 크레추마는 제자 아드리안에게 피아노와 음악만 가르치는 것이 아니라 그에게 셸리, 키츠, 횔덜린, 노발리스, 만조니, 괴테, 쇼펜하우어, 마이스터 에케하르트의 글들을 읽게 함으로써 아드리안에게 "세계 문학의 세계들"[170]을 열어준다. 후에 아드리안이 "음악과 언어의 각별한 동질성"[171]을 주장하게 되는 것도 크레추마의 영향에 기인한다고 할 수 있다:

> 음악과 언어는 함께 속하며 근본적으로 하나라고 그[아드리안]는 주장했다. 언어는 음악, 음악은 언어이고, 분리되어 있을 때는 언제나 하나가 다른 하나를 증인으로 끌어대며, 서로를 모방하고 상대편의 수단을 사용하며, 언제나 하나는 스스로를 다른 하나의 대체물로 이해한다는 것이었다.[172]

아드리안은 언어와 음악의 동일성을 강조하면서 베토벤이 "어떤 작곡에 대한 일련의 아이디어를 글로 적었으며 기껏해야 몇 개의 음

---

168) Thomas Mann, *Gesammelte Werke*, 제6권, S. 84.
169) 같은 책, 같은 곳.
170) 같은 책, S. 97.
171) 같은 책, S. 218.
172) 같은 책, S. 217.

표들을 그 사이에 그려넣었을 뿐"[173)이라는 사실을 예로 든다. 아드
리안이 라이프치히 시절에 작곡한 열세 곡의 브렌타노 노래들은 차
이트블롬에 의하면 "음악과 언어의 서정적인 결혼"[174]을 보여주며,
아드리안의 마지막 작품「파우스트 박사의 비탄」에서는 "바로 그 형
식의 철저함에 힘입어 음악이 언어로서 해방된다."[175]

아드리안의 작품과 차이트블롬의 '작품'인 아드리안의 전기 사이
에는 이러한 구성적·기법적 공통점 이외에도 둘 다 나치 정부에 억
압받는다는 공통점이 있다. 아드리안의 음악이 파시즘과의 외형적
인 공통점에도 불구하고[176] 정치적 파시즘과는 거리가 멀며, 나치
정권에 의해 제재를 받고 있음은 제5장에 나오는 차이트블롬의 다
음과 같은 언급에서 알 수 있다:

나의 소원과 희망은 독일군의 승리에 저항하도록 강요당하고 있
다. 왜냐하면 독일군이 승리하면 내 친구의 작품은 매장당하고, 금지
와 망각의 속박은 아마도 백년 동안 그것을 덮어버릴 것이며, 그래서
작품이 그 자신의 시대를 놓치고 단지 후세에서만 역사적인 영예를
받을 것이기 때문이다.[177]

또한 소설의 마지막에 차이트블롬은 아드리안의 오라토리오「파
우스트 박사의 비탄」을 "죽고 금지되고 은폐된 최고 가치로서 지난

---

173) 같은 책, S. 218.

174) 같은 책, S. 243.

175) 같은 책, S. 646~47.

176) 예를 들어 아르놀트 부슈는 "파시즘이 사회에서 실행한 것, 즉 전체주의적 통제
조직과 전체주의적 구속을 레버퀸은 예술에서 이루어냈다"(Arnold Busch, *Faust
und Faschismus: Th. Manns "Doktor Faustus" und A. Döblins "November 1918"
als exilliterarische Auseinandersetzung mit Deutschland*, Frankfurt am Main: Lang,
1984, S. 159)고 쓰고 있다.

177) Thomas Mann, *Gesammelte Werke*, 제6권, S. 45.

십오 년 간 발표되지 못한 채 있어온 〔……〕 작품"이라고 부르고 있으며, "우리가 겪고 있는 파괴적인 해방을 통하여 이 작품의 소생이 가능해질지 모른다"[178]고 쓰고 있다. 아드리안의 작품과 마찬가지로 자신이 쓴 아드리안의 전기도 집필 당시에는 전혀 발표될 가망이 없었으나, 독일이 전쟁에서 패한 지금은 발표를 고려할 수 있다고 차이트블롬은 생각한다:

> 내가 이 추억들, 즉 아드리안 레버퀸의 전기의 집필을 시작했을 때, 저자 때문에도, 또한 전기 주인공의 예술성 때문에도 그것이 세상에 발표될 전망이라곤 조금도 없었다. 그러나 당시에 이 대륙을, 그리고 그 이상을 손아귀에 쥐고 있던 엄청난 국가가 광란의 축제를 끝낸 지금은 〔……〕—나의 헌신적인 작품을 출판하는 것도 생각해 볼 수 있을 것이다.[179]

이와 같은 아드리안의 작품과 차이트블롬의 '작품' 사이의 공통점은 이 두 주인공들의 '비밀스런 동일성'을 뒷받침해준다. 토마스 만이 자신의 동성애적 감정의 체험들을 자신의 작품 속으로 용해시켰듯이, "작가의 시민적 자아"[180]인 차이트블롬도 아드리안에 대한 자신의 동성애적 감정을 아드리안의 전기라는 '작품'으로 승화시킨 것이다.

Ⅲ. 아드리안과 헤테라 에스메랄다, 그리고 톨나 부인

아드리안이 어릴 때 아버지의 나비 도감에서 본, 날개가 투명하여 마치 벌거벗고 있는 것처럼 보이는 나비의 이름을 따서 '헤테라 에

---

178) 같은 책, S. 643.
179) 같은 책, S. 668.
180) Klaus Harpprecht, *Thomas Mann*, S. 1431.

스메랄다'라고 부르는 여자는, 아드리안이 실제로 육체 관계를 맺는
유일한 이성인 라이프치히와 프레스부르크의 창녀이다. 『케루비니
의 방랑자』에 나오는 "처녀성은 가치 있지만 그래도 어머니가 되어
야 하나니"[181]라는 구절을 인용하면서 스승 크레추마가 신학생 아드
리안으로 하여금 음악으로 전공을 바꾸도록 설득한 이후, 아드리안
은 음악을 공부하기로 결정하고 할레 대학에서 스승이 있는 라이프
치히로 옮기기로 결심한다. 아드리안이 헤테라 에스메랄다를 처음
만난 날이 그가 '음악' 공부를 위해 라이프치히에 도착한 첫날밤이
라는 사실도 앞절에서 거론되었던 음악과 성(性)의 연관성을 말해
준다. 그때까지 성 경험이 없었던[182] 아드리안은 에스메랄다와의 육
체적 접촉을 통해서야 비로소 '처녀성'을 벗어나서 급진적이고 새로
운 작곡 기법으로 새로운 성격의 음악 작품들을 낳는 '어머니'가 되
는 것이다.

아드리안과 에스메랄다와의 관계에서는 처음부터 끝까지 음악이
매개이자 표현 수단으로 작용하고 있다. 라이프치히에 도착한 첫날
밤 여행 안내인이 자신을 데려간 곳이 자기가 원했던 대로 식당이
아니라 홍등가이며, "여섯 또는 일곱 명의 요정들과 사막의 딸들,
〔······〕 모르포스, 투명 나방들, 에스메랄다들이 옷을 거의 입지 않
거나 투명한 옷을 입고서" 자신을 "샹들리에 빛에 번쩍거리는 기대
에 찬 눈으로"[183] 쳐다보고 있다는 사실을 깨달았을 때, 아드리안은
마침 그곳에 있던 피아노를 향해 달려가서 「마탄의 사수」 피날레의
일부를 연주한다. 홍등가에 무슨 목적으로 피아노가 있었는지에 대
해선 소설에서 아무런 설명이 없다. 아마도 토마스 만은 여기서도

---

181) Thomas Mann, *Gesammelte Werke*, 제6권, S. 182.
182) "그가 그때까지 어떤 여자도 '건드리지' 않았다는 것은 내게는 예나 지금이나 확
    고 부동한 사실이다"(같은 책, S. 198)라고 차이트블롬은 쓰고 있다.
183) 같은 책, S. 190.

음악과 성의 밀접한 관계를 보여주려 한 것 같다. 이때 "큰 입과 납작코, 편도 같은 눈을 가진, 스페인식 조끼를 입은 갈색 머리의 여자 에스메랄다"[184]가 나타나 드러난 팔로 아드리안의 뺨을 어루만진다. 그녀와의 "쾌락의 지옥"[185]을 거친 아드리안은 도망치듯 길거리로 나선다. 그러나 차이트블롬이 쓰고 있듯이 "아드리안은 벗어나지 못했다."[186] 그로부터 일년 뒤 아드리안은 "음악과 관련된 핑계로"[187] 에스메랄다와 재회할 기회를 만든다. 그녀가 병을 치료하기 위해 프레스부르크로 옮겨갔다는 사실을 들은 아드리안은, 그가 몇 달 전에 크레추마와 함께 드레스덴에서의 초연을 보았던 리하르트 슈트라우스의 오페라 「살로메」의 오스트리아 초연을 보러 그라츠로 간다는 명목 아래 헝가리의 프레스부르크로 가서, "그녀가 자신의 육체에 대해 경고하는 가운데"[188] 그녀와 육체 관계를 맺는다. 아드리안이 "그녀의 경고에도 불구하고"[189] 에스메랄다와 육체적 애정 관계를 맺는다는 사실은 이 애정 관계의 '금지성'을 보여준다. 토마스 만의 트레이드마크라 할 수 있는 '금지된 사랑'의 모티프가 여기서 다시 나타나는 것이다. 현대 사회에서 흔하면서도 사회적으로 '금지된' 사랑의 전형적인 예는 동성애다. 동성애는 1969년까지 서독에서 법으로 금지되어 있었으며, 그 이후 오늘날까지도 사회 정서상 금지된 것이나 다름없다. 예를 들어 그 자신이 동성 연애자인 뵘은 "'동성애적'이라는 자극어와 결부된 부정적인 숨은 의미"[190]와 "'동성 연애자'라는 불명예"[191]를 언급하면서 독일 같은 문화를 가진 사회에

---

184) 같은 책, S. 191.

185) 같은 책, 같은 곳.

186) 같은 책, S. 198.

187) 같은 책, S. 205.

188) 같은 책, S. 206.

189) 같은 책, S. 660.

190) Karl Werner Böhm, *Zwischen Selbstzucht und Verlangen*, S. 32.

서 어떤 사람을 공공연히 동성 연애자라고 부르는 것은 "인신 공격"[192]이나 다름없다고 쓰고 있다. 아드리안의 일생 중 유일한 이성애의 체험은 동성애의 특징인 '금지성'에 의해 특징지어져 있는 것이다. 차이트블롬은 그녀에 대한 그의 본능적인 거부감에도 불구하고,[193] 자신의 육체에 대한 그녀의 '경고'에 높은 인격적인 가치를 부여하며 그것을 '사랑의 행위'로 해석한다:

> 그 불행한 여자는 그 갈망하는 사내에게 '자신에 대하여' 경고했는데, 그것은 그녀의 가련한 물질적 형편을 초월한 자유로운 영적 고양의 행위, 자신의 물질적 형편으로부터 인간적인 거리를 취한 행위, 감동의 행위—내가 이렇게 표현하는 것이 허락되기를! —, 사랑의 행위였다. 맙소사! 그것은 또한 사랑이 아니었던가, 아니면 그것이 무엇이었단 말인가? 얼마나 강한 강박관념이, 신을 시험하는 대담한 모험에의 얼마나 강한 의지가, 벌을 죄 속에 포함시키려는 얼마나 강한 충동이, 그리고 마침내는, 악마적인 수태에의, 그의 천성의 치명적으로 강한 화학적 변화에의 얼마나 깊은 욕망이, 경고받은 사내로 하여금 그 경고를 무시하고 이 육체의 소유를 고집하도록 만들었을까?[194]

그녀의 '경고'는 이리하여 성병에 걸린 창녀라는 그녀의 외형적인 신분과는 대조적으로 그녀를 훌륭한 인격과 고결한 인간성의 소유자로 보이게 하며, 따라서 그녀의 존재에 일종의 모순적 · 이중적 성

---

191) 같은 책, S. 57.
192) 같은 책, S. 32.
193) 에스메랄다와의 첫 만남을 보고한 아드리안의 편지를 읽고 차이트블롬은 "나는 그 마녀를 무릎으로 쳐서 그에게서 떨쳐내고 싶었다"(Thomas Mann, *Gesammelte Werke*, 제6권, S. 198)라고 쓰고 있다.
194) 같은 책, S. 206.

격을 부여한다:

> 그녀가 그에게 경고한 것이다. 그것은 그 여자의 고귀한 인간성과 타락의 구렁텅이에 빠진 비참한 일용품의 신세로 타락한 그녀의 육체 사이의 기분 좋은 구분에 견줄 만하지 않은가?[195]

차이트블롬은 에스메랄다를 한편으로는 "마녀"[196] "창녀"[197] "불길한 사람"[198]이라고 부르고 있지만, 그는 다른 한편으로는 그녀에게서 "일말의 영적인 빛"[199]과 "고귀한 인간성"[200]을 발견한다. 에스메랄다의 모순적 이중성은 그녀의 이름을 상징하는 '나-마-가-마내림 마 음(音)h-e-a-e-es'이 모티프로서 가장 뚜렷이 나타나 있는 아드리안의 초기 작품인, 브렌타노의 시에 곡을 붙인 노래「오 사랑스런 아가씨여, 그대는 얼마나 나쁜지」에 나타나는 두 형용사 '사랑스런'과 '나쁜'의 상호 모순성에서도 암시적으로 나타난다.

그러나 무엇보다도 에스메랄다의 모순적 이중성은 그녀의 톨나 부인과의 동일성에서 가장 뚜렷이 나타난다. 이미 소설 발표 직후인 1948년에 나온 매우 독창적이고 통찰력이 뛰어난 연구 논문에서 당시 미국 UCLA의 교수이던 빅터 오스월드는 아드리안의 창작 활동과 그의 작품의 수용에 큰 기여를 하는 수수께끼의 여인 톨나 부인이 헤테라 에스메랄다와 동일 인물임을 의심의 여지 없이 보여주었다.[201] 이 오스월드의 논제에 대해서는 반세기가 지난 오늘날까지도

---

195) 같은 책, 같은 곳.
196) 같은 책, S. 198.
197) 같은 책, S. 206.
198) 같은 책, S. 205.
199) 같은 책, 같은 곳.
200) 같은 책, S. 206.
201) Victor A. Oswald, Jr., "Thomas Mann's *Doktor Faustus*" 참조. 이 논문의 독창성과

결정적인 반론이 제기되지 않고 있다. 오스월드는 에스메랄다와 톨나 부인의 동일성의 증거로서 다음과 같은 사실들을 제시하고 있다. 첫째로 톨나 부인과 에스메랄다는 둘 다 헝가리에 연고를 갖고 있다는 사실이다. 아드리안이 에스메랄다와 재회한 곳이자 에스메랄다가 라이프치히를 떠나 새로 정착한 도시 프레스부르크는 오스트리아령 헝가리에 속하며,[202] 톨나 부인은 헝가리 귀족의 미망인으로 헝가리에 영지와 성을 가지고 있다.[203] 둘째로는 두 인물이 다 '화살'과 '뱀'의 모티프와 관련이 있다는 사실이다. 제19장에서 차이트블롬은 아드리안과 에스메랄다의 재회를 보고하면서 "사랑과 독은 여기서 영원히 무시무시한 체험의 합일체로, 즉 *화살*이 구현하는 신화적 통일체로 되었다"[204]고 쓰고 있다. 그리고 제25장에서 악마는 아드리안과 이야기를 나누던 중 에스메랄다에 관해 말하면서, 그녀를 상징하는 '나–마–가–마–내림 마 음(音)h–e–a–e–es'의 모티프가 뚜

뛰어난 통찰력은 다른 연구자들에 의해서도 인정받았다. 페처는 이 논문을 "이 소설의 가장 심오한, 감추어진 동일성의 수수께끼 중의 하나인 헤테라와 톨나 부인의 동일성을 영구히 푼 것처럼 보이는 빅터 오스월드의 예리한 논문"(John F. Fetzer, *Changing Perceptions*, p. 39)이라고 부르고 있으며, "그의 논문은 후세의 비평가들에 의해 본격적으로 반박된 적이 없다"(John Francis Fetzer, *Music, Love, Death*, p. 44)고 쓰고 있다. 또한 구닐라 베르크스텐도 이 연구를 "기지 넘치는 연구"(Gunilla Bergsten, *Thomas Manns "Doktor Faustus": Untersuchungen zu den Quellen und zur Struktur des Romans*, 제2판, Tübingen: Niemeyer, 1974, S. 83)라고 부르고 있다.

202) 차이트블롬은 프레스부르크의 '헝가리식' 이름이 '포초니'임을 언급하고 있다 (Thomas Mann, *Gesammelte Werke*, 제6권, S. 205).

203) 소설에서는 "그녀의 헝가리 영지"(같은 책, S. 524)에 대한 언급과 함께 톨나 부인에 관해 다음과 같은 설명이 나온다 "톨나 부인은 부유한 미망인이었다. 그녀의 남편은 귀족이었지만 방탕했으며, 그래도 그의 악덕 때문이 아니라 승마를 하다가 사고로 죽었다. 그녀는 남편에 의해, 부다페스트의 한 호화 저택, 수도에서 남쪽으로 두세 시간 걸리는 곳에 있는, 슈툴바이센부르크 근방의, 플라텐 호수와 도나우 강 사이에 자리잡은 거대한 기사 영지, 게다가 아까 말한 발라톤 호숫가의 성 같은 고급 별장의 소유자로서 아이도 없이 남겨졌던 것이다"(같은 책, S. 519).

204) 같은 책, S. 205~06.

렷이 나타나 있는 아드리안의 브렌타노 노래곡 「오 사랑스런 아가
씨여, 그대는 얼마나 나쁜지」 중에서 "그 상처에/뱀이 달라붙어 빨
았도다"[205)라는 구절을 인용한다. 이로써 에스메랄다는 '사랑'뿐 아
니라 '독' '화살' '뱀'의 모티프와도 관련되는 것이다. 한편 톨나 부
인이 아드리안에게 선물한 에메랄드 반지에도 "그것의 튀어나온 혀
가 화살의 형상을 한, 〔……〕 날개 달린, 뱀같이 생긴 괴물"[206)이 새
겨져 있다. 세번째로 오스월드는 두 가지 어원상의 증거를 들고 있
다. 톨나 부인과 아드리안의 관계를 언급하며 차이트블롬은 다음과
같이 자문한다: "아드리안 레버퀸과의 관계에서 그녀에게 어떤 이름
이 적당했을까? 어떤 이름을 그녀 자신이 원했고 요구했을까? 수호
여신의 이름, 에게리아라는 이름, 유령 같은 연인이란 이름?"[207) 오
스월드는 이 질문에 대해 "물론 에게리아"라고 대답하고는, 헤테라
에스메랄다라는 이름이 유래한 투명한 날개를 가진 나비들이 '에게
리아의 딸들'이란 뜻의 '에게리이데'라는 학명을 가졌다는 사실을
언급한다.[208) 또한 아드리안이 톨나 부인에게서 선사받은 이 반지에
박힌 보석은 연녹색의 "우랄산 에메랄드"[209)인데, 오스월드는 에메
랄드가 스페인어로 '에스메랄다 esmeralda'라는 사실을 지적한다.[210)
마지막으로 오스월드는 톨나 부인이 아드리안에게 선사한 반지에

---

205) 같은 책, S. 305.

206) 같은 책, S. 521. 오스월드는, 차이트블롬이 이 형상을 보고 "크리자이스의 필록
테트의 쏘이거나 물린 상처"(같은 곳), 그리고 에쉴로스가 화살에 붙인 "쉭쉭거
리는 날개 달린 뱀"(같은 책, S. 521~22)이라는 표현을 연상하지만, 사실은 책
『세 번의 지옥에의 강요 *Dreifacher Höhlenzwang*』에 나오는 악마 바르빌의 형상
과 일치한다고 주장하고 있다(Victor A. Oswald, Jr., "Thomas Mann's *Doktor
Faustus*," pp. 251~52 참조). 그러나 위의 본문에 언급한 사실만으로도 톨나 부인
과 에스메랄다와의 화살과 뱀의 모티프를 통한 연관성을 제시하기에 충분하다.

207) Thomas Mann, *Gesammelte Werke*, 제6권, S. 521.

208) Victor A. Oswald, Jr., "Thomas Mann's *Doktor Faustus*," p. 252 참조.

209) Thomas Mann, *Gesammelte Werke*, 제6권, S. 521.

210) Victor A. Oswald, Jr., "Thomas Mann's *Doktor Faustus*," p. 252 참조.

새겨진 고대 그리스어로 된 경구에 주목한다. 소설에서는 다음과 같
은 차이트블롬의 독일어 번역만이 주어져 있을 뿐이다:

Welch ein Beben durchfuhr den Lorbeerbusch des Apollon!
Beben das ganze Gebälk! Unheilige, fliehet! Entweichet!

얼마나 요란한 진동이 아폴론의 월계수 숲을 뒤흔들었는가!
온 기둥들이 흔들리도다! 성스럽지 못한 자들이여, 도망가라! 달
아나라![211]

오스월드는 이 글—차이트블롬이 쉽사리 알아보았듯이 "칼리마
코스의 아폴론에게 바치는 송가의 첫 구절"[212]—을 고대 그리스어
로 된 원전에서 찾아서 인용하고 있다.[213] 그리고 그는 위의 구절에
해당하는 원문 시구에 대해 다음과 같은 결론을 내린다: "기식음
$Oi̇ov$를 'h'로 대체하고 〔……〕 후접어 O를 무시하면, 첫 네 단어의
첫 글자들은 h-t-es-da이다. 이것은 헤테라 에스메랄다를 의미한다."[214]
이렇게 하여 오스월드는 톨나 부인이 에스메랄다와 적어도 상징
적 차원에서 동일 인물임을 분명히 입증해내고 있다. 이 글의 필자
가 이 두 인물의 동일성을 더 공고히해줄 수 있는 몇 가지 사실을
덧붙이면, 우선 이 두 여인의 아드리안에 대한 '경고'를 들 수 있겠
다. 좀전에 언급되었듯이, 에스메랄다는 아드리안에게 자신의 육체
에 대해 '경고'하며, 이 '경고'가 창녀라는 그녀의 낮은 신분에도 불

---

211) Thomas Mann, *Gesammelte Werke*, 제6권, S. 521.

212) 같은 책, 같은 곳.

213) 원어로는 $Oi̇ov$ ὁ τὠπόλλωνος ἐσείσατο δάφνινος ὄρπηξ οἷα δ'ὅλον τό
μέλαθρον ἑκὰς ἑκὰς ὅστις ἀλιτρόs이다(Victor A. Oswald, Jr., "Thomas
Mann's *Doktor Faustus*," p. 253에 인용).

214) 같은 책, 같은 곳.

구하고 그녀의 '고귀한 인간성'을 엿보게 해준다. 톨나 부인이 아드
리안에게 선사한 반지에 새겨진 문구—"성스럽지 못한 자들이여,
도망가라! 달아나라!"—의 경고성은, 에스메랄다의 자신의 몸에 대
한 '경고'와 상응한다.

오스월드는 또한 톨나 부인과 에스메랄다가 사실적인 차원에서도
동일 인물일 수 있다는 것을 보여주기 위하여 성적 기교가 뛰어난
창녀 에스메랄다가 "방탕한"[215] 헝가리 귀족 — 즉 톨나 부인의 남편
— 과 결혼하여 톨나 부인이 '되었다는' 가정을 하고 있다.[216] 그러나
필자에게는 이 두 인물의 동일성에 대한 이러한 사실적인 차원에서의
설명은 필요치 않다고 생각된다. 왜냐하면 톨나 부인과 에스메랄다의
동일성은 차이트블롬과 아드리안의 동일성과 마찬가지로 '상징적' 동
일성이며 창조자인 작가의 시각에서 보았을 때의 동일성이기 때문이
다. 톨나 부인은 창녀 에스메랄다의 이면을 보여주며, 그녀의 존재
의 모순적 이중성을 강조하기 위해 창조된 인물이라고 볼 수 있다.
에스메랄다가 아드리안에게 "벌거벗은 충동"[217]을 불러일으키는 것
과 대조적으로, 톨나 부인의 아드리안에 대한 관계는 "모든 직접적
인 접근에 대한 금욕적 단념"[218]에 의해 특징지어져 있다.

프레스부르크에서의 아드리안과 에스메랄다의 재회는 아드리안
에게는 그녀와의 두번째이자 마지막 만남이 되지만, 그녀가 그에게
보여준 사랑의 감미로움은 평생 동안 그를 사로잡고 그의 뇌리에서
떠나지 않는다. 그리하여 그의 작품들은 대부분 그녀의 이름을 상징
하는 '나-마-가-마-내림 마 음(音)h-e-a-e-es'의 5음으로 구성된 음
열에 의해 지배되어 있다. 토마스 만과 마찬가지로 아드리안도 사랑

---

215) Thomas Mann, *Gesammelte Werke*, 제6권, S. 519.

216) Victor A. Oswald, Jr., "Thomas Mann's *Doktor Faustus*," S. 251 참조.

217) Thomas Mann, *Gesammelte Werke*, S. 204.

218) 같은 책, S. 519.

의 체험을 자신이 창작하는 예술 작품 속에 엮어넣고 사랑하는 사람을 작품 속에 "영원화"하는 것이다:

> 그가 그녀를 잊지 않도록 배려되었다. 그러나 또한 그녀 자신을 위해서도, 그는 그녀를 두번 다시 보지 못했지만 그녀를 결코 잊지 않았으며, 나 혼자만 알아차린 일이지만, 그녀의 이름 — 그가 그녀에게 처음부터 붙여준 이름 — 은 그의 작품 속에 루네 문자로서 유령처럼 떠돌고 있는 것이다. 〔……〕 그리하여 내 친구의 멜로디에는 나 음(h)으로 시작해서 내림마음(es)으로 끝나며, 그 사이에 마음(e)과 가음(a)이 번갈아가며 나타나는 5음 또는 6음으로 된 음열이 눈에 띄게 자주 되풀이하여 나타나고 있다. 〔……〕 나-마-가-마-내림 마 음(音)h-e-a-e-es으로 된 소리의 암호가 의미하는 것은 헤테라 에스메랄다Hetaera esmeralda이다.[219]

이 철자법 상징은 아드리안의 초기 작품인 13곡으로 된 브렌타노 노래들 중 「오 사랑스런 아가씨여, 그대는 얼마나 나쁜지」에 강하게 나타나며, 또한 아드리안의 마지막 작품인 「파우스트 박사의 비탄」에 특히 강하게 나타나 있다.[220] 즉 처음과 끝이 서로 맞물려 일치하는 것은 반지의 모습을 상징하며, 이 역시 톨나 부인과 에스메랄다를 서로 연결한다고 볼 수 있다. 또한 아드리안이 에스메랄다의 이름을 자신의 모든 작품들 속으로 엮어넣었다는 사실은, 아드리안이

---

219) Thomas Mann, *Gesammelte Werke*, 제6권, S. 206~07.

220) 차이트블롬은 이렇게 쓰고 있다: "처음에는, 라이프치히에서 작곡된 열세 곡의 브렌타노 노래들 중 아마도 가장 아름다운, 마음을 파헤치는 듯한 노래인 「오 사랑스런 아가씨여, 그대는 얼마나 나쁜지」가 온통 그것으로 압도되어 있으며, 그 후에는 특히, 파이퍼링에서 작곡된, 대담함과 절망이 그렇게도 독특하게 뒤섞여 있는 후기 작품 「파우스트 박사의 비탄」에 그것이 뚜렷이 나타나 있다"(같은 책, S. 207).

평생 그녀에게 정신적으로 구속되었음을 보여준다. 차이트블롬은 톨나 부인이 아드리안에게 준 반지가 "속박, 구속, 예속의 상징"[221]이라고 쓰고 있다. 이것도 또한 톨나 부인과 에스메랄다의 동일성을 더 확실히해준다.

톨나 부인의 반지는 이 밖에도 다른 더 중요한 상징성을 가지고 있다. 차이트블롬은 "내가 알기로는 그[아드리안]는 '묵시록'을 완성할 동안 내내 그 보석 반지를 왼손에 끼고 있었다"[222]고 보고하고 있다. 따라서 톨나 부인/에스메랄다의 존재는 이 오라토리오에도 깊은 영향을 주었다고 볼 수 있다. 차이트블롬은 「형상 묵시록」이 "단순한 소음"과 "지고의 음악"을, "인간의 수성(獸性)"과 "인간의 가장 숭고한 감동들"을, "피비린내나는 야만주의"와 "핏기 없는 지성"[223]을, 그리고 "가장 오래된 것"과 "가장 새로운 것"[224]을 서로 결합시킨다고 설명하고 있다. 이 작품이 에스메랄다/톨나 부인과 깊은 연관성을 지닌다는 사실을 고려할 때, 이 오라토리오가 구현하고 있는 '대립들의 병발 coincidentia oppositorum'은 에스메랄다/톨나 부인의 대조적 성격과 동일성을 동시에 암시한다.

톨나 부인이 아드리안에게 선사한 반지에 박힌 에메랄드는 아드리안과 에스메랄다/톨나 부인의 관계에 또 다른 퍼스펙티브를 부여한다. 에메랄드는 녹주석의 일종이다. 차이트블롬은 아드리안이 톨나 부인으로부터 받은 반지에 박힌 에메랄드를 "고귀한 녹주석"[225]이라고도 부르고 있다. 15세기 이탈리아의 철학자이자 과학자였던 니콜라우스 폰 쿠스(또는 니콜라이 드 쿠사)는 녹주석에 관한 글에서 다음과 같이 쓰고 있다:

---

221) 같은 책, S. 522.
222) 같은 책, 같은 곳.
223) 같은 책, S. 496.
224) 같은 책, S. 499.
225) 같은 책, S. 521.

녹주석은 더 날카롭게 볼 수 있게 해준다. 그래서 우리는 대립들을, 이분(二分)이 일어나기 전, 즉 그것들이 서로 대립되는 것이기 이전의 연결시키는 근원 속에서 볼 수 있다.[226]

에메랄드, 즉 녹주석은 니콜라우스 폰 쿠스에게는 '대립들의 병발'의 상징이며, 따라서 에스메랄다와 톨나 부인의 동일성과 대조성을 동시에 뒷받침해준다. 또한 위의 인용에서 보듯이 녹주석은 이분이 일어나기 이전, 대립되는 것이 발생하기 이전의 근원을 볼 수 있게 해주며, 그런 점에서 양성 일체적 성격을 띠고 있다. 괴테도 그의 자연과학적 저술 중의 한 논문에서 아홉 가지 육체적 작용들―'자성적' '전기석적' '전기적' '직류 전기적' '화학적' '색채적' '유성음적' '미각적' '후각적' 작용들[227]―을 구분한 뒤에 에메랄드가 일으키는 '전기석적 작용'의 자웅 동체적 '양극성'에 대해 다음과 같이 언급하고 있다:

전기석적 turmalinisch 작용들은 전기석에만 해당되는 것이 아니고 녹석류석 · 감람석 · 에메랄드에도 해당된다. 전기석적 작용은 자성적 magnetisch 작용처럼 일정한 강세로 나타나는 것이 아니라, 흥분과 냉각이 있다. 가벼운, 전혀 낯선 부분들이 서로 이끌리기도 하고 서로 혐오감을 느끼기도 한다. 그 부분들은 그러니까 이미 일반적인 것으로 융화되기는 하지만 육체의 양극성은 여전히 존재한다. 전기적 elektrisch 작용들은 모든 육체에서 나타날 수 있으나 어떤 육체들에

226) Nikolaus von Kues, *Über den Beryll*, übers. u. hrsg. von Karl Bormann, 제2판 (Hamburg: Meiner, 1977), S. 49, 51.

227) Johann Wolfgang von Goethe, *Sämtliche Werke*(Zürich: Artemis, 1977), 제16권, S. 858.

는 다른 육체들보다 더 강하게 나타난다. 내가 자석과 전기석을 자웅 동체라고 부르고 싶은 반면, 전기적 작용들은 이미 나누어진 성(性)들을 가지고 있다고 할 수 있다.[228]

괴테가 설명하고 있는 에메랄드의 양성 일체적 성격은 곧 반지의 원래 소유자인 톨나 부인/에스메랄다의 양성 일체성을 보여주며, 따라서 에스메랄다에 대한 아드리안의 사랑이 상징적 차원에서 이 성애와 동성애의 성격을 함께 가지고 있음을 말해준다.

Ⅳ. 아드리안과 네포무크 슈나이데바인

아드리안의 조카이자 "마지막 사랑"[229]인 네포무크 슈나이데바인 (애칭: 에효)은 5세 때인 1928년 6월 중순에 파이퍼링의 아드리안에게로 온다. 그의 어머니이자 아드리안의 누이인 우줄라 슈나이데바인이 재발한 폐병으로 요양소에 가게 되자 돌보아줄 사람이 필요했기 때문이다. 우줄라가 자신의 막내아들을 부헬 농장의 부모에게 보내지 않고, 혼자 살고 건강도 나쁜 오빠 아드리안에게 보내기로 결정한 이유에 대해서는 소설 내에서 납득이 가는 설명을 발견할 수 없다. 네포무크가 아드리안의 운명에 대해서 지니는 특별하고도 중대한 의미가 이미 이 뜻밖의 결정에 내포되어 있다고 볼 수 있다.

사랑스런 아이 네포무크는 파이퍼링에 도착하자마자 슈바이게슈틸 가(家)의 식구들뿐 아니라 모든 마을 사람들의 감탄과 칭찬을 한 몸에 받는다:

집안 전체가, 어머니, 딸, 아들, 하녀들, 머슴들이 완전히 황홀하고 기쁨에 넘쳐 웃으며 그 어린것을 둘러싸고 서서는 그렇게 사랑스

---

228) 같은 책, 같은 곳.

229) Thomas Mann, *Gesammelte Werke*, 제6권, S. 636.

러운 아이를 지칠 줄 모르고 쳐다보는 광경을 아드리안이 내게 묘사
해주었다.[230)]

에효의 이 지상의 것이 아닌 것 같은 아름다움과 사랑스러움, 그
리고 이 아이의 행동과 어투는 "동화 같은, 귀엽고 고상한 소세계에
서 온 방문객 같은 인상"[231)]을 불러일으킨다. 에효의 출처 불명성과
초지상적 인상은 소설에서 여러 번 강조되어 있다.[232)] '초지상성'은
우선 이 아이의 완벽한 외모상의 아름다움과 사랑스러움—"날씬하
고 잘생긴 다리를 지닌 작은 형체의 완벽한 우아함, 천진하게 헝클
어진 금발로 덮인, 갸름하게 튀어나온 머리의 형언할 수 없는 사랑
스러움, 〔……〕 긴 속눈썹을 가진 맑디맑은 푸른 눈이 말할 수 없이
우아하고 순수하게, 심오한 동시에 짓궂게 치켜뜨는 모습"[233)]—에
서 나타난다. 차이트블롬이 에효를 처음 보았을 때, 이 아이는 뒤뜰
에서 혼자 그림책을 보고 있었는데, 차이트블롬은 그때의 느낌을 다
음과 같이 묘사한다: "나는, 마치 내가 한 어린아이가 그렇게도 사
랑스럽게 앉아 있는 모습을 한번도 본 적이 없었던 것 같은 기분이
들었으며, 〔……〕 저 위의 어린 천사들이 바로 이런 모습으로 그들
의 찬송가책을 넘길 것이라고 생각했다."[234)] 네포무크의 사랑스러움
은 차이트블롬에게는 그러나 어린아이 특유의 사랑스러움으로 보이

---

230) 같은 책, S. 611.

231) 같은 책, 같은 곳.

232) 토마스 만이 편지들과 『파우스트 박사의 형성』에서 썼듯이, 에효가 그의 손자 프
리돌린(애칭: 프리도)을 모델로 했다는 사실은 그의 일기에서도 확인된다: "정
오에 어린 프리돌린과 산책로를 거닐다. 그 일이 끝나자 그 아이는 '그만'이라고
말하다. 이것을 어린 네포무크 슈나이데바인에게 사용해야겠음"(Thomas Mann,
Tagebücher 1940~1943, S. 570, 1943년 5월 4일자 일기); "네포무크 에피소드를
위해 프리도의 사진들을 고름"(같은 책, S. 596, 1943년 7월 4일자 일기).

233) Thomas Mann, *Gesammelte Werke*, 제6권, S. 611.

234) 같은 책, S. 616.

며, 이 어린 시절이 시간적으로 제한되어 있다는 사실이 차이트블룸
에게 안타까움을 준다.[235] 그러나 어른이 되어야만 하는 대부분의
아이들의 운명, 즉 "성장의 불가피성"[236]을 에효는 때이른 죽음을
통하여 극복하게 된다. 그는 어린아이로서 죽음을 맞이하며, 그리하
여 그를 기억하는 모든 이들의 가슴속에 영원히 사랑스런 어린아이
의 모습으로 남아 있을 것이기 때문이다. 아드리안이 당시에 곡을
붙이고 있던 셰익스피어의 희극『폭풍』에서, 마녀 시코락스가 가문
비나무 틈 속에 가두어놓은 어린 요정이 12년 후에 풀려났을 때에도
그 동안 나이를 먹지 않고 여전히 사랑스러운 어린 요정이었다는 아
드리안의 설명에 에효가 매우 만족스러워하는 것도, 에효 자신의 운
명을 미리 암시해준다.[237]

네포무크는 자주 "요정 Elf"에 비유되고[238]—에효와 관련하여 "어
린 요정 왕자님"[239] "요정"[240] "어린이와 요정들의 나라에서 온 어린
외교 사절" "요정의 조소"[241] "요정의 왕자님"[242] "요정 같은 매력"[243]
등의 표현이 쓰인다—"천사"[244] "어린 천사"[245] "하느님의 어린아
이"[246]라고 불리는데, 이것도 또한 그의 '천상성'과 '초지상성'을 강

---

235) 같은 책, S. 618 참조.

236) 같은 책, S. 619.

237) 같은 책, S. 624 참조.

238) 에효의 '요정다움'도 토마스 만의 손자 프리도를 연상시킨다. 만은 1946년 10월
　　2일자 일기에서 "아침에 요정 같은 어린 프리도와 나의 발코니에서 〔머물다〕"
　　(Thomas Mann, *Tagebücher 28. 5. 1946~31. 12. 1948*, S. 47)라고 쓰고 있다.

239) Thomas Mann, *Gesammelte Werke*, 제6권, S. 611.

240) 같은 책, S. 614, 616, 635.

241) 같은 책, S. 618.

242) 같은 책, S. 619.

243) 같은 책, S. 620.

244) 같은 책, S. 247.

245) 같은 책, S. 616.

246) 같은 책, S. 615.

조해준다. 따라서 '요정'처럼 아름다운 네포무크가 아드리안과 함께
기거하는 동안, 아드리안이 비밀리에 『폭풍』 중 공기의 요정인 아리
엘의 노래들을 작곡하고, 그 노래들 속에 "아리엘의 부유하는 듯한,
천진하고 사랑스럽고 마음을 혼란하게 하는 경쾌함뿐만 아니라,
〔……〕 언덕들, 시내들, 숲들의 요정들의 세계 전체를 포착해 넣었
으며,"[247] 또한 이 노래들의 초안을 "우리들 누구보다도 먼저"[248] 에
효가 들여다보는 것은 우연이 아니다. 또한 "Reigen"[249] "erkicken"[250]
따위의 ｇ'게 독일어가 섞인 네포무크의 말투와 어휘도 이 아이의 정
체 불명성 · 초지상성, 어딘가 먼 곳에서 온 듯한 인상을 한층 강조
해준다. 네포무크의 중세 독일어 어휘에 대한 고대 언어학자 차이트
블롬의 설명에 아드리안은 "그래, 그 아이는 먼 곳에서 왔어"[251]라
고 말하며 고개를 끄덕인다. 네포무크는 잠들기 직전에 자신만의 특
유한 어조로 하느님께 "온 세상을 위하여"[252] 기도를 하는데, 그가
어디에서 이 기도문들을 알게 되었는ㄱ,는 아무도 모르며, 아드리안
도 거기에 대해 구태여 알고 싶어하지 않는다:

　　"말이 났으니 말이지만, 우리는 마치 그 아이가 이것들〔즉 이 기도
　문들〕을 스스로 생각해낸 것처럼 말하고 있군. 그 아이가 어디서 그
　것들을 알게 되었는지 자네 그애에게 물어보았나? 그내의 아버지한
　테서 또는 누구에게서?" 하고 내가 물었다. "아니, 나는 그 문제를
　그대로 놔두고 싶네. 그리고 내 생각엔 그애가 내게 가르쳐줄 것 같

---

247) 같은 책, S. 624.

248) 같은 책, S. 623.

249) 같은 책, S. 622. 'Regen(비)'에 해당하는 중세 독일어 단어.

250) 같은 책, 같은 곳. 'erquicken'(기분을 상쾌하게 하다)에 해당하는 중세 독일어
　　단어.

251) 같은 책, 같은 곳.

252) 같은 책, S. 626.

170

지 않아"라는 것이 그[아드리안]의 대답이었다. 슈바이게슈틸 가의
여자들도 그렇게 생각하고 있는 것처럼 보였다. 내가 알기로는 그들
도 그 아이에게 어떻게 그 저녁 기도문들을 알게 되었는지 물어보지
않았다.[253]

그러나 네포무크가 예를 들어 "어떤 자의 악행이 아무리 커도/하
느님은 더 큰 은총을 가지고 계십니다/저의 죄는 중요하지 않습니
다/하느님께서는 충만한 은총 가운데서 미소지으십니다"라든가 "아
무도 죄 때문에 단념해서는 안 됩니다/그도 또한 무엇인가 선한 일
을 하게 마련입니다/누구의 선행도 상실되지 않습니다/지옥으로 가
도록 태어난 사람이라 하더라도 말입니다"[254]라고 기도할 때 우리
는, 이 아이가 아드리안에게 '구원'과 '은총'을 가져다주는 역할을
하게 된다는 사실을 예상할 수 있다. 또한 동시에 이 출처 불명의
저녁 기도들은 에효 자신의 출처 불명성, 천상의 세계에의 소속성을
더 뚜렷하게 해준다.

또한 네포무크의 출생과 죽음도 평범하지 않고 하늘에서 내려온
것 같은 느낌을 준다. 그의 누나와 두 형들이 연년생으로 태어난 반
면, 넷째아이 에효는 바로 위의 형 라이문트와 10년의 간격을 두고
늦게 세상에 태어나며, "오랫동안 그 지역에서 한 건도 발생하지 않
았던 병"[255]으로 죽는다. 그러나 에효의 정체에는 좀더 깊이 살펴볼
만한 의미가 숨어 있다. 왜냐하면 아드리안은 그의 마지막 고백에서
에효를 '어린 인어 아가씨'와 자신과의 사이에서 태어난 아들이라고
말하고 있기 때문이다:

---

253) 같은 책, 같은 곳.
254) 같은 책, S. 625.
255) 같은 책, S. 627.

그 어린 인어 아가씨는 (……) 저의 누이이자 어여쁜 신부였으며,
히피알타라는 이름을 가지고 있었습니다. (……) 그가(즉 악마가)
그녀를 저의 동침녀로서 제 침대로 데리고 왔습니다. 그래서 저는 그
녀와 정사를 벌이기 시작했고, 그녀가 물고기의 꼬리를 지니고 오든
다리를 지니고 오든, 점점 더 마음에 들어서 그녀를 정복했습니다.
(……) 그러자 히피알타는 임신한 몸이 되었고, 제게 어린 아들을 낳
아주었습니다. 제가 저의 영혼 전체로써 애착을 가지고 사랑한 그 아
이는 성스러운 사내아이로서, 비할 데 없이 매력적이었고, 먼 옛날의
나라에서 온 것 같았습니다. 그러나 그 아이는 살과 피로 되어 있었
고, 저는 어떤 인간적인 존재도 사랑해서는 안 된다는 조건 아래 있
었으므로, 그가 그 아이를 무자비하게 죽여버렸습니다.[256]

위의 인용 구절에서 어린 인어 아가씨가 아드리안에게 낳아주었
다는 '성스러운 사내아이'가 네포무크를 가리키는 것임은 자명하다.
어린 인어 아가씨는 원래 안데르센의 동화에 나오는 인물이므로, 네
포무크는 이로써 초지상적 동화의 세계와 더욱 단단히 결부되게 된
다.[257] 어린 인어 아가씨의 정체에 대해서는 다음 절에서 상세히 설
명할 것이므로, 여기에선 우선 아드리안과 네포무크의 관계를 더 살
펴보기로 한다. 아드리안과 네포무크가 사실적인 차원에서 부자 관
계일 수는 없다는 사실은 명백하다. 게다가 네포무크는 아버지인 요
하네스 슈나이데바인으로부터 푸른 눈과 스위스 억양을 물려받고
있다:

---

256) 같은 책, S. 663~64.

257) 또한 아드리안이 에효에게 동화를 즐겨 들려준다는 사실도 주목할 가치가 있다:
"수도원장실의 주인(즉 아드리안)은 그에게 또한 다른 동화들도 기억할 수 있는
한 많이 이야기해주었다. 즉 룸펠슈틸츠헨, 팔라다, 라푼첼, 노래부르며 뛰어다
니는 사자 모양의 너도밤나무 열매들 등에 관한 이야기였다"(같은 책, S. 624).

그녀와 함께 그녀의 남편〔……〕요하네스 슈나이데바인이 와 있
었다. 그는 금빛 수염과 네포무크와 같은 푸른 눈을 가졌으며, 우리
가 요정 에효의 목소리에서 그 리듬을 알게 되었던,〔……〕충직하고
의미심장하게 들리는 어투를 가진 크고 아름답고 소박한 남자였
다.[258)]

그러나 부자 관계에서 발견될 수 있는 것과 같은 연관성과 공통점
들이 네포무크와 아드리안에게서도 발견된다. 파이퍼링에서 에효가
걸리게 되는 병은 뇌막염이다. 이 병에 대해 차이트블롬은 "홍역이
나 백일해에 걸렸다가 회복중인 아이들이 그 병에 걸리기 쉬운지 모
른다는"[259)] 담당 의사 퀴르비스 박사의 설명만을 제공한다. 그러나
이 병은 알프레드 횔첼이 지적하고 있듯이 "보통 어린이들이 걸리
는 경우는 드물지만, 의학계에서 잘 알려져 있듯이, 매독에 걸린 부
모에게서 난 자식들에게 특징적으로 찾아오는"[260)] 것으로 유명하다.
이 소설 집필 당시 토마스 만이 매독에 관한 자료를 얻기 위해 참조
한 빌헬름 게너리히의 책 『중추 신경계의 매독』[261)]에는 뇌막염과 매
독의 유전적 상관 관계가 잘 설명되어 있으며, 따라서 만이 이 소설
에서 네포무크의 뇌막염을 아드리안의 매독과 연관시켜 일종의 상
징적 '유전'으로 의도했던 것으로 추측할 수 있다. 횔첼에 따르면,
취리히의 토마스 만 기록 보관소에 보관된 이 책에서 뇌막염에 관한
부분의 여백들은 토마스 만이 손으로 써넣은 주해들로 가득 차 있다
고 한다.[262)] 그러나 이런 정보가 없다 하더라도, 뇌막염과 매독의 상

---

258) 같은 책, S. 635.

259) 같은 책, S. 627.

260) Alfred Hoelzel, "Leverkühn, the Mermaid, and Echo: A Tale of Faustian Incest,"
   Symposium, 42(1988), p. 7.

261) Wilhelm Gennerich, *Die Syphilis des Zentralnervensystems*(Berlin: J. Springer,
   1921).

관 관계는 이미 소설 제25장에 기록된 악마의 말에서도 나타난다:

요약하면, 메타스피로헤토제, 즉 뇌막에서 진행되는 과정이지. 내
가 자네에게 장담하는 바이지만, 그 세균들 중 어떤 것들은 위쪽의
것에 대한 열정을 가지고 있고, 머리 부분, 뇌연막, 뇌경막, 뇌막, 연
뇌막을 특별히 선호하며, 〔……〕 전체적으로 감염된 첫 순간부터 정
열적으로 거기로 이동한다네.[263]

뇌막염의 증세로 나타나는 에효의 "두통"[264]도 삼촌인 아드리안에
게서 물려받은 '상징적 유전'으로 볼 수 있다. 아드리안 자신이 두
통을 아버지에게서 유전적으로 물려받았듯이,[265] 그는 그것을 자신
의 영혼의 아들인 네포무크에게 물려주는 것이다. 그리고 아드리안
의 두통이 악마가 말하듯이 "어린 인어 아가씨가 겪는 칼로 찌르는
듯한 고통의 시발점"[266]이라면, 아드리안에게서 물려받은 상징적 유
전인 에효의 두통은 에효와 어린 인어 아가씨를 상징적으로 연결해
준다고 볼 수 있다. 에효와 그의 '상징적 어머니'인 어린 인어 아가씨
의 또 다른 공통점은 그들이 푸른 눈을 가지고 있다는 사실이다. 아드
리안에 의하면 어린 인어 아가씨도 "'깊은 바다처럼 푸른' 눈"[267]을
가지고 있다. 그 반면에 네포무크의 실제 어머니인 우줄라는 갈색
눈을 가지고 있다.[268] 그러나 물론 에효의 푸른 눈은 사실적 차원에

---

262) Alfred Hoelzel, "Leverkühn, the Mermaid, and Echo," p. 15 참조.

263) Thomas Mann, *Gesammelte Werke*, 제6권, S. 311.

264) 같은 책, S. 629.

265) 악마는 아드리안에게 다음과 같이 말한다: "어린 인어 아가씨의 칼로 찌르는 듯
한 고통의 발단인 두통을 자네는 그분〔즉 아드리안의 아버지〕에게서 물려받지
않았나"(같은 책, S. 313).

266) 같은 책, 같은 곳.

267) 같은 책, S. 457.

268) 같은 책, S. 247, 635 참조.

서는 아버지인 요하네스 슈나이데바인에게서 물려받은 것으로 설명
될 수 있다.

또한 네포무크는 비록 초보적인 차원에서이긴 하지만 젊은 시절
의 아드리안과 비슷하게 신학과 음악에 대한 흥미를 보인다. 앞서
말했듯이, 네포무크는 기도문들을 아주 여러 개 암기하고 있고 즐겨
낭송한다:

> 그 아이는 하늘처럼 파란 눈을 천장을 향해 뜨고 이를 데 없이 감
> 정이 풍부하게 이상한 기도들을 낭송했으며, 그애는 그런 기도문들
> 을 여러 개 알고 있었다.[269]

그리고 네포무크는 차이트블롬이 선물로 준 자동 주악기에서 나
오는 멜로디들을 "언제나 홀린 것처럼 골몰해서"[270] 듣는다.

네포무크가 파이퍼링에 도착한 이래, 아드리안과 네포무크 사이
에는 부자간에서와 같은 애정이 싹트게 된다. "그 어여쁘고, 경쾌하
고, 말하자면 흔적도 없이 걸어다니며, 그러면서도 장중한 옛말을
구사하는 그 아이의 요정 같은 매력이 그를 얼마나 깊고 절실하고
행복하게 사로잡았으며, 그의 나날들을 충만하게 했는지에 대해서
는 오인의 여지가 없었다"[271]고 차이트블롬은 보고하고 있다. 그러
나 자신에게 내려진 사랑의 금지 조항을 기억하고 있으며, 그 조항
을 어긴 대가로 자신이 사랑한 슈베르트페거의 죽음을 겪은 아드리
안은 네포무크에 대한 자신의 사랑을 표현하는 데 매우 신중을 기하
며 되도록 절제한다:

---

269) 같은 책, S. 625.
270) 같은 책, S. 623.
271) 같은 책, S. 620.

그 어린아이에 대한 그[아드리안]의 태도는 명상에 잠긴 듯 미소 짓거나 진지하고도 다정하게 대하는 것이 고작이었으며, 아첨이나 장단 맞추기 따위는 없었고, 자상함조차도 없었다. 사실 나는 그가 그 아이를 한번이라도 어떤 식으로든 애무하는 것을 본 적이 없었고, 머리카락을 건드리는 것도 거의 본 적이 없었다.[272]

아드리안이 그 아이의 의도에 무제한으로 응했다고 말할 수는 없다. 온종일 그는 그 아이를 보지 않았고, 그애가 자기에게 오는 것을 허락하지 않았으며, 그애를 피하는 것처럼 보였고, 의심의 여지 없이 사랑스런 그 아이의 모습을 자신에게 금지하는 것처럼 보였다.[273]

내가 말했듯이, 아드리안은 바빠서든지 또는 편두통이 그를 고요와 어둠 속에 있을 것을 강요했기 때문이든지, 또는 어떤 이유에서든 지간에 낮 동안은 그 아이를 멀리했다.[274]

따라서 "에스메랄다와의 결합이 죄, 신을 시험하는 대담한 모험, 벌을 죄 속에 포함시키려는 충동이었다면, 에효에 대한 레버퀸의 사랑은 악마를 시험하는 대담한 모험이었다"[275]라는 도리스 룽에의 주장은 근거가 부족한 피상적인 관찰이라고 볼 수밖에 없다. 아드리안이 애정 표현을 이처럼 극도로 절제했음에도 불구하고, 네포무크는 외삼촌 아드리안에 대해 처음부터 아들이 아버지에게 품는 것 같은

---

272) 같은 책, S. 619~20.
273) 같은 책, S. 621.
274) 같은 책, S. 624.
275) Doris Runge, "Hetaera Esmeralda und die kleine Seejungfrau," *Wagner — Nietzsche — Thomas Mann: Festschrift für Eckhard Heftrich*, hrsg. von Heinz Gockel, Michael Neumann und Ruprecht Wimmer(Frankfurt am Main: Vittorio Klostermann, 1993), S. 402.

특별한 애정과 존경심을 갖게 된다. "그 아이가 아드리안에게 대단히 애착을 느끼고 그와 함께 있으려고 애썼다는 것은 〔……〕 분명했다"[276]고 차이트블롬은 관찰하고 있다. 네포무크는 자신을 위한 장난감보다는 아드리안이 사용하는 물건들과 아드리안의 필사본에 더 많은 관심을 보인다: "에효는, 〔……〕 삼촌이 그에게 삼촌 자신이 사용하는 물건들을 보여주고 설명해주는 것을 훨씬 더 좋아했다. 〔……〕 그는 또한 삼촌의 글씨를 〔……〕 들여다보는 것을 좋아했고, 그 표시들이 무엇을 뜻하는지 자기에게 설명하게 했다."[277]

네포무크의 병과 죽음에 대한 아드리안의 반응은 마치 사랑하는 자식을 잃은 아버지의 그것과도 같다. 네포무크의 죽음 직전에 도착하여, 죽은 자식을 관에 싣고 랑엔잘차로 돌아가는 친부모들의 반응이 별로 상세히 묘사되지 않은 반면에,[278] 네포무크의 병과 눈앞에 다가온 죽음이 자신의 죄 때문이라는 것을 알고 있는 아드리안이 자신의 잘못을 한탄하고[279] 악마에게 저주와 욕설을 퍼붓는 장면은 차이트블롬에 의해 상세히 묘사된다:

"그애를 데려가라, 괴물아!" 하고 그는 나의 등골을 오싹하게 하는 목소리로 외쳤다. "그애를 데려가라, 악당놈아, 그러나 나쁜 놈, 네가 이것도 허락하지 않으려 한다면, 힘껏 서둘러라!"[280]

---

276) Thomas Mann, *Gesammelte Werke*, 제6권, S. 621.

277) 같은 책, S. 622~23.

278) 차이트블롬은 다만 "어머니는 흐느꼈다"(같은 책, S. 634)라고 쓰고 있다.

279) 아드리안은 네포무크의 병문안을 위해 파이퍼링을 방문한 차이트블롬에게 다음과 같이 말한다: "우리가 그를 오게 한 것, 내가 그애를 내 가까이에 오게 한 것, 내 눈으로 그를 보고 즐긴 것이 〔……〕 얼마나 큰 잘못, 얼마나 큰 죄, 얼마나 나쁜 범죄였단 말인가!"(같은 책, S. 633)

280) 같은 책, S. 632.

아드리안이 이때만큼 자신의 감정, 자신의 분노와 절망을 적나라하게 표현한 적은 없었다.

차이트블롬은 네포무크를 "아드리안의 마지막 사랑"[281]이라고 부른다. 어느 모로 관찰해보아도 네포무크와 아드리안의 사랑은 부자간의 사랑처럼 성적 관심이 전혀 배제된 순수한 사랑이며, 이 두 사람의 관계에서 동성애적 요소를 찾으려고 한 것은 처음부터 잘못된 시도일 것이다. 페처가 쓰고 있듯이, "네포-에효에 대한 아드리안의 숙부로서의 사랑이 조금이라도 성적인 기미를 띠고 있다는 것을 암시하는 구절은 텍스트에서 하나도 없다. 그 반대로 그것은 비성적(非性的)인 숭배, 가장 순수한 플라토닉한 형태의 사랑의 가장 순수한 구현이다."[282] 그러나 '아드리안의 마지막 사랑'인 네포무크가 아드리안의 지금은 죽고 없는 옛 연인이자 친구 루디 슈베르트페거와 눈에 띄는 공통점들을 가지고 있다는 사실은 간과될 수 없다. 우선 두 사람 다 푸른 눈과 금발을 가지고 있다. 슈베르트페거의 푸른 눈이 강조된 것처럼,[283] 네포무크의 푸른 눈 — "긴 속눈썹이 나 있는 맑디맑은 푸른 눈"[284] "미소짓는 이 눈의 하늘 같은 푸른빛"[285] — 도 되풀이하여 묘사되며, 네포무크가 슈베르트페거처럼 "금발"[286]을 가졌음도 언급되어 있다. 앞서 말했듯이 네포무크는 자주 '요정'에 비유되는데, 차이트블롬은 또한 슈베르트페거를 "이 요정 같은 플라토니커"[287]라고 부른다. 차이트블롬은 슈베르트페거가 아드리안에게 접근하는 방식을 'elbisch' 또는 'koboldhaft'라고 표현하는데 이 두 단

---

281) 같은 책, S. 636.

282) John Francis Fetzer, *Music, Love, Death*, p. 109.

283) 각주 15) 참조.

284) Thomas Mann, *Gesammelte Werke*, 제6권, S. 611.

285) 같은 책, S. 618.

286) 같은 책, S. 611.

287) 같은 책, S. 565.

어는 모두 '요정 같은'이라는 뜻을 지니고 있다:

그[아드리안]의 [결혼] 의도가 슈베르트페거에의 요정 같은 속박
으로부터의 해방을 의미한다는 사실에 대한 기쁨을 나는 나 자신에
게는 감추지 않았다.[288]

내[차이트블롬]가 보기에는 이러한 기질[즉 슈베르트페거의 시시
덕거리기 좋아하는 기질]과, 그 기질의 표현들이 언제나, 절대적으로
순진하고 어린애 같은, 요정 같은 마성으로 나타났다.[289]

그는 자신의 이네스와의 관계를 공공연히 털어놓는 데서도 몇 번
이나 지나치게 굴었을 뿐 아니라, 다른 면에서도 처벌을 받아야 마땅
할 정도로 요정처럼 너무 지나치게 굴었다.[290]

『파우스트 박사의 형성』에서도 토마스 만은 "일찌감치부터 의도된
아드리안의 루디 슈베르트페거에 대한 관계, 어떤 것에도 놀라 물러서
지 않는 친밀감을 통한 고독에 대한 유혹. 거기에서는 동성애적인 것
이 요정 같은 역할을 하고 있다"[291]고 언급하고 있다. 이상의 인용들에
서 '요정 같은'이라는 표현에 쓰인 두 단어, 즉 'elfisch/elbisch'와
'koboldhaft'는 서로 유사한 의미를 지니고 있다. 굳이 구분하면
'elfisch' 또는 'elbisch'라는 단어가 유래한 'Elf'가 대체로 사랑스럽
고 상냥한 동화 같은 정령을 가리킨다면 'koboldhaft'라는 표현이 파
생된 어원인 'Kobold'는 그보다는 약간 덜 긍정적인 의미에서의 집

---

288) 같은 책, S. 560.
289) 같은 책, S. 462.
290) 같은 책, S. 467.
291) Thomas Mann, *Gesammelte Werke*, 제11권, S. 208.

의 요정이라고 할 수 있겠다. 그러나 두 단어 모두 긍정적인 뜻과
부정적인 의미를 동시에 가지고 있으며,[292] 그런 점에서 서로 대동
소이하다고 볼 수 있다. 즉 '요정다움'은 슈베르트페거와 '네포무크
의 공통점을 이루고 있는 것이다.

또한 슈베르트페거와 네포무크는 둘 다 여자들의 인기와 사랑을
한 몸에 받고 있지만, 둘 다 여자들의 사랑보다 아드리안의 사랑을
더 선호하고 갈구한다. 슈베르트페거가 "곧장 아드리안을 겨냥했
고, 그의 비위를 맞추었고, 그렇게 하느라고 숙녀들을 노골적으로
무시한"[293] 것처럼, 네포무크도 "그를 돌보는 여자들과 함께 있는
것이 평범한 것임에 비해서, 아드리안과 함께 있는 것은 특별하고
재미있는 것이라는 이유에서"[294] 여자들과의 교제보다는 아드리안
과 있기를 더 좋아한다. 슈베르트페거에게 있어서는 작곡가로서의
아드리안의 실력과 명성이 그가 아드리안의 관심을 끌고자 하는 주
요 이유였는데, 이것은 네포무크의 경우에도 다르지 않다:

말이 났으니 말이지만, 이 남자, 즉 그의 어머니의 오빠가 파이퍼
링의 농사꾼들 사이에서 비범하고 존경받는, 경외심을 불러일으키는
위치를 차지하고 있다는 사실을 어떻게 그가 알아차리지 못했겠는
가! 다른 사람들의 이 경외심이 바로, 삼촌과 함께 있도록 허락받으
려는 어린애다운 명예심을 부채질했는지 몰랐다.[295]

---

292) 1986년에서 1996년에 출판된 브로크하우스 백과사전의 제19판에는 '코볼트
    Kobold'에 대해서 다음과 같은 설명이 나와 있다: "코볼트들은 안녕을 가져다주
    고 고용인들을 감독하며 귀중한 충고를 해준다. 그러나 그들은 또한 음험하고
    병을 유발시킬 수도 있다." 그리고 '엘프들 Elfen'에 대해서는 다음과 같이 설명
    되어 있다: "그들은 때로는 죽은 자들의 영혼, 때로는 수호 및 집안의 정령, 때
    로는 다산을 가져다주는 힘을 의미하는 것처럼 보인다. 〔……〕 나중에는 그들에
    게 어떤 마성적인 것이 들러붙는다. 그들은 재앙과 병을 가져다준다."
293) Thomas Mann, *Gesammelte Werke*, 제6권, S. 266.
294) 같은 책, S. 621.

따라서, 슈베르트페거가 죽은 지 3년이 지난 후에 아드리안의 생(生)에 등장하는 이 아이의 애칭이 '에효 Echo'인 것은, 후에 이 아이의 죽음에서 영감을 얻어 완성한 오라토리오 「파우스트 박사의 비탄」에서 주요 기법으로 사용된 '반향 효과 Echo-Wirkung'를 예고하고 있기도 하지만, 또한 멀지 않은 과거에 속하는 슈베르트페거의 '메아리 Echo'로서의 의미도 지니고 있다고 볼 수 있다.

'메아리' '반향'이라는 뜻을 지닌 '에효'라는 애칭이 상징하고 있듯이, 네포무크는 지나간 많은 것들에 대한 '반향'을 나타내며, 후에 있을 그의 존재를 암시하는 표현들은 실제로 네포무크가 태어나기 전의 시절을 묘사한 소설의 앞장들에서부터 나타난다. 우리는 여기서 다시금 카이저스아셰른에서 크레추마가 "왜 베토벤은 피아노 소나타 작품 111번에서 제3악장을 쓰지 않았을까"[296]라는 제목의 연설을 하는 대목으로 되돌아가보자. 크레추마는 효과적인 연설을 위해 베토벤 소나타 111번을 피아노로 직접 연주하며 "푸른 하늘" "사랑의 고뇌" "영원히 안녕"[297]이라고 노래부른다. 연설이 진행되는 동안 "푸른 하늘"은 "오, 너 푸른 하늘"[298]로 고조된다. 후에 묘사되는 네포무크의 눈 색깔 "하늘 같은 푸른빛"[299]은 이 베토벤에 관한 연설 대목의 먼 '메아리'라고 할 수 있다. 그 밖에도 이 곡의 묘사를 위해 인용되는 가사의 일부와 이 곡을 묘사하기 위해 크레추마가 사용하는 단어들— '작별' '이별' '끝' '영원한 고별'[300] '영원히 안녕'[301]

---

295) 같은 책, 같은 곳.
296) 같은 책, S. 71.
297) 같은 책, S. 75.
298) 같은 책, 같은 곳.
299) 같은 책, S. 618.
300) 같은 책, S. 77.
301) 같은 책, S. 75, 77.

'영원토록 안녕'[302]은 후에 다가올 아드리안의 조카 네포무크와의 쓰라린 이별을 미리 예고해주고 있다. 이 연설이 끝난 뒤의 모습을 차이트블롬은 이렇게 묘사하고 있다:

〔연설이 끝난 뒤에도〕 한참 동안, 청중들이 흩어져 들어간 먼 골목들로부터, "영원히 안녕" "영원토록 안녕" "우리 안의 하느님은 위대하셨네" 등의 노랫가락이 소도시의 밤의 정적을 뚫고 메아리처럼 울려퍼졌다.[303]

즉 '에효Echo'라는 애칭의 네포무크는 이 소설에서 이미 등장하고 묘사된 많은 것들의 '메아리Echo'인 것이다.

어린 네포무크의 요정다운 아름다움이 아드리안에게 셰익스피어의 희극『폭풍』중 요정 아리엘의 노래들을 작곡하는 데 필요한 영감을 주었다면, 네포무크의 고통스런 죽음은 아드리안의 최후의 대작「파우스트 박사의 비탄」을 완성하는 데 결정적인 추진력을 제공한다. 차이트블롬이 "이 슬픔이 파우스트 박사의 마음을 움직여, 그는 자신의 비탄을 기록했다"[304]라는 구절이 적힌 악보를 아드리안의 책상 위에서 발견한 것은 차이트블롬이 아드리안에게 있어서 "실내악의 기적적인 최고 성과의 해"[305]라고 부르는 1927년이므로, 네포무크가 아드리안에게 오기 이전이다. 차이트블롬에 의하면 "실내악의 해인 1927년이 또한「파우스트 박사의 비탄」이 구상된 해였음은 의심의 여지가 없다."[306] 네포무크는 이 작품이 구상된 후에 아드리안에게로 오지만, 이 작품은 네포무크의 죽음 이후에야 완성되게 되

---

302) 같은 책, S. 77.
303) 같은 책, 같은 곳.
304) 같은 책, S. 608.
305) 같은 책, S. 605.
306) 같은 책, S. 609.

며, 이 작품이 아드리안의 작곡 이론의 핵심인 '엄밀 악장'의 최고
도의 구현이자, 가장 중요한 인생 체험들을 엮어넣은 필생의 작품으
로 완성되는 과정에서 아드리안의 네포무크 체험은 결정적인 역할
을 한다. 따라서 "사랑스러우면서도 가슴을 찢는 듯한 인생의 어떤
돌발적 사건이 이 애끓는 비탄의 작품에의 진지한 착수로부터 그
〔아드리안〕의 생각을 우선 다른 곳으로 돌려놓을 것이었다"[307]라는
차이트블롬의 네포무크 사건에 대한 선취적 코멘트는 차이트블롬에
게 특징적인 아이러니로 볼 수 있다. 네포무크의 죽음이 아드리안이
구상중이던 작품을 위한 적절한 파토스를 제공한다는 점에서 네포무
크는 "아드리안을 위해 고통당하고 죽는"[308] '속죄양'으로 볼 수 있
으며, 네포무크가 파이퍼링의 신부로부터 "다채로운 양의 그림"[309]
을 선물로 받는 것은 따라서 다분히 상징적이다.『폭풍』에서 프로스
페로가 공기의 요정 아리엘을 풀어주며 하는 대사인 "원소의 세계로
가렴! 자유로워! 그리고 안녕!"[310]이란 말로써 아드리안은 네포무크
가 죽기 전날 네포무크와 마지막 작별 인사를 하며, 아드리안은 네
포무크의 죽음을 통해서야 비로소 자신의 영혼의 비탄을 소리로 '표
현'할 수 있게 된다.

　뇌막염으로 고통당하는 에효의 "가슴을 찢는 듯한 비탄"[311]은 "이
끝없는 비탄의 작품"[312]에 다시금 '메아리 Echo'가 된다.「파우스트
박사의 비탄」은 변증법적인 작품이다. 그것은 "극단적인 계산으로

---

307) 같은 책, 같은 곳.

308) Barbara Wedekind-Schwertner, *"Daß ich eins und doppelt bin" : Studien zur Idee
der Androgynie unter besonderer Berücksichtigung Thomas Manns* (Frankfurt am
Main : Lang, 1984), S. 449.

309) Thomas Mann, *Gesammelte Werke*, 제6권, S. 615.

310) 같은 책, S. 635.

311) 같은 책, S. 630.

312) 같은 책, S. 650.

이루어진 그의 가장 엄격한 작품인 동시에 순전히 표현적인 작품"[313]
이며 "가장 엄격한 속박에서 격정을 표현하는 자유로운 언어로의
급변, 속박으로부터의 자유의 탄생"[314]과 "표현의 재건, 감정의 가
장 높고 가장 깊은 감동의, 정신성과 형식의 엄격성의 단계에서의
재건"을 구현한다는 점에서 아드리안이 오랫동안 갈구해온 예술적
"돌파 Durchbruch"[315]를 이룩해내고 있다. 이 작품에서 주요 기법으로
사용된 17세기식, 몬테베르디적인 "반향(에효) 효과"[316]도 조카 '에
효'를 작품 속에 기리기 위한 것이라고 볼 수 있다:

　반향, 즉 인간의 소리의 자연의 소리로의 반환, 인간의 소리의 자
연의 소리로서의 폭로는, 사실상 비탄이다. 즉 인간에 대한 자연의
'아아, 그래!' 하는 슬픔에 가득 찬 소리이며, 인간의 고독의 시험적
인 표현인 것이다. 〔……〕 그러나 레버퀸의 최후의 작품이자 최고의
작품에서는, 바로크 시대에 가장 애용되던 기법인 반향이 여러 차례
형언할 수 없을 정도로 우울한 효과를 내도록 사용되고 있다.[317]

이 작품에는 "모든 변화 자체가 이미 앞서 나타난 변화들의 반향
(에효)이다."[318] 이 오라토리오는 아드리안의 조카 에효의 고통을
'에효 기법'을 통해 '에효'(반향)하고 있는 것이다. 따라서 아드리안
의 에효에 대한 사랑과 사랑하는 에효의 죽음으로 인한 아드리안의
슬픔과 충격이 이 파우스트 칸타타로 승화되어 있다고 할 수 있다.

---

313) 같은 책, S. 647.
314) 같은 책, S. 644.
315) 같은 책, S. 643.
316) 같은 책, S. 644.
317) 같은 책, 같은 곳.
318) 같은 책, S. 647.

V. 어린 인어 아가씨: 과연 누구인가?

안데르센의 동화에 나오는 '어린 인어 아가씨'는 인간인 젊은 왕자님의 사랑과 불멸의 영혼을 얻기 위하여 혀가 잘리는 고통을 감수하면서 물고기의 꼬리 대신 인간의 다리를 얻으며, 다리로 걸어다닐 때 칼로 찔리는 듯한 고통을 겪는다. 『파우스트 박사』에서는 매독에 걸린 아드리안의 육체적 고통이 어린 인어 아가씨가 인간의 다리로 걸어다닐 때 당하는 칼로 찔리는 듯한 고통에 자주 비유된다. 팔레스트리나의 마나르디 가(家)에서 아드리안과 대면한 악마는 아드리안이 장차 겪게 될 고통을 다음과 같이 묘사한다:

> 그것은 엄청난 향락의 대가로 기쁘고 자랑스럽게 감수하는 고통, 동화로부터 이미 알고 있는 고통, 꼬리 대신에 인간의 다리를 얻었을 때 어린 인어 아가씨가 그녀의 아름다운 다리에 느끼던 칼로 도려내는 듯한 고통이지.[319]

어린 인어 아가씨가 오스월드의 표현대로 "〔그녀와〕 마찬가지로 고통의 대가를 치르고 변모를 획득하는 아드리안 레버퀸의 상징적 대응자"[320]임은 자명하며, 아드리안이 그녀를 "고난에 처한 누이"[321]라고 부르는 것도 이런 의미에서일 것이다. 그러나 이 어린 인어 아가씨와 아드리안의 관계는 육체적 고통이라는 공통점에서 끝나는 것이 아니다. 왜냐하면 아드리안은 그의 마지막 고백에서 그녀를 '나의 누이이자 어여쁜 신부'라고 부르고, 그녀가 자신에게 어린 아

---

319) 같은 책, S. 308.

320) Victor A. Oswald, Jr., "Thomas Mann and the Mermaid: A Note on Constructivistic Music," *Modern Language Notes*, 65(1950), p. 172.

321) Thomas Mann, *Gesammelte Werke*, 제6권, S. 457.

들을 낳아주었다고 말하고 있기 때문이다. 그의 필생의 역작인 오라
토리오 「파우스트 박사의 비탄」을 소개한다는 명목 아래 자신이 은
거하는 파이퍼링으로 초대한 지기들 앞에서 아드리안은 그녀에 대
해 다음과 같이 말한다. 다음 구절은 에효를 다룬 앞절에서 이미 인
용되었지만, 내용상 여기에 다시 인용하지 않을 수 없다:

> 그 어린 인어 아가씨는 〔……〕 저의 누이이자 어여쁜 신부였으며,
> 히피알타라는 이름을 가지고 있었습니다. 〔……〕 그〔즉 악마〕가 그
> 녀를 저의 동침녀로서 제 침대로 데리고 왔습니다. 그래서 저는 그녀
> 와 정사를 벌이기 시작했고, 그녀가 물고기의 꼬리를 지니고 오든 다
> 리를 지니고 오든, 점점 더 마음에 들어서 그녀를 정복했습니다.
> 〔……〕 그러자 히피알타는 임신한 몸이 되었고, 제게 어린 아들을 낳
> 아주었습니다. 제가 저의 영혼 전체로써 애착을 가지고 사랑한 그 아
> 이는 성스러운 사내아이로서, 비할 데 없이 매력적이었고, 먼 옛날의
> 나라에서 온 것 같았습니다. 그러나 그 아이는 살과 피로 되어 있었
> 고, 저는 어떤 인간적인 존재도 사랑해서는 안 된다는 조건 아래 있
> 었으므로, 그가 그 아이를 무자비하게 죽여버렸습니다.[322]

위에 인용된 아드리안의 말은 독자들에게 어린 인어 아가씨의 정
체에 대한 궁금증을 불러일으키지 않을 수 없다. 히피알타라는 이름
을 가진, 환상적인 존재인 인어라고 주장되는 그녀가 소설에서 육체
를 지니고 나타나는 사실적 차원에서의 인물이 아닌 것만은 확실하
다. 그렇다면 그녀는 이 소설에서 다만 모티프적 기능을 하는, 그림
자 같은 허구적 인물일 뿐일까? 아니면 어린 인어 아가씨는 이 소설
에 등장하는 어떤 다른 인물을 암시적으로 지칭하는 이름일까? 이

---

322) 같은 책, S. 663~64.

글에서는 후자라고 가정하고 그녀의 정체에 대한 두 가지 논제를 소
개하고자 하는데, 그 중 처음으로 다루어질 논제는 이미 연구자들에
의해 제기된 바 있으나, 후에 다루어질 다른 하나는 필자가 알기로
는 아직 제기된 바 없는 새로운 논제이다.

　아드리안은 악마가 그녀를 자신과 동침하도록 자신의 침대로 데
려다주었으며 자신이 그녀와 육체적으로 사랑했었다고 말하고 있
다. 아드리안이 평생 동안 육체적인 관계를 가진 유일한 여자는, 그
가 어릴 때 아버지의 나비 도감에서 본 날개가 투명하여 마치 벌거
벗고 있는 것처럼 보이는 나비의 이름을 따서 ‘헤테라 에스메랄다’
라고 부르는 라이프치히와 프레스부르크의 창녀이다. 또한 아드리
안과 에스메랄다의 만남은 “에스메랄다의 친구이자 포주”[323]라고 자
처하는 악마에 의해 의도되었으며, 그녀는 악마가 아드리안에게 접
근하여 계약을 맺기 위해 사용한 수단이었으므로, 악마가 그녀를 자
신의 침대에 데려다주었다는 아드리안 자신의 어린 인어 아가씨에
대한 묘사에 어느 정도 들어맞는다. 따라서 미하엘 마르가 주장하고
있듯이 “그 두 여자, 즉 인어 아가씨 히피알타와 투명 나비 헤테라
는 그러니까 어떤 더 자세히 규정할 수 있는 방식으로 동일함에 틀
림없다.”[324] 그러나 어린 인어 아가씨와 에스메랄다가, 톨나 부인과
에스메랄다의 경우처럼 확실한 동일 인물임을 증명하기는 쉽지 않
다. “〔아드리안의〕 망상으로 인한 환영 속에서 인어 아가씨와 에스
메랄다는 하나가 된다”[325]는 룽에의 설명 없는 진술은 통찰이라기보
다는 오히려 부주의에서 비롯된 것 같다. 왜냐하면 아드리안은 소설
의 어느 곳에서도 이 두 인물을 단순히 하나로 일치시키고 있지 않

---

323) 같은 책, S. 311.

324) Michael Maar, *Geister und Kunst: Neuigkeiten aus dem Zauberberg*(München:
　　　Carl Hanser, 1995), S. 114.

325) Doris Runge, “Hetaera Esmeralda und die kleine Seejungfrau,” S. 401.

기 때문이다. 어린 인어 아가씨와 에스메랄다의 동일성의 가능성은 소설에서 그냥 주어져 있는 것이 아니라 자세한 관찰을 통해 조사되고 설명되어야 한다. 우리는 우선 이 두 인물간의 공통점부터 찾아보기로 하자.

먼저 떠오르는 것은 어린 인어 아가씨와 에스메랄다가 공통적으로 겪는 육체적 고통이다. 매독에 걸린 에스메랄다는 병 치료차 라이프치히를 떠나 프레스부르크로 옮겨가며, 아드리안은 "그녀의 경고에도 불구하고"[326] 그녀와의 육체적 접촉을 통해 매독에 걸리게 된다. 따라서 어린 인어 아가씨 및 아드리안과 마찬가지로 에스메랄다도 육체적 고통에 낯설지 않다. 또한 어린 인어 아가씨와 에스메랄다는 둘 다 동물의 이미지를 통한 이중적 존재 형태 속에서 등장한다. 헤테라 에스메랄다는 아드리안이 라이프치히와 프레스부르크에서 만난 창녀이기도 하지만, 그보다 먼저 그가 어린 시절 아버지의 나비 도감에서 본 나비의 일종의 이름이기도 하다: "그런 나비들 중 한 종류인, 벌거벗은 것처럼 투명한 모습으로 어둑어둑한 나뭇잎의 그늘을 좋아하는 나비는 헤테라 에스메랄다라고 불렸다."[327] '나비'와 '창녀'라는 에스메랄다의 두 존재 형태는 아드리안의 최후 고백에서 하나로 합쳐진다:

그것은 단지 한 마리의 나비, 즉 헤테라 에스메랄다라는 이름의 색깔이 다채로운 나비에 지나지 않았거든요. 그 마녀가 육체적 접촉을 통하여 저를 매혹시켰고, 저는 그녀를 따라, 그녀의 투명한 나체가 좋아하는 어둑어둑한 나뭇잎 그늘 속으로 들어갔지요. 그곳에서 저는, 날고 있을 때면 바람에 실려온 꽃잎처럼 보이는 그녀를 날쌔게 붙잡았고, 그녀의 경고에도 불구하고 그녀와 함께 쾌락을 맛보았지요. 일

---

326) Thomas Mann, *Gesammelte Werke*, 제6권, S. 660.
327) 같은 책, S. 23.

이 그렇게 일어났던 것입니다. 그녀가 그 이전에 나를 매혹시켰었던 것처럼 그녀는 다시금 나를 매혹시켰고, 사랑으로 저를 용서해주었기 때문입니다. 그때 저는 봉납되었고 약속이 맺어졌던 것입니다.[328]

헤테라 에스메랄다가 '창녀'와 '나비'의 두 가지 형태를 가지는 것처럼, 어린 인어 아가씨도 "물고기의 꼬리"와 "순수한 인간의 형태"[329]를 교대로 갖는 인간과 해양 동물의 중간에 속하는 이중적 존재이다. 독일어에서 '꼬리 Schwanz'라는 말은 흔히 남근을 가리키는 속어이다. 아드리안이 자신의 육체적 사랑의 대상이었다고 고백하는 어린 인어 아가씨가 여성의 몸체에 남성의 상징인 '꼬리'를 가졌다는 사실은 주목할 만한 가치가 있다. 이것은 그녀가 성별을 초월한 양성 일체적 존재임을 상징적으로 나타내며, 아드리안의 그녀에 대한 환상적 사랑이 『마의 산』에서의 클라브디아 쇼샤에 대한 한스 카스토르프의 사랑처럼 이성애와 동성애의 기묘한 혼합이라는 것을 알 수 있다. 『마의 산』의 클라브디아, 『사기꾼 펠릭스 크룰의 고백』에서의 우플레 부인처럼, 어린 인어 아가씨 히피알타도 여성의 모습 속에 남성을 감추고 있는 것이다.

소설에서는 어린 인어 아가씨와 함께 그녀를 창조한 덴마크의 작가 안데르센의 이름이 거론된다. 악마는 아드리안에게 이렇게 묻는다: "너는 안데르센의 어린 인어 아가씨를 알고 있겠지?"[330] 또한 차이트블롬은 다음과 같이 보고하고 있다: "그[아드리안]는 나에게, 그가 매우 좋아하고 감탄한 안데르센의 동화에 나오는 어린 인어 아가씨에 대해 이야기하였다."[331] 작가 안데르센의 이름이 소설

---

328) 같은 책, S. 660.
329) 같은 책, S. 663.
330) 같은 책, S. 308.
331) 같은 책, S. 457.

에 거론되는 것은 우연이 아니다. 토마스 만과 마찬가지로 안데르센이 강한 동성 연애자적 성향을 지니고 있었다는 사실은 이제는 안데르센 연구자들뿐만 아니라 일반 대중에게도 잘 알려져 있다.[332] 그리고 토마스 만과 안데르센이 자신들의 동성 연애자적 기질을 직시하고 해결해나간 방법에는 공통점들이 발견된다. 토마스 만과 마찬가지로 "성적 아웃사이더"[333]였던 안데르센은 역시 만과 비슷하게 "〔자신의 동성 연애자적 기질이〕 간파될지 모른다는 격렬한 공포 속에서 산 것처럼 보인다."[334] 그리고 이 두 작가는 모두 그들의 실제로는 이루지 못한 동성애적 동경을 문학으로 승화시켰다. 자신이 사랑한 에드바르트 콜린이 결혼한다는 소식을 들었을 때, 안데르센은 그의 가장 유명한 동화 중의 하나인 「어린 인어 아가씨」(1837)를 썼다. 이 동화에서 "압도적으로 여성적인 특징들을 지니고 있으나 실제로 여성은 *아닌 존재*"[335]이자 "남성과 여성의 중간에 위치한 양서류의 혼합 존재"[336]인 어린 인어 아가씨는 남자이면서도 반쯤은 여자처럼 느끼던[337] 안데르센 자신의 문학적 형상화이다. 이 동화에서 어린 인어 아가씨—즉 안데르센 자신—는 자신의 연적인 아름다운 소녀—즉 에드바르트의 약혼녀 예테—에 대한 질투심을 감추지 않는다: "'〔……〕 나는 그가 나보다 더 사랑하는 아름다운 소녀를 보았어!' 그리고 어린 인어 아가씨는 깊은 한숨을 쉬었다. 그래도 그녀

---

332) 안데르센의 동성애적 성향에 대해서는 다음의 연구들을 참조할 것: Heinrich Detering, *Das offene Geheimnis: Zur literarischen Produktivität eines Tabus von Winckelmann bis zu Thomas Mann*(Göttingen: Wallstein, 1994), S. 175~232; Hans Mayer, *Außenseiter*, S. 224~33.

333) Hans Mayer, *Außenseiter*, S. 227.

334) 같은 책, S. 228.

335) Heinrich Detering, *Das offene Geheimnis*, S. 212.

336) 같은 책, S. 215.

337) 안데르센은 "나의 절반의 여성"(같은 책, S. 193에서 인용)이라는 표현을 사용한 바 있다.

는 울 수가 없었다."[338] 하인리히 데터링이 관찰하고 있듯이, "'양서류의' 모델을 통한 해명과 응축은 안데르센으로 하여금, 자기 자신, 에드바르트, 예테와의 관계에 있어서의 그 자신의 상황을 *전체로서* 허구적 작품으로 옮기는 것을 가능하게 해주었던"[339] 것이다.

토마스 만은 1950년에 쓴 일기에서 "비교할 데 없는, 이 세상의 어떤 것에 의해서도 능가되지 않는 젊은 청년들의 매력에 대한 〔나의〕 열광"[340]을 고백하고 있으며, "'신과 같은 청년'이 자아내는 경탄은 모든 여성적인 것을 훨씬 능가하고 동경을 불러일으키며 이 세상의 어떤 것과도 비교할 수 없다는 사실은 내게는 자명한 일이다"[341]라고 쓰고 있다. 또한 1919년 3월 23일자 일기에서 미국의 여류 무용수 게르트루드 베리슨의 무용을 감상하고 난 토마스 만은 이렇게 쓰고 있다: "베리슨의 춤들. 지루하고 역겨움. 그렇게 많은 역겹게 우아한 여성다움을 본 후에 나는, 그 후 길거리에서 내가 본 첫번째 젊은 남자에게 감격 비슷한 것을 느꼈다."[342] 의미심장하게도 아드리안도 어린 인어 아가씨에 대해 이야기하는 중에, "두 갈래로 다리가 갈라진 인간의 모습에 대한 요정의 모습의 미적 우월성"을 강조하며, "아마도 그〔즉 왕자〕는 그녀가 고통스런 인간의 다리를 가졌을 때보다 타고난 대로의 물고기의 꼬리를 지닌 그녀를 훨씬 더 정열적으로 사랑했을 것"[343]이라고 주장한다. 아드리안은 또한 "다리를 사들인 후의 어린 인어 아가씨의 비참하게도 동정을 불러일으키는 영락한 상태를 생각해보면, 인어 아가씨의 원래의 육체는 완벽하

<hr>

338) Hans Christian Andersen, *Sämtliche Märchen und Geschichten*, 제1권(Leipzig: Gustav Kiepenheuer, 1982), S. 85.

339) Heinrich Detering, *Das offene Geheimnis*, S. 215.

340) Thomas Mann, *Tagebücher 1949~1950*, S. 239(1950년 8월 6일자 일기).

341) 같은 책, S. 257~58(1950년 8월 28일자 일기).

342) Thomas Mann, *Tagebücher 1918~1921*, S. 176~77.

343) Thomas Mann, *Gesammelte Werke*, 제6권, S. 458.

고 가장 매력적인 유기체적 사실성·아름다움·필연성을 가지고 있음을 알게 된다"[344]고 말한다. 이러한 주장에서 보듯이, 아드리안은 토마스 만에게 특징적인 여성미에 대한 남성미의 우월성에의 확신과 잠재적인 여성 혐오증을 물려받고 있는 것처럼 보인다.

그리고 앞의 헤테라 에스메랄다를 다룬 절에서 이미 설명되었듯이, 어린 인어 아가씨에게서와 마찬가지로 에스메랄다에게서도 비록 더 은밀한 방법으로이긴 하지만 양성 일체의 모티프를 발견할 수 있었다. 에스메랄다와 톨나 부인의 동일성을 증명하는 데 중요한 자료가 된, 톨나 부인이 아드리안에게 선사한 반지에 박힌, '녹주석'의 일종인 '에메랄드'의, 니콜라우스 폰 쿠스와 괴테에 의해 강조된 양성 일체적 성격은, 반지의 원래 소유자인 톨나 부인/에스메랄다의 양성 일체성을 보여주며, 따라서 에스메랄다에 대한 아드리안의 사랑이 상징적 차원에서 이성애와 동성애의 성격을 함께 가지고 있음을 보여주었다.

위에서 말한 히피알타와 에스메랄다의 세 가지 공통점— '고통' '이중적 존재 형태' '양성 일체성' —이 상징적인 성격의 것이라면, 그 밖에도 더 객관적이고 사실적인 차원에서의 관련성도 제시되어질 수 있다. 예를 들어, 마르는 어린 인어 아가씨의 이름인 '히피알타'가 나비의 종류들의 이름인 '히페지아'와 '에피알테스'를 합성한 이름으로 볼 수 있다고 주장함으로써 두 인물의 연관 가능성을 제시하고 있다.[345] 마르에 의하면 히페지아는 의미심장하게도 '가(假)헤테라' 속(屬)에 속하는 나비이다.[346] 또한 그는 아드리안의 아버지 요나탄 레버퀸이 어린 아드리안과 차이트블롬 앞에서 펼쳐보이던 도감들에는 진귀한 나비들만이 아니라 "진귀한 나비들과 해양 동물들"[347]이

---

344) 같은 책, 같은 곳.

345) Michael Maar, *Geister und Kunst*, S. 114 참조.

346) 같은 책, 같은 곳 참조.

그려져 있다는 사실을 지적하면서, 인어—즉 해양 동물—인 히피알타와 나비인 에스메랄다가 소설의 처음부터 밀접한 상호 관련 속에 등장한다고 관찰하고 있다.

마르는 또한 안데르센이 「어린 인어 아가씨」를 쓴 뒤 31년 후에 발표한 「드리아데」[348](1868)라는 동화에 주의를 환기시킨다. 이 동화는 「어린 인어 아가씨」의 변형으로 볼 수 있다. 어린 인어 아가씨와 마찬가지로 영혼을 갖지 않은 나무의 요정 드리아데는 인간으로서의 삶과 행복을 너무나 열망한 나머지, 자신의 생명을 인간으로서의 단 하루와 교환한다. "단 하룻동안 인간일 수 있고 나중에 천상의 세계에 속할 수 있다면, 전 제가 살아야 할 수백 년 전부를 그 대가로 바칠 작정이었어요"[349]라는 어린 인어 아가씨의 실행되지 않은 계획이 이 새 동화에서 실현되는 것이다. 드리아데는 자신에게 주어진 인간으로서의 하루를 거칠고 광란적인 춤으로 끝을 맺는데, 그녀의 춤 상대자가 그녀를 포옹하려는 순간 바람에 날려가서 곧 죽는다. 그녀가 바람에 날려가는 모습은 동화에 이렇게 묘사되어 있다:

드리아데는 마치 장미꽃잎이 바람에 날려가듯이 바람의 물결에 날려갔다. 〔……〕 일꾼들은 그것이, 너무 때이르게 나타나서 이제 죽어서 떨어지는 나비라고 생각했다.[350]

위의 묘사는 "그것은 단지 한 마리의 나비, 즉 헤테라 에스메랄다라는 이름의 색깔이 다채로운 나비에 지나지 않았습니다. 〔……〕 그것은 날고 있을 때면 바람에 실려온 꽃잎처럼 보였지요"[351]라는

---

347) Thomas Mann, *Gesammelte Werke*, 제6권, S. 22.

348) '드리아데 Dryade'는 나무의 요정이라는 뜻임.

349) Hans Christian Andersen, *Sämtliche Märchen und Geschichten*, 제1권, S. 77.

350) Hans Christian Andersen, *Sämtliche Märchen und Geschichten*, 제2권, S. 412.

351) Thomas Mann, *Gesammelte Werke*, 제6권, S. 660.

아드리안의 마지막 고백에서의 묘사와 흡사하다. 이상의 연결점들이 에스메랄다와 히피알타의 동일성을 증명해줄 수는 없다 하더라도, 적어도 두 인물의 동일성의 가능성과 밀접한 상호 관련성을 보여준다고 할 수 있다.

우리는 지금까지 어린 인어 아가씨의 아드리안의 "동침녀"[352]로서의 측면, 즉 아드리안의 육체적 사랑의 대상으로서의 측면에 관심을 집중하였고, 그런 관점에서 그녀를 에스메랄다와 동일 인물로 볼 수 있는 가능성을 살펴보았다. 그러나 어린 인어 아가씨는 또 한 가지 중요한 측면을 가지고 있다. 아드리안은 그의 정신착란의 시발 신호가 된 마지막 고백에서 그녀를 "나의 누이이자 어여쁜 신부"[353]라고 부르고 그녀가 그에게 아들, 즉 네포무크를 낳아주었다고 말한다. 이로써 이 소설에서 아드리안이 오페라의 대본으로 삼은 『로마인의 모습』의 줄거리를 이야기하는 과정에서 잠시 등장했던 남매간의 근친상간이라는 모티프가 주줄거리 차원에서 등장하게 된다. 우리는 여기서 우줄라 슈나이데바인을 연상하지 않을 수 없다. 왜냐하면 그녀야말로 실제로 아드리안의 누이동생이자 네포무크의 어머니이기 때문이다. 아드리안의 형 게오르크가 소설에서 거의 묘사되지 않는 반면, 누이 우줄라는 부차적 인물이긴 하지만 비교적 자주 언급된다. 여기서 우리는 잠시 소설 제22장에 나오는, 1910년 9월에 열린 우줄라의 결혼식날 묘사를 자세히 살펴볼 필요가 있다. 우선 눈에 띄는 것은 결혼식날 내내 아드리안이 "두통"[354]에 시달린다는 사실이다:

　　나는 그가 통증을 느끼고 있다는 것을 알았다. 또한 내게는, 그가 말한 모든 것에 고통의 각인이 찍혀 있고 고통의 영향 아래 있는 것

---

352) 같은 책, S. 663.
353) 같은 책, 같은 곳.
354) 같은 책, S. 255.

같았다.[355]

차이트블롬은 이날의 아드리안의 두통을 강조하듯 되풀이하여―
"두통"[356]; "편두통으로 흐려진 눈"[357]; "편두통의 압박에 시달리는
가운데"[358]; "통증"[359]―언급하고 있다. 차이트블롬은 이날의 아드
리안의 두통이 "이 처녀성을 바치는 희생의 축제에 그가 거부감을
느끼며 마지못해 〔……〕 참석했다는 〔……〕 심리적인 원인"[360]에 기
인한다고 추측한다. 그는 또한 누이의 결혼식에 대해 아드리안이
"불쾌감"을 품고 있으며, "그는 결혼식 축하객들을 벗어나 야외로 나
온 것을 명백히 기뻐하고 있었다"[361]고 관찰하고 있다. 아드리안은
누이 우줄라가 입고 있는 웨딩드레스를 "처녀성의 하얀 수의"라고
부르고 누이가 신고 있는 신발을 "공단으로 만든 죽음의 구두"[362]라
고 칭하면서, 그것들은 없었어야 했다고 말한다.

아드리안은 또한 이날 차이트블롬과의 대화에서 평소의 그답지 않
게 결혼과 성에 관한 자신의 견해를 길게 피력한다. 그는 '죄' '감각
성' '쾌락'에 대해서, 감각성과 사랑과의 상호 관계에 대해서, 그리고
"사랑이라는 완전히 예외적인 현상"[363]에 대해서 오랫동안 이야기한
다. 그는 주례 목사가 인용한 "그리고 한몸이 될지니"라는 성경 구
절을 "신혼 부부 면전에서는 오히려 듣기 고통스럽다"고 비판하면
서, "연인들이 '한몸'이었던 적은 결코 없었고, 이 규정은 결혼으로

355) 같은 책, S. 259.
356) 같은 책, S. 248.
357) 같은 책, S. 251.
358) 같은 책, S. 256.
359) 같은 책, S. 259.
360) 같은 책, S. 248.
361) 같은 책, 같은 곳.
362) 같은 책, S. 249.
363) 같은 책, S. 250.

부터 쾌락과 함께 사랑마저 몰아내버릴 것"364)이라고 주장한다. 아드리안이 이 대화에서 하는 말은 그 내용으로 보아 의미심장하지는 않다. 다만 성(性)에 대해 이야기하는 것을 매우 수줍어하는 아드리안이 누이의 결혼식을 계기로 그것에 관해 장황하게 떠들어댄다는 사실이 중요할 뿐이다. 차이트블롬은 이날 아드리안이 늘어놓은 말에 대해 이렇게 쓰고 있다:

　　나는 그의 말에 기묘하게도 충격을 받고 혼란스러웠다. 〔……〕 그가 육욕과 관련된 이야기를 할 때마다 〔내가〕 어떤 기분이 드는지는 나는 앞에서 시사한 바 있다. 그러나 그가 이토록 거리낌없이 말한 적은 한번도 없었으며, 마치 그의 말투에 이상하게 명백한 어떤 것, 그 자신과 또한 듣는 사람에 대한 은근한 무례함이 들어 있는 것 같았는데, 그것이 나를 불안하게 했다.365)

　그러나 아드리안이 누이의 결혼식날 "심리적인 원인"366)을 가진 두통에 시달리고, 원인이 불명확한 '불쾌감'을 느끼며, 평소의 그답지 않게 성·결혼·감각성에 관한 장황한 독백을 늘어놓는다는 사실은 '누이'의 존재가 아드리안의 잠재 의식 속에서 성(性)과 밀접히 연관되어 있다는 사실을 의미한다.
　성(性)의 모티프는 우줄라의 결혼식날의 묘사 가운데 또한 다른 곳에서도 나타난다. 아드리안과 차이트블롬은 "그날 오후에 암소의 여물통과 시온 산 주위를 산책하며,"367) 그들이 위에 설명된 대화를 나누는 것은 이 산책 가운데 "시온 산 꼭대기의 단풍나무 아래에 있

------

364) 같은 책, 같은 곳.
365) 같은 책, S. 250~51.
366) 같은 책, S. 248.
367) 같은 책, 같은 곳.

196

는 공공 벤치 위에서"[368]이다. 부헬 농장의 '암소의 여물통'이라고 불리는 연못과 그것과 상응하는 파이퍼링의 '클라머 연못'은 "그것들의 오목한 형태와 기능 때문에 프로이트적 해석자들에게는 여성의 상징으로서의 역할을 할 수도 있을 것"[369]이며, 따라서 그 반대로 융기된 모습의 '시온 산'이라고 불리는 부헬 농장의 언덕과 파이퍼링의 롬 언덕은 남성의 상징으로 볼 수 있다. 이날 아드리안과 차이트블롬의 산책은 그들을 '시온 산'의 꼭대기로 이끌었다가, 그런 뒤 집으로 돌아오는 길에 그들은 잠깐 '암소의 여물통'에서 발걸음을 멈춘다:

> 우리는 들길에서 옆으로 한두 걸음 벗어나서 〔······〕 그 물을 바라보았다. 그것은 맑았다. 기슭에서 가까운 곳에서만 바닥이 얕은 것을 볼 수 있었다. 기슭에서 얼마 떨어져 있지 않은 곳에서 이미 바닥은 어둠 속으로 가라앉고 있었다. 그 못의 가운데가 매우 깊다는 사실은 잘 알려져 있었다.[370]

이미 괴테에게도 '물'은 인간의 영혼의 표상이었다.[371] 아드리안의 누이 우줄라의 결혼식날 행해진 두 중심 인물들의 남성 및 여성의 상징물들로의 순례는 작가적 차원에서의 '누이'와 '성'의 관련성을 암시한다. 평평한 가장자리에서 갑자기 급경사의 심연 속으로 떨어지는 '암소의 여물통'의 형태는, 평소에는 아드리안의 잠재 의식 속에 숨어 있다가 결혼식을 계기로 아드리안의 의식 전면에 등장하

---

368) 같은 책, S. 249.

369) John Francis Fetzer, *Music, Love, Death*, p. 92.

370) Thomas Mann, *Gesammelte Werke*, 제6권, S. 259.

371) 괴테의 시 「물 위의 정령들의 노래」는 다음과 같은 구절로 시작된다: "인간의 영혼은/물과 닮았도다" (Johann Wolfgang von Goethe, *Werke. Hamburger Ausgabe in 14 Bänden*, München: Deutscher Taschenbuch Verlag, 1988, 제1권, S. 143).

게 된 누이의 숨겨지고 터부화된 성(性)을 상징한다고 볼 수 있다. 이와 같은 사실들에서 누이 우줄라와 아드리안이 사랑을 나누었다고 고백한 히피알타 사이의 연결고리를 발견할 수 있다.

우줄라와 어린 인어 아가씨 사이의 또 다른 연결점은 다시금 아드리안이 어린 인어 아가씨에게 붙인 "나의 누이이자 어여쁜 신부"[372]라는 명칭에서 찾을 수 있다. 우줄라의 결혼식날의 묘사는 소설에서 한 장—제22장—전체를 차지하고 있으며, 당시 라이프치히에 살고 있던 아드리안은 누이의 결혼식에 참석하기 위해 부모님 댁이자 어린 시절 자신이 자란 고향인 부헬 농장을 방문한다. 결혼식이 끝난 후 아드리안은 며칠 더 부헬 농장에서 머무른 뒤 부모와 작별 인사를 하는데, 이것이 그가 아버지 요나탄 레버퀸을 보는 마지막 기회인 동시에, 그가 정신착란에 빠지기 전에 어머니 엘스베트 레버퀸을 보는 마지막 기회이다. 차이트블롬은 제22장의 끝에 이렇게 쓰고 있다:

> 그가 아버지에게—마지막으로, 그러나 그는 그것을 몰랐다—작별의 악수를 하고, 그의 어머니가 그에게 키스하는 모습이 내게는 눈에 보이는 것 같다. 〔……〕 그는 그녀에게 다시는 돌아가지 못할 것이었고, 돌아가기를 원하지도 않았다. 그녀가 그에게로 왔던 것이다.[373]

그러므로 우리는 또한, 우줄라가 1928년 죽어가는 아들 네포무크 때문에 파이퍼링으로 급히 달려온 때를 제외하면, 그녀의 결혼식이 그 이전에 아드리안이 그녀를 마지막으로 본 기회였다고 단정해도 과히 틀리지 않을 것이다. 그렇다면 그녀가 착란의 암흑 속으로 미

---

372) 같은 책, S. 663.
373) 같은 책, S. 259.

198

끄러져 들어가기 시작한 아드리안의 뇌리에, 비록 자기 자신의 신부는 아닐지라도 '어여쁜 신부'의 모습으로 남아 있는 것은 심리적으로 납득이 가는 일이다. 따라서 '나의 누이이자 어여쁜 신부'라는 표현은 어린 인어 아가씨에게보다도 우줄라에게 더 적합한 표현이라고 볼 수 있으며, 이도 역시 우줄라와 히피알타의 상징적 동일성의 가능성을 보여준다.

어린 인어 아가씨 히피알타는 언제나 '고통'의 모티프와 밀접한 관련 속에 등장하며, 악마는 아드리안의 두통을 "어린 인어 아가씨가 겪는 칼로 찌르는 듯한 고통의 시발점"[374]이라고 부른다. 그렇다면 아드리안이 누이의 결혼식날 내내 '두통'에 시달린다는 사실은 누이 우줄라와 어린 인어 아가씨의 관련성을 암시해준다고 볼 수 있다. 또한 우줄라 자신도 육체적 고통에 낯설지 않다. 아드리안은 이미 그녀의 웨딩드레스를 "수의," 그녀의 구두를 "죽음의 구두"[375]라고 부르지 않았던가? 결혼 후 연년생으로 세 아이를 낳은 후 우줄라는 폐첨 카타르에 걸리게 되어 몇 달간 하르츠 산 속의 요양소에서 지내게 되고, 그 이후에도 그녀의 기관지를 손상시키는 "잦은 감기"[376]에 시달리며, 막내 네포무크의 홍역을 간호한 후에는 폐병이 재발하여 다시 요양소로 가게 되는데, 이것이 네포무크가 파이퍼링의 아드리안에게로 오는 계기가 된다. 따라서, 아드리안이 어린 인어 아가씨를 "고난에 처한 누이"[377]라고 불렀다면 이것은 우줄라에게 알맞은 명칭이라고 할 수 있으며, 이 역시 우줄라와 어린 인어 아가씨의 중요한 공통점을 이룬다.

또한 어린 인어 아가씨가 여성의 다리와 남성을 상징하는 '꼬리'를

---

374) 같은 책, S. 313.
375) 같은 책, S. 249.
376) 같은 책, S. 609.
377) 같은 책, S. 457.

번갈아 가지는 양성적인 존재인 것처럼, 아드리안의 누이 우줄라도 양성적인 외모를 가지고 있다. 차이트블롬은 신부 우줄라가 "얼굴 모습에 있어서는 아버지를, 몸가짐으로 봐서는 어머니를 더 닮았다"[378]고 묘사하고 있다. 그로부터 18년 후 어린 아들의 죽음을 지켜 보기 위해 파이퍼링으로 달려온 그녀의 모습에 대해 차이트블롬은 다시 다음과 같이 관찰하고 있다:

> 이제 서른여덟살인 그녀의 비탄에 잠긴 모습에서 아버지 요나탄 레버퀸의 고독일풍의 용모가 이전의 그 어느 때보다도 강하게 나타 나서 나를 감동시켰다.[379]

따라서 우줄라의 양성 일체적 외모도 어린 인어 아가씨의 그것과 평행을 이루고 있다고 할 수 있다.

3. 맺는 말
― 금지된 사랑

이상에서 살펴본 바와 같이 어린 인어 아가씨는 헤테라 에스메랄 다와도, 그리고 아드리안의 누이 우줄라 슈나이데바인과도 깊은 공 통점들을 가지고 있다. 그녀가 둘 중 누구이든, 또는 그녀가 독자적 인 제삼자이든간에 그녀와의 사랑은 '금지된' 사랑의 특징을 포함하 고 있다. 그녀가 에스메랄다라면 그녀의 매독과 그에 따른 그녀의 '경고'로 인하여, 그녀가 우줄라라면 남매간의 근친 상간이라는 명 백한 이유에서, 그리고 어린 인어 아가씨가 독자적인 인물이라면 그

---

378) 같은 책, S. 247.
379) 같은 책, S. 635.

녀가 남근의 상징인 '꼬리'를 가진 양성 일체적 존재이므로 상징적 동성애가 될 것이기 때문에 그녀와의 사랑은 '금지된' 사랑이다. 또한 네포무크와 슈베르트페거에 대한 아드리안의 사랑은 동성애이기 이전에 악마가 아드리안에게 부과한 "너의 생은 차가워야 해. 그래서 너는 어떤 인간도 사랑해선 안 돼"[380]라는 조항에 의해 이미 금지된 사랑이다. 1953년 4월 2일자 일기에서 토마스 만은 그의 단편소설 「기만당한 여자」(1953)와 관련하여 "내가 '행복한 남편이자 6명의 아이들의 아버지'임에도 불구하고 내가 쓴 사랑의 이야기들은 모두 금지된 것과 치명적인 것의 범위에 속한다는 사실에 대한 [아들] 클라우스의 흥분"[381]을 언급하고 있다. 이 장에서 거론된 세 여성들, 즉 어린 인어 아가씨, 헤테라 에스메랄다, 우줄라 슈나이데바인이 모두 여성이면서 양성 일체 및 금지의 모티프와 밀접하게 관련되어 있다는 사실은 주목할 만하다. 동성애에 대한 토마스 만의 은밀하고도 깊은 관심은 『파우스트 박사』에서는 이처럼 '금지된 사랑'의 모습으로, 강도를 달리하는 여러 동성애적 모티프들과 함께 나타나고 있는 것이다.

---

380) 같은 책, S. 332.

381) Thomas Mann, *Tagebücher 1953~1955*, S. 43.

제5장

『사기꾼 펠릭스 크룰의 고백』에 반영된
토마스 만의 마지막 사랑

1. 들어가는 말

I. 『펠릭스 크룰』을 둘러싼 '시와 진실'

최근 이십여 년 간 출판되어 이제는 완간된 토마스 만의 일기는 만의 글들 중 의심의 여지 없이 가장 사적이고 비밀스러운 영역이며, 출판을 전제로 씌어진 수필이나 연설문들과는 비교할 수 없이 강한 고백적 성격을 가지고 있다. 특히 1991년에 출판된 1949년에서 1950년의 일기는 매우 흥미롭다. 왜냐하면 이 시기의 일기는 업적의 윤리가이자 청교도적 건실한 시민으로 이름 높던 당시 75세의 노작가 토마스 만의 매혹적인 이면, 즉 토마스 만의 정열적인 '마지막 사랑'의 체험을 묘사하고 있기 때문이다. 1950년 여름 취리히의 돌더 그랑 호텔에 머물고 있던 토마스 만은 당시 19세의 호텔 식당 웨이터 프란츠 베스터마이어와 사랑에 빠졌다. 이 사랑의 체험은 적어도 우리들, 즉 후세의 독자들에게는 토마스 만의 동성애적 판타지의 절정으로 여겨진다. 그 이유는 그 이전의 토마스 만의 동성애적 애정 체험들, 즉 아르민 마르텐스, 빌리 팀페, 파울 에렌베르크, 클라우스 호이저 등에 대한 사랑의 체험들은 현재 보존된 일기에서는 다만 과거의 일로 '회상'될 뿐이며, 따라서 열정이 극복되고 가라앉은 상태에서 언급되는 반면, 프란츠에 대한 사랑의 체험은 우리가 만의 일기장에서 '라이브'로 감상할 수 있는 유일한 애정 체험이기 때문이다.

토마스 만의 '시'와 '진실' 사이의 밀접한 관계는 최근에 만의 일기를 통하여 시사성을 얻게 되었다. 그러나 그렇다고 만의 문학 작품을 단순히 "직접적인 자기 고백서로 이해하는 것은 잘못일 것이다. 이 장에서는 토마스 만이 1950년 여름에 겪은, 프란츠에 대한 사랑의 체험이 만의 마지막 소설 『사기꾼 펠릭스 크룰의 고백』(1954)에 반영된 방식을 살펴보고자 한다. 이 소설의 자서전적 성격은 토마스 만 자신도 분명히 밝히고 있다. 즉 그는 1951년 10월 9일자 일기에서, "이 작품의 유일한 매력이, 내가 파우스트 소설에서 그렇게 했던 것처럼 나 자신의 삶을 그 안에 집어넣었다는 데 있기 때문에"[1] 소설 『사기꾼 펠릭스 크룰의 고백』을 자신이 즐겨 '회고록 Memoiren'이라고 부른다고 쓰고 있다.[2] 그런데 여기서 재미있는 것은 만이 자신의 프란츠 체험을 이 소설에서 두 가지 서로 다른 종류의 애정 관계에 나누어 반영했다는 사실이다. 이 두 가지 애정 관계란 주인공 펠릭스 크룰과 킬마녹 경(卿) 사이의 실패로 끝난 동성애적 관계와, 펠릭스와 우플레 부인 사이의 성공적인 이성애적 관계를 말한다. 이 장에서는 토마스 만의 프란츠 체험이 이 두 개의 애정 관계에 각기 어떻게 반영되어 있는지 살펴보고, 이러한 관계의 이분화가 동성애에 대한 토마스 만의 입장이란 관점에서 어떤 중요성을 지니는지 살펴보기로 하겠다.

---

1) Thomas Mann, *Tagebücher 1951~1952*, hrsg. von Inge Jens(Frankfurt am Main: Fischer, 1993), S. 117.
2) 같은 책, S. 116~17 참조. 토마스 만은 이 소설의 정식 제목을 『사기꾼 펠릭스 크룰의 고백. 회고록 제1부 *Bekenntnisse des Hochstaplers Felix Krull. Der Memoiren erster Teil*』라고 붙였다.

Ⅱ. 토마스 만의 '마지막 사랑'

1950년 4월말부터 8월말까지 토마스 만은 아내 카티아와 함께 유럽 전역에 걸친 강연 여행을 했다. 주목적지는 취리히였는데, 그곳에서 6월 6일에 토마스 만의 75회 생일을 기념하는 축하 파티가 열리기도 했다. 생일 축하 파티가 있은 다음날 카티아는 남편에게 자신이 산부인과 수술을 받아야 하며, 그 때문에 약 3주 동안 병원에 입원해야 한다고 털어놓았다. 그로부터 이틀 뒤 그녀는 딸 에리카와 함께 수술을 받기 위해 취리히의 히르스란덴 병원으로 갔다. 그로부터 일주일 후, 토마스 만과 딸 에리카는 그들이 당시에 묵고 있던 보르 오 락 호텔을 떠나 병원을 방문하기에 편리하면서도 가까운 위치에 있는 돌더 그랑 호텔로 숙소를 옮기기로 결심하였다.

물론 토마스 만은 취리히가 내려다보이는 숲으로 덮인 언덕들 위에 자리잡고 있는 이 호텔이 자신의 "마지막 사랑"[3]의 무대가 될 줄은 몰랐다. 그러나 이 호텔에 투숙한 지 이틀째 되던 날의 일기엔 벌써, 그에게 자필 서명을 해달라고 부탁한 뮌헨 출신의 "어여쁜" 웨이터에 대한 언급이 나온다.[4] 그 후 3주 동안의 토마스 만의 일기는 19세의 웨이터 프란츠 베스터마이어에 대한 토마스 만의 애정이 끝없이 깊어져가는 과정을 보여준다. 1950년 7월 8일자 일기에서 토마스 만은 자신이 "끊임없이 그〔프란츠〕만을 생각하고 〔그와의〕 만남들을 만들어보려고 시도하고 있다"[5]고 고백하고 있다. 토마스 만은 프란츠에게 '프란츨'이라는 애칭을 붙여주고, 그와 자주 대화를 나누었으며, 그렇게 함으로써 프란츠의 직업적 미래 계획들—예를 들어, 제네바의 한 호텔에서의 새 일자리를 얻을 계획 등[6]—에 대

---

3) Thomas Mann, *Tagebücher 1949~1950*, S. 220(1950년 7월 16일자 일기).

4) 같은 책, S. 205(1950년 6월 25일자 일기) 참조.

5) 같은 책, S. 212.

6) 같은 책, S. 219(1950년 7월 14일자 일기) 참조. 그러나 이 계획은 결국 이루어지지 않았다. 프란츠가 후에 토마스 만에게 보낸 편지에 따르면, 제네바의 호텔은 그가

해 알아내기도 했다. 7월 9일자 일기에는 다음과 같은 구절이 나온다: "그러니까 다시 한번 이것, 다시 한번 사랑, 한 사람에 대한 감동, 그의 마음을 얻으려는 깊은 노력 — 이런 것들은 25년 전 이래로 내겐 없었는데, 이제 다시 한번 내게 일어날 것이다."[7] 여정에 따라 질스 마리아로 떠나기 사흘 전에 토마스 만은 슬픔에 가득 차서 이렇게 적고 있다: "세상의 명성은 내겐 전혀 무가치하다. 더군다나 그(프란츠)의 미소 한번, 그의 시선, 그의 목소리의 부드러움에 비하면 그것은 얼마나 철저히 무가치한가!"[8] 그 다음날의 일기에는 이렇게 적혀 있다: "사랑하는 사람(즉 프란츠)을 생각하며 잠이 들었고, 역시 그를 생각하며 잠에서 깬다. '우리가 여전히 사랑 때문에 고통당하고 있었기 때문이다.' 75세가 되어서도 그렇게 한다. 다시 한번, 다시 한번!"[9] 떠나기 바로 전날 밤, 토마스 만은 일기에 다음과 같이 쓰고 있다: "영원히 안녕, 매혹적인 그대여, 고통스럽게 마음을 파고드는 뒤늦은 사랑의 꿈이여! 나는 얼마간 더 살고, 얼마간 더 일하고, 그런 뒤엔 죽을 것이다. 그리고 그대도 그대의 심오한 인생 행로에서 성숙해지고, 그런 뒤 언젠가는 저 세상으로 갈 것이다. 오오, 사랑 속에서 스스로를 긍정하는 이해할 수 없는 삶!"[10]

당장 와서 일하기를 원했던 반면, 돌더 그랑 호텔은 시즌이 끝날 때까지 그를 놓아주지 않았기 때문이다. 이 편지를 읽은 토마스 만은 한동안 자신이 개입하여 도와주지 못한 데 대한 양심의 가책을 느꼈다(Donald A. Prater, *Thomas Mann: Deutscher und Weltbürger*, S. 593 참조).

7) Thomas Mann, *Tagebücher 1949~1950*, S. 213.

8) 같은 책, S. 215(1950년 7월 11일자 일기).

9) 같은 책, S. 217. "우리가 여전히 사랑 때문에 고통당하고 있었기 때문이다"는 괴테의 『서동시집』에 나오는 구절이다(같은 책, S. 573, 1950년 7월 12일자 일기에 대한 주석 제6번 참조).

10) 같은 책, S. 219~20(1950년 7월 14일자 일기).

2. 『펠릭스 크룰』에 나타난 '마지막 사랑'의 흔적

I. 문헌학적 고찰

토마스 만의 중요한 삶의 체험들이 대부분 그랬던 것처럼, 이 사랑의 체험도 만의 작품 속에 반영되었다. 지금까지의 토마스 만에 관한 연구 논문들은[11] 이 사랑의 체험이 무엇보다도 토마스 만의 수필 「미켈란젤로의 성애」(1950)에 반영되어 있다고 보고 있다. 이 수필은 토마스 만이 프란츠와 작별한 직후, 그러니까 1950년 여름에 생 모리츠에서 쓴 것이다. 이 수필이 프란츠에 대한 만의 애정을 반영하고 있다는 사실은 일기에서 분명히 드러나며,[12] 또한 일기의 편집자인 잉에 옌스도 이 일기집의 서문에서 그러한 사실에 주의를 환기시키고 있다.

지금까지 발표된 연구 논문에서 『펠릭스 크룰』에서 발견되는 토마스 만의 프란츠 체험의 흔적이 거론된 적이 있긴 하지만, 그때마다 매번 킬마녹 경 에피소드에만 주의가 기울여졌다. 예를 들어 뵘은 킬마녹 경이 동성 연애자라는 이유로 서슴없이 그를 토마스 만의

---

11) 여기서 말하는 연구 논문들이란 물론 1991년 이후에 작성된 논문들만을 뜻한다. 왜냐하면, 프란츠에 대한 토마스 만의 사랑에 관한 기록이 포함된 일기장 제8권, 즉 1949년에서 1950년의 일기는 1991년에야 비로소 출판되었기 때문이다. 그러나 일기가 출판되기 이전에 이미 토마스 만 기록 보관소에서 이 일기의 원본을 참조할 수 있었던 극소수 연구자들의 논문은 예외가 될 것이다. 지금까지 천문학적 숫자의 토마스 만에 관한 논문들이 발표되었음에도 불구하고, 기묘하게도 1991년 이후에 발표된 『펠릭스 크룰』에 관한 연구는 손꼽을 정도에 불과하다.

12) Thomas Mann, *Tagebücher 1949~1950*, S. 223~36(1950년 7월 18일에서 8월 3일까지의 일기) 참조. 취리히를 떠나 질스 마리아를 거쳐 생 모리츠의 주브레타 하우스라는 호텔에 묵고 있던 토마스 만은 1950년 7월 30일자 일기에 "수필 「미켈란젤로의 성애」를 완성했다"고 기록하고 있으며, 또한 "차를 마신 후 에리카의 방에서, 프란츨 체험이 분명히 스며들어간 그 수필〔즉 「미켈란젤로의 성애」〕을 낭독하다"(같은 책, S. 232)라고 쓰고 있다.

"자화상"[13]이라고 지칭하고 있다. 또한 포이어리히트는 이미 1982
년에 토마스 만과 이 소설의 인물 우플레 부인 사이의 몇 가지 공통
점들을 언급했지만, 그는 당시에 아직 프란츠 에피소드가 포함된 토
마스 만의 일기를 몰랐고, 따라서 당연하게도, 펠릭스와 우플레 부
인의 에피소드와 토마스 만과 프란츠의 에피소드 사이의 연관성을
정립할 수 없었다.[14] "눈에 띄게 고상하고, 〔……〕 적당한 키에, 늘
씬하고, 극도로 단정한 옷차림을 하고 있으며, 아직도 상당히 숱이
많고 은회색으로 희끗희끗해진, 세심하게 가르마를 탄 머리에, 마찬
가지로 약간 희끗희끗해진, 끝을 짧게 자른 코밑 수염을 가진"[15] 외
로운 스코틀랜드의 성주(城主) 킬마녹 경이 이미 외모상으로 토마
스 만의 '자화상'임을 부인할 수는 없다.[16] 더 나아가서, 호텔 식당
웨이터인 펠릭스에 대한 킬마녹 경의 동성애적 정열과, 펠릭스의 거
절로 결국 실패하긴 했지만 펠릭스를 말동무이자 장래의 상속자로
서 자신의 성으로 데려가고자 하는 그의 시도도 역시 호텔 식당 웨
이터인 프란츠 베스터마이어에 대한 토마스 만의 정열적인 사랑과,
프란츠와의 성적인 접촉에 대한 토마스 만의 고통스런 단념을 연상
시킨다.[17] 그러나 언뜻 보았을 때 프란츠와 펠릭스의 가장 두드러진
공통점인 것처럼 보이는 웨이터라는 직업이 단순한 우연의 일치라
는 점을 고려할 때,[18] 이 두 애정 관계의 공통점은, 나이 지긋한 호

---

13) Karl Werner Böhm, *Zwischen Selbstzucht und Verlangen*, S. 25.

14) Ignace Feuerlicht, "Thomas Mann and Homoeroticism," pp. 95~96 참조.

15) Thomas Mann, *Gesammelte Werke*, 제7권, S. 480.

16) 로널드 헤이먼도 토마스 만과 킬마녹 경 사이의 외모상의 유사점에 대해 언급하
고 있다(Ronald Hayman, *Thomas Mann*, p. 585 참조).

17) 토마스 만과 킬마녹 경 사이의 그 이상의 공통점들은 다음의 글들에서 읽을 수 있
다: Klaus Harpprecht, *Thomas Mann*, S. 1907, 1988; Donald A. Prater, *Thomas
Mann: Deutscher und Weltbürger*, S. 671~72; Ronald Hayman, *Thomas Mann*, p.
169.

18) 펠릭스가 웨이터라는 직업을 가지게 될 것이라는 사실은 이미 이 소설의 원래 구

텔 손님이 젊은 호텔 직원에게 품는 동성애적 갈망이라는 피상적인 사실에 그친다. 따라서 이 장에서 강조되어야 할 것은 이 소설에서 일반적으로 토마스 만의 동성애와 관련된 점들이라기보다는 더 구체적으로 만의 프란츠 체험이 이 소설에 남긴 흔적일 것이다.

토마스 만의 프란츠에 대한 감정은 거의 전적으로 프란츠의 외모에 대한 매력에 국한된 것이었고, 프란츠의 내면적 가치와는 별 관계가 없었다. 이와 같은 사실은 젊은 남자들에 대한 노(老)토마스 만의 열정에 있어서 특징적인 점이기도 했다. 프란츠에 대한 그의 특별한 관심을 눈치챈 딸 에리카에게 토마스 만은 심지어 "잘생긴 푸들에게 갖는 호감과 별로 다를 게 없다"[19]고 말하기조차 했다. 토마스 만의 일기를 읽어보면, 프란츠의 외모 중 노작가를 가장 매혹시킨 부분이 '눈'이었다는 사실을 알 수 있다. 토마스 만은 일기에서 여러 번 프란츠의 아름답고 "약간 비스듬히 붙어 있는 갈색 눈"[20]에 대한 자신의 감탄을 표현하고 있다. 알프레드 노이만[21]과 그의 부인 키티에게 쓴 1950년 6월 30일자 편지에서 "여기[즉 돌더 그랑 호텔]에 세상에서 가장 사랑스런 눈을 가진, 뮌헨 또는 테거른제[22] 출신의 웨이터가 있습니다"[23]라고 쓰고 있다. 프란츠의 눈과 프란츠와의 시선 교환에 대한 토마스 만의 열광적 도취는 일기에서 여러 번 나

상에 속하며, 토마스 만이 프란츠를 처음 만나기 적어도 37년 전에 씌어진 소설의 제2권 제3장에서 펠릭스의 대부 쉬멜프레스터에 의해 발설된다(각주 53 참조할 것).

19) Thomas Mann, *Tagebücher 1949~1950*, S. 211(1950년 7월 7일자 일기).

20) 같은 책, S. 247(1950년 8월 15일자 일기).

21) 알프레드 노이만(1895~1952)은 독일 망명 작가로서 여러 해 동안 토마스 만의 가까운 이웃으로 로스앤젤레스에 살았으며, 1949년에 이탈리아의 플로렌스로 이주함으로써 유럽으로 되돌아갔다.

22) 테거른제는 뮌헨 근처의 호수이다.

23) Thomas Mann, *Tagebücher 1949~1950*, S. 567, 1950년 7월 3일자 일기에 대한 주석 제4번에 인용됨.

타난다:

   "얼마나 아름다운 눈인가!"[24]; "그의 눈은 너무나 아름답다"[25];
"세상의 명성은 내겐 전혀 무가치하다. 더군다나 그의 시선에
[……] 비하면, 그것은 얼마나 철저히 무가치한가!"[26]; "그의 눈웃음
의 매력은 형용할 수 없다"[27]; "나는 그의 신체에 대해서는 특별한
것을 상상하지 않으며, 그의 눈 때문에 [……] 그것[즉 프란츠의 신
체]을 다정하게 대할 것이리라"[28]; "그의 필체에는 그의 눈이 없을
것이다"[29]; "[그의] 아름다운 눈에 대한 [나의] 억제할 수 없는 매혹
당함"[30]; "이제 결정해야 할 중요 사항은, 그 사랑스런 눈을 다시 한
번 보기 위해 내가 돌더 호텔에서의 차(茶) 모임에 참석할 것인가의
문제이다"[31]; "그의 미소, 그의 눈. 결코 잊을 수 없을 것이다"[32];
"비몽사몽중에, 내가 마지막으로 사랑한 프란츨 W.와 [……] 작별의

---

24) 같은 책, S. 207(1950년 7월 3일자 일기).
25) 같은 책, S. 212(1950년 7월 8일자 일기).
26) 같은 책, S. 215(1950년 7월 11일자 일기).
27) 같은 책, S. 217(1950년 7월 13일자 일기).
28) 같은 책, S. 225(1950년 7월 19일자 일기).
29) 같은 책, S. 227(1950년 7월 20일자 일기). 토마스 만은 1950년 7월 15일 프란츠가
    일하는 돌더 그랑 호텔을 떠나 질스 마리아를 거쳐 당시 생 모리츠에 머물고 있었
    으며, 그곳에서 프란츠로부터의 답장을 기다리고 있었다. 만은 7월 17일 질스 마
    리아로부터 프란츠에게 편지를 쓴 바 있다(같은 책, S. 221~22 참조).
30) 같은 책, S. 227(1950년 7월 20일자 일기).
31) 같은 책, S. 239~40(1950년 8월 6일자 일기). 여기서 '차 모임'이란 당시 스위스
    에 망명해서 살고 있던 빈 출신의 작가 지그프리트 트레비츄와 만날 약속을 가리
    킨다. 토마스 만은 8월 9일 생 모리츠를 떠나 취리히로 향했으며, 도중에 인스브
    루크와 장크트 안톤에서 각각 하루를 묵은 후 8월 11일에 다시 취리히에 도착하여
    보르 오 락 호텔에 짐을 풀었고, 8월 15일 돌더 그랑 호텔의 식당에서 트레비츄와
    모임을 가졌으며, 이때 프란츠를 다시 보았다(같은 책, S. 246~47[1950년 8월 15
    일자 일기]).
32) 같은 책, S. 247(1950년 8월 15일자 일기).

키스를 하는 꿈을 꾸었다. 눈물로 글썽해진 그의 갈색 눈을 한번 들여다본 후에."[33]

알려진 바대로, 『펠릭스 크룰』에 대한 집필 계획은 "그의 작가로서의 이력의 처음부터 끝까지"[34] 토마스 만을 따라다녔다. 이미 1906년에 토마스 만의 작업 노트에는 "사기꾼"[35]이라는 작품 제목이 등장한다. 토마스 만은 1910년에 『펠릭스 크룰』의 집필을 시작했으나, 그 후 몇 번이나 중단과 집필 재개를 반복했으며, 그가 죽기 일년 전인 1954년에야 비로소—그것도 미완성인 채—이 소설이 출판되었다.[36] 토마스 만의 생전에 이 소설은 각 시점에서의 완성도에 따라, 여러 서로 다른 길이의 판(版)들로 출판되었고, 또한 일부분만이 단편으로 출판되기도 했다.[37] 이 장의 고찰의 대상은 그러니까

---

33) Thomas Mann, *Tagebücher 1951~1952*, S. 31(1951년 3월 6일자 일기). 이것은 토마스 만이 프란츠와 작별한 지 약 8개월 후 쓴 일기에 나오는 구절이다. 이때 토마스 만은 다시 캘리포니아의 퍼시픽 펠리세이즈의 집에 되돌아와 있었다.

34) Victor Lange, "Betrachtungen zur Thematik von *Felix Krull*," *Germanic Review*, 31(1956), S. 215.

35) Thomas Mann, *Notizbücher*, 제2권, S. 147.

36) 좀더 정확히 설명하면, 이 소설의 형성 시기는 크게 보아 두 단계, 즉 1910년 1월에서 1913년까지의 전단계와, 37년 후인 1950년 12월에서 1954년 4월까지의 후단계로 나눌 수 있는데, 이 두 단계 내에서도 각기 한 번씩 꽤 긴 작업 중단 기간이 있었으니, 그것은 바로 「베니스에서의 죽음」을 집필한 1911년 7월에서 1912년 7월까지와 「기만당한 여자」를 집필한 1952년 5월에서 1953년 3월까지다.

37) 이 소설은 토마스 만 생존시에 적어도 네 개의 서로 다른 판들로 출판되었다. 우선 1911년에는, 후에 최종판 제1권의 제5장을 이루게 될 뮐러 로제 에피소드만이 단편 형식으로 『스물다섯번째 해. S. 피셔 출판사의 연보(年報) *Das fünfundzwanzigste Jahr. Das Almanach des S. Fischer Verlages*』(Berlin: Fischer, 1911, S. 273~83)에 실려 출판되었다. 그리고 『사기꾼 펠릭스 크룰의 고백. 유년의 서(書) *Bekenntnisse des Hochstaplers Felix Krull. Buch der Kindheit*』라는 제목으로 1922년 빈, 라이프치히, 뮌헨에서 리콜라 출판사에 의해 간행된 두번째 판은 최종판을 기준으로 볼 때 제1권 끝까지 — 즉 펠릭스 아버지의 죽음까지 — 싣고 있다. 그리고 1923년 슈투트가르트의 도이체 페어락스안슈탈트 출판사에서도 같

210

이 소설 가운데서도 토마스 만이 프란츠를 알게 된 후에 집필된 부분이 될 것이다. 1950년 12월 24일, 토마스 만이 37년간의 중단을 깨고 『펠릭스 크룰』에 대한 작업을 재개하였을 때, 그는 곧바로 새로운 장(章)을 쓰기 시작한 것이 아니라, 우선 1937년에 이미 출판되었던 제2권 제4장을 수정하였다.[38] 그렇다면, 이 수정이 거의 전적으로 사람의 눈에 대한 예찬과 시각(視覺)의 중요성을 강조하는 방향으로 이루어졌다는 사실은 우연이 아니라고 필자는 믿는다. 예를 들어 토마스 만은 옛 텍스트의 일부를 삭제하고, 그 자리에 다음의 구절을 대신 집어넣었다:

은 판이 나왔다. 1937년 네덜란드의 크베리도 출판사에서 나온 세번째 판은 두번째 판에 비해 5장이 더 늘어 제2권 제5장까지 ― 즉 징병 검사를 다룬 장까지 ― 싣고 있다. 그리고 최종판은 『사기꾼 펠릭스 크룰의 고백. 회고록 제1부 *Bekenntnisse des Hochstaplers Felix Krull. Der Memoiren erster Teil*』라는 제목으로 1954년 피셔 출판사에서 출판되었다. 이 소설의 여러 판들에 대해서는 다음의 자료들을 참조할 것: Thomas Mann, *Selbstkommentare: "Königliche Hoheit" und "Bekenntnisse des Hochstaplers Felix Krull,"* hrsg. von Hans Wysling(Frankfurt am Main: Fischer, 1989), S. 57; Eva Schiffer, "Changes in an Episode: A Note on *Felix Krull," Modern Language Quarterly*, 24(1963), S. 257; Helmut Koopmann, "Bekenntnisse des Hochstaplers *Felix Krull," Thomas-Mann-Handbuch*, hrsg. von Helmut Koopmann, 제2판(Stuttgart: Alfred Kröner, 1995), S. 521~22.

38) 토마스 만의 일기가 그러한 사실을 확인해준다. 1950년 12월 26일 만은 일기에 다음과 같이 쓰고 있다: "기묘하게도, 40년이 지난 지금 다시 『사기꾼』에 대한 작업을 재개하다. 즉 징병 신체 검사 장면 전의, 중단된 제2부 제4장의 마지막을 손질하다"(Thomas Mann, *Tagebücher 1949~1950*, S. 312). 그런 뒤 1951년 1월 3일에 그는 "제2권 제4장에 대한 수정을 완료했음"(Thomas Mann, *Tagebücher 1951~1952*, S. 4)을 보고하고 있다. 참고로 말하면, 토마스 만이 1950년 12월 37년간의 중단 후 이 작품을 다시 쓰기 시작했을 시점에, 이 소설은 제2권 제6장까지 완료되어 있었다. 1937년에 나왔던 소위 '크베리도 판(版)'에는 제2권 제5장까지 포함되어 있었고, 제6장은 그때까지 출판되지 않은 원고로 남아 있었다. 다음의 논문은 소설의 제2권 제4장에 행해진 수정 작업에 대하여, 옛 텍스트와 수정된 텍스트를 비교해가며 설명하고 있다: Eva Schiffer, "Changes in an Episode: A Note on *Felix Krull," Modern Language Quarterly*, 24(1963), pp. 257~62.

시각적 관찰의 재능, 그것이 나[펠릭스]에겐 주어져 있었다. 그리고 그 재능은 이 시기엔 나의 전부였다. 물질적인 것, 즉 유혹적이면서도 가르침을 주는 세상의 진열품들이 그것의 대상을 이루고 있는 한, 이미 그것은 확실히 교육적인 재능이었다. 그러나 내가 주로 쏘다닌 대도시의 부촌(富村)이 관찰하도록 제공해주는 사람들의 모습을 바라보는 것, 그 모습들을 눈으로 삼키는 것은 얼마나 더 깊이 나의 감정을 사로잡는지! 그리고 그 모습들은 생명 없는 물건들과는 전혀 다른 방식으로, 열렬히 노력하는 청년[즉 펠릭스 자신]의 욕망과 주의력을 사로잡았다.[39]

그 밖에도 토마스 만은 이 장의 마지막에 두 개의 단락들을 덧붙였는데, 그것들은 수정된 최종판 제2권 제4장의 마지막을 이루고 있다. 그 중 첫번째 단락은 "사람의 눈"[40]에 대한 예찬이다. 토마스 만은 펠릭스의 펜을 빌려, 사람의 눈을 "모든 신체 기관 중의 보석"이라고 묘사하고 있으며, 눈이 "인간과 인간 사이에 놓여 있을 수 있는 모든 낯섦의 심연들을 극복하고 아름답고 영묘한 다리를 놓을 수 있다"[41]고 쓰고 있다. 그리고 마지막 단락에는 언어에 대한 평가 절하와 그와 상응하여 "무언의 원시 상태"[42]에 대한 예찬이 주요 내용을 이루고 있다. 이 "무언의 원시 상태"로의 회귀는 토마스 만에 의하면 '시선들'을 통해 이루어지는데, 이것은 "시선들이, 책임에서 벗어나, 꿈같은 음탕함 속에서 서로 결합하는" 상태라는 것이다.[43]

---

39) Thomas Mann, *Gesammelte Werke*, 제7권, S. 344.

40) 같은 책, S. 348.

41) 같은 책, 같은 곳.

42) 같은 책, S. 349.

43) 같은 책, S. 349. 여기서 펠릭스가 언어를 거부하고 '시선'을 예찬하는 것은 후에 일어나는 "곧이곧대로 말해야 한다는"(같은 책, S. 631) 추추 Zouzou의 원칙에 대항한 펠릭스의 '사랑'에 대한 변호의 선취라고 볼 수 있다. 펠릭스는 그때 사랑을 다음과 같은 말로 묘사한다: "무슨 일이 벌어질까요? 떨어져 있던 두 개의 시선이 여느

프란츠의 아름다운 눈에 대한 깊은 인상과 추억이, 토마스 만이 소설 제2권 제4장을 이렇게 수정하게 된 동기라고 생각된다.

Ⅱ. 우플레 부인과 펠릭스: 토마스 만과 프란츠

이 소설 중 특히 1910년에서 1913년까지의 초기 집필 단계에서 씌어진 부분에서는 주인공 펠릭스 크룰이 여러 가지 점에서 작가 토마스 만 자신을 모델로 그려져 있음을 독자들은 어렵지 않게 알아챌 수 있다. 코프만이 언급하고 있듯이, 토마스 만은 소설의 주인공에 대한 묘사를 통하여 "비밀스런 동시에 폭로적으로, 자기 자신에 대한 묘사를 제시했다."[44] 토마스 만과 마찬가지로 펠릭스도 사업가의 집안에서 태어났고, 역시 만의 경우처럼 소년 시절에 가족 기업의 해체와 아버지의 죽음을 겪는다. 펠릭스의 아버지와 마찬가지로 토마스 만의 아버지도 죽기 수년 전부터 자신의 사업의 진척에 대해 더 이상 큰 기쁨을 느끼지 못했었다.[45] 주인공 펠릭스와 작가 토마스 만은 또한 학교를 혐오하고, 별로 자발적이라고는 할 수 없는 방식으로 학교를 중도에서 그만둔다는 공통점도 가지고 있다.[46] 펠릭

때는 전혀 있을 법하지 않은 방식으로 서로 만나지요. 깜짝 놀라고 세계를 잊은 채, 당황해서, 그리고 그들(즉 그 두 시선들)이 모든 다른 시선들과는 완전히 상이하다는 사실에 대한 수치감으로 약간 흐려진 채, 그러나 세상의 무엇으로도 그들을 이 상이함으로부터 떼어놓을 수는 없는 상태로, 그들은 서로의 내부로 침잠하지요. (……) 사람들은 일상적인 언어로 이것저것에 대해 함께 얘기하지요. 그러나 이것도 저것도, 일상적인 언어와 마찬가지로 거짓말이랍니다"(같은 책, S. 640). 펠릭스의 이러한 사랑에 대한 변호가 훌륭한 '언어적' 성과라는 사실은 아이러니다.

44) Helmut Koopmann, *"Bekenntnisse,"* S. 526. 또한 뵘과 헤이먼도 비슷한 주장을 내놓고 있다(Karl Werner Böhm, *Zwischen Selbstzucht und Verlangen*, S. 317~18; Ronald Hayman, *Thomas Mann*, p. 581 참조).

45) Thomas Mann, *Gesammelte Werke*, 제11권, S. 100 참조.

46) 토마스 만이 자전적 수필 「인생 스케치」에서 주장한 바에 따르면, 그는 학교를 혐오했고, 고등학교 7학년으로 올라갈 때까지만 학교에 다녔다(같은 책, S. 99 참조).

스가 말하는 "어린 시절부터 내게 특징적이었던, 잠에 대한 비범한 소질과 재능"[47] 역시, 바로 토마스 만 자신의 특징이다.[48] 소년 시절의 토마스 만이 그랬던 것과 꼭 마찬가지로,[49] 어린 펠릭스도 자주 자신이 "18세의, 카를이란 이름의 왕자라고"[50] 상상한다. 펠릭스와 토마스 만은 또한 음악에 대한 사랑도 공유한다. 음악과의 첫 접촉은 두 사람에게 모두 어린 시절 집에서 가까운 해수욕장에서—즉 라인가우 출신의 펠릭스는 랑엔슈발바흐에서, 뤼벡 출신의 토마스 만은 트라베뮌데에서—보낸 여름 휴가중 일어난다.[51]

이 소설 가운데 1910년에서 1913년 사이에 씌어진 부분에서는 펠릭스의 소년 시절에 대한 묘사가 토마스 만 자신의 소년 시절과 유사한 반면, 1950년대에 씌어진 소설의 후반부에서는 펠릭스의 토마

---

47) Thomas Mann, *Gesammelte Werke*, 제7권, S. 270.

48) 소설에서 위의 인용문 바로 뒤에 연이어 나오는, "나는 울보나 정신을 어지럽히는 아이가 아니라 조용한 아이였으며, 유모들이 돌보기 편할 정도로, 잠자거나 졸기를 좋아했다고 사람들은 내게 말해주었다"(같은 곳)라는 구절은 토마스 만 자신의 수필 「달콤한 잠」(1909)에서 그대로 인용한 것이다(Thomas Mann, *Gesammelte Werke*, 제11권, S. 334 참조).

49) 같은 책, S. 328 참조.

50) Thomas Mann, *Gesammelte Werke*, 제7권, S. 489.

51) 『펠릭스 크룰』에는 다음과 같은 묘사가 나온다: "음악은 나를 매혹시킨다. 〔……〕 나는 이 몽상적인 예술의 열광적인 애호가다. 어린아이였을 때 이미 나는, 근사하게 제복을 차려입은 악단이, 집시 같은 용모를 한 키 작은 지휘자의 지휘에 따라 혼성곡들과 오페라곡들을 연주하고 있는 아름다운 대형 천막에서 몸을 뗄 줄 몰랐다. 여러 시간 동안 나는 음향의 우아하고 질서 있는 윤무에 마음을 빼앗긴 채 그 우아한 예술의 사원의 계단 위에 웅크리고 앉아 있었던 것이다"(같은 책, S. 280). 이 구절은 토마스 만의 연설 '정신적 삶의 형태로서의 뤼벡'(1926)에 나오는 다음의 구절과 상응한다: "트라베뮌데 〔……〕 그리고 〔……〕 그곳의 음악 사원! 그 안에는 머리가 길고 집시 같은 용모의 키 작은 지휘자 헤스가 자신의 악단과 함께 연주하고 있었다. 나는 여름의 사향목 향기 속에서 그 사원의 계단 위에 웅크리고 앉아서, 음악, 처음 듣는 오케스트라 음악을—그것이 어떤 음악이었든지간에—지칠 줄 모르고 내 영혼 속으로 받아들였다"(Thomas Mann, *Gesammelte Werke*, 제11권, S. 388).

스 만적 특징들이 뚜렷이 약화된다. 펠릭스 대신 이제는 두 명의 다른 토마스 만 자신의 '투사 인물들Projektionsfiguren'—즉 킬마녹 경과 우플레 부인—이 등장하게 되며, 반면에 펠릭스는 점점 더 프란츠 베스터마이어의 특징들을 물려받게 된다. 펠릭스와 프란츠는 둘다 육체적 아름다움, 성적 매력, 그리고 "직업적 노련함"[52]을 특징으로 지닌다. 그러나 그들 사이의 가장 중요한 연결점은, 그들이 토마스 만 또는 토마스 만의 문학적 투사 인물들의 사랑의 대상이라는 점이다.[53]

오늘날의 관점에서 볼 때 명백한 토마스 만과 킬마녹 경 사이의 유사점들 이외에, 프란츠 베스터마이어에 대한 토마스 만의 내면적

---

52) Thomas Mann, *Tagebücher 1949~1950*, S. 213(1950년 7월 9일자 일기). 토마스 만은 일기에서 프란츠의 웨이터로서의 숙련된 접대 솜씨를 칭찬하고 있다: "그[프란츠]는 공손하고 우아하게 접대했으며, 자신의 공손하고 우아한 태도에 직업적인 자부심을 가지고 있었다"(같은 책, S. 216[1950년 7월 12일자 일기]). 펠릭스도 역시 웨이터가 되자마자 손님들에게 너무 인기가 높았기 때문에, 세인트 제임스 앤드 올버니 호텔의 수석 웨이터이자 펠릭스의 상관인 헥토르는 곧 자신의 위치가 흔들리는 것을 느낀다(Thomas Mann, *Gesammelte Werke*, 제7권, S. 471 참조).

53) 헤이먼은 그가 프란츠와 펠릭스의 관계를 언급할 때마다 이 두 사람의 공통점을 웨이터라는 직업에서 찾는다(Ronald Hayman, *Thomas Mann*, pp. 581, 584, 588 참조). 그러나 그것은 웨이터라는 펠릭스의 새로운 직업이 무엇보다도 프란츠에 기인한다는 잘못된 인상을 줄 우려가 있다. 앞에서 언급되었듯이, 펠릭스가 장차 호텔 웨이터가 될 것이라는 사실은 소설의 원래 계획의 일부이며(Hans Wysling, *Dokumente und Untersuchungen: Beiträge zur Thomas Mann-Forschung*, München: Francke, 1974, S. 150 참조), 토마스 만이 프란츠를 만나기 적어도 37년 전에 씌어진 제2권 제3장에서 이미 구체적인 호텔 이름까지 거론되고 있다. 제2권 제3장에서 펠릭스의 대부 쉬멜프레스터는 펠릭스의 아버지의 자살로 인해 가장(家長)을 잃은 펠릭스의 가족들을 모아놓고 장래의 생계를 위한 직업적 조언을 해주는데, 그는 펠릭스에 대해서는 다음과 같이 제안한다: "제 생각에, 그[펠릭스]의 경우에 가장 유망한 장래의 가능성을 제공해주는 것은 호텔 경력, 즉 웨이터로서의 경력인 것 같습니다. [……] 저는 파리에 있는 세인트 제임스 앤드 올버니 호텔의 지배인과 편지를 [……] 교환했는데, [……] 그는 제가 파리에 있을 때 사귀게 된 절친한 친구지요"(Thomas Mann, *Gesammelte Werke*, 제7권, S. 333).

관계를 심원하게 반영하고 있는 것은 이 소설에서 무엇보다도 우플
레 부인의 펠릭스에 대한 애정이다. 우플레 부인은 토마스 만과 마
찬가지로 작가이며, 역시 만과 마찬가지로 외로운 호텔 투숙객으로
서 호텔 급사인 펠릭스에게 성적인 매력을 느낀다. 그러나 토마스
만과 우플레 부인의 가장 중요한 공통점은 그들의 특수한 성적 기호
이다. 그들은 둘 다 "비교할 수 없는, 이 세상의 어떤 것에 의해서도
능가당하지 않는 젊은 남성들의 매력"[54]의 숭배자이며, 젊은 청년의
아름다움이 여성의 아름다움을 훨씬 능가한다고 확신하고 있다. 토
마스 만은 일기에 다음과 같이 쓰고 있다: "'신과 같은 청년'이 자아
내는 경탄은 모든 여성적인 것을 훨씬 능가하고, 동경을 불러일으키
며, 세상의 어떤 것과도 비교할 수 없다는 사실은 내겐 자명한 일이
다."[55] 이 일기장 구절은 "현상의 세계에서 그 어떤 것도, 젊은 남성
의 매력과 견줄 수 없다"[56]는 우플레 부인의 주장과 일치한다. 그녀
는 펠릭스에게 말한다: "우리 여자들은, 우리 몸의 둥근 부분들이
너희들의 마음에 그렇게 든다는 사실이 다행이라고 할 수 있어. 그
러나 신적인 것, 창조의 걸작품, 미(美)의 입상은 바로 너희들, 즉
헤르메스의 다리를 가진 젊은, 아주 젊은 남자들이지."[57]

　일기에는 토마스 만의 소년애(小年愛)적 경향이 뚜렷이 드러나
있다. 만은 자주 자신의, "'신과 같은 소년'에 대한 병적인 열광"[58]
을 일기에서 표현하고 있다. 예를 들어 1950년 8월 6일에 그는 "'신
과 같은 소년'에 대한 동경을 [……] 더 이상 견딜 수 없기 때문에
거의 죽고 싶은 욕망"[59]을 느낀다고 쓰고 있다. 토마스 만과 똑같은

---

54) Thomas Mann, *Tagebücher 1949~1950*, S. 239(1950년 8월 6일자 일기).

55) 같은 책, S. 257~58(1950년 8월 28일자 일기).

56) Thomas Mann, *Gesammelte Werke*, 제7권, S. 446.

57) 같은 책, S. 444.

58) Thomas Mann, *Tagebücher 1949~1950*, S. 239(1950년 8월 6일자 일기).

59) 같은 책, 같은 곳.

심정에서 우플레 부인도 또한 자신의 소년애적 경향을 고백한다:

> 잘못된 것이라고 해도 좋아. 그러나 난, 얼굴에 온통 수염이 뒤덮이고, 가슴에도 털이 잔뜩 난 다 자란 남자, 성숙하고 게다가 유명하기까지 한 남자는 끔찍하게 싫어. 그런 남자는 끔찍해! 〔……〕 오로지 너희들 소년들만을 나는 옛날부터 사랑해왔단다. 13세의 소녀였을 때 나는 14, 15세의 소년들에게 홀딱 반했었지. 내가 반한 타입은 나와 내 나이가 늘어남에 따라 약간 더 나이가 올라가긴 했지만, 그것은, 나의 취향은, 나의 감각의 동경은, 18세를 넘어가지는 못했단다……[60]

토마스 만의 소년애적 ‘동성애’에 비하면, 어린 청년들에 대한 우플레 부인의 동경은 그렇게까지 도착(倒錯)적인 것은 아니지 않은가라고 독자들은 반문할지 모르겠다. 그러나 우플레 부인의 성적 취향은 일반적으로 남성간의 동성 연애의 전형으로 알려진 특징들을 나타내 보이고 있다. 예를 들어 아주 어린 청년들에게만 성적 흥미를 느끼는 그녀의 소년애적 경향은 포이어리히트가 관찰하고 있듯이, 40세의 여자에게는 매우 드물지만, 동성 연애자 남성들에게는 상당히 흔하다.[61] 그 밖에도 자신의 소년애에 대한 우플레 부인의 묘사는 동성애를 “성적 유미주의”로, “생식 불능, 무가망성, 무결과, 무책임의 의미에서의 ‘자유로운’ 사랑”[62]으로 보던 토마스 만의

---

60) Thomas Mann, *Gesammelte Werke*, 제7권, S. 445.

61) Ignace Feuerlicht, "Thomas Mann and Homoeroticism," p. 95 참조. 우플레 부인과 펠릭스 사이의 관계의 저변에는 동성애적 저류가 감지되며, 펠릭스에 대한 우플레 부인의 애정 관계가 "예의상의 이유에서 문학적으로 이성애로 바뀐 동성애" (Ignace Feuerlicht, *Thomas Mann und die Grenzen des Ich*, Heidelberg: Carl Winter Universitätsverlag, 1966, S. 157~58)라는 포이어리히트의 주장은 후에 올바름이 입증되었다. 포이어리히트는 이와 같은 주장을 1982년에 발표한 논문 "Thomas Mann and Homoeroticism"에서도 되풀이하고 있다.

62) Thomas Mann, *Gesammelte Werke*, 제10권, S. 197.

동성애관과 많은 공통점을 지니고 있다. 우플레 부인은 소년애를 다음과 같이 묘사한다:

그러나 새파랗게 젊은 남자들만을, 소년으로서의 남자들만을 사랑한다는 것은 여자에게 있어선 물론 슬프고 고통스런 일이지. 그것은 슬프고, 비이성적이고, 인정받지 못하고, 실용적이지 못한 사랑이야. 그것은 삶을 위한 사랑도 결혼을 위한 사랑도 아니지. 미(美)와는 결혼할 수 없는 법이거든.[63]

그러니까 도착성(倒錯性) 이외에도 생식 불능, 결혼 불가능성, 삶과 세상에 대한 무용성(無用性)이 우플레 부인의 소년애에 대한 견해와 토마스 만의 동성애관 사이의 연결점을 이루고 있다.[64]

일기에서만큼은 토마스 만은 아무런 거리낌이나 제약 없이 자신의 동성애적 동경을 인정하고 있다. 그러나 바깥 세계로부터는 그는 자신의 동성애를, 그가 결혼을 통해서 바깥 세계를 향해 구축한 가부장적인 외관 뒤에 감추었다. 토마스 만의 이러한 성적 이중 생활은 소설 속에서 우플레 부인의 이중 이름을 통하여 상징화되어 있는데, 그녀의 이중 이름은 또한 그녀 자신의 이중적 존재 양식을 시사해주기도 한다. 작가로서 그녀는 처녀 때 이름인 디안 필리베르라는 필명으로 글을 쓴다.[65] 그러나 그녀의 공식적인 이름은 '우플레 부

---

63) Thomas Mann, *Gesammelte Werke*, 제7권, S. 445~46.

64) 이러한 관점에서 볼 때, 토마스 만이 자신의 문학 작품들에서 동성애를 흔히 병 또는 죽음과 연관시킨 것은 주목할 만한 사실이다(Robert Tobin, "Das offene Geheimnis" 참조).

65) '디안 Diane'이라는 이름은 그리스의 여신이자 아폴로의 쌍둥이 여자 형제인 '디아나 Diana'의 프랑스어 형태이다. 이 명명(命名)은 이 소설에 신화적 배경을 제공해준다. 펠릭스를 처음으로 '헤르메스'라고 부르는 사람이 디안이라는 사실도 우연이 아니다(Thomas Mann, *Gesammelte Werke*, 제7권, S. 444 참조). 디안의 신화적 의미에 대해서는 다음을 참조할 것: Donald F. Nelson, *Portrait of the Artist as*

인'인데, 그것은 그녀가 부유한 변기 제조업자인 우플레 씨와 결혼했기 때문이다. 그러나 그녀의 결혼은 그녀 자신의 묘사에 의하면 텅 빈 겉치레일 뿐이며, 건실하고 정상적인 생활을 하는 것처럼 꾸미기 위한 수단일 따름이다. 그녀의 남편과 그녀는 둘 다 혼외 관계에 몰두한다.

토마스 만은 프란츠에 대한 자신의 사랑을 불확실성과 불확정성을 전제로 파악하고자 했다. 즉 그의 견해에 따르면, 그것은 엄격하고 좁은 의미에서 이 한 사람, 즉 프란츠에게로만 향한 사랑이 아니라, 젊은 남자들 전체에 대한 자신의 사랑의 한 현상일 뿐이었다. 예컨대 1951년 3월 6일의 일기에 그는 이렇게 쓰고 있다: "비몽사몽 중에, 내가 마지막으로 사랑한 프란츨 W.에게, *내가 숭배하는 인종* 〔즉 젊은 남자들〕 *전체의 대표자로서* 작별의 키스를 하는 꿈을 꾸었다."[66] 토마스 만의 경우와 마찬가지로, 우플레 부인의 정열도 전적으로 펠릭스 한 사람에게만 고정되어 있는 것이 아니라, 그녀는 "분명히 〔젊은 남자들이라는 인간의〕 장르 전체에 통괄적으로 관심을 가지고"[67] 있다. 펠릭스는 그녀에게 있어서 이 장르의 한 우연한 예에 지나지 않는다. 이러한 사실은 펠릭스의 면전에서 그녀가 내뱉는 사랑에 취한 독백에서, 한 사람의 상대방—즉 펠릭스—을 고정적으로 지칭하는 '너du' 또는 '너를dich'이라는 대명사가 자주, 이 경우에는 불확정적인 의미의 복수 형태인 '너희들ihr'과 '너희들을euch'로 변화한다는 사실에서도 나타난다:

    Hermes: A Study of Myth and Psychology in Thomas Mann's "Felix Krull"(Chapel Hill: The University of North Carolina Press, 1971), pp. 45~56; Friedrich Dieckmann, "Felix Krulls Verklärung: Zum zweiten Teil der *Bekenntnisse*," *Sinn und Form*, 19(1967), S. 913~14.

66) Thomas Mann, *Tagebücher 1951~1952*, S. 31.

67) Thomas Mann, *Gesammelte Werke*, 제7권, S. 490.

사랑하는 이여, 내가 감정을 느끼게 된 이래로 너만을, 언제나 너만을 사랑했다고 하면, 너는 믿겠니? 물론 꼭 집어서 네가 아니라, 너라는 이념을, 네가 구현하고 있는 우아한 순간을 말이야. 〔……〕 너희들 소년들만을 나는 옛날부터 사랑했단다.[68]

사랑하는 이여, 너도 또한 곧 늙어서 무덤으로 갈 것이지만, 그것이 내게는 위안이요 내 마음의 청량제로다. 미(美)의 짧은 행복, 우아한 무상(無常), 영원한 순간이여, 너희들은 언제나 있을지어다![69]

우플레 부인과 토마스 만의 또 한 가지 공통점은 그들이 자신의 연인들을 자신의 글들 속에 기림으로써 불멸화한다는 점이다. 이 소설의 우플레 부인에 관한 장(章)—즉 제2권 제9장—은 우플레 부인의 다음과 같은 말로써 끝난다:

안녕, 아르망![70] 영원히, 영원히 안녕, 나의 우상이여! 너의 디안을 잊지 말아. 왜냐하면, 자, 생각해봐, 그녀 안에서 네가 계속 살아 있을 테니까. 수많은 세월이 흐른 후, 시간이 너를 소멸시켜버리더라도, 이 마음은 너의 축복받은 순간 속에서 너를 기억하리니. 그래, 무덤이 우리를 덮을 때, 나도 그리고 너도 덮어버릴 때, 아르망, 너는 나의 시들과 아름다운 소설들 안에 살아 있을 거야. 그 글들은 모두 —세상에는 절대로 알리지 마라!—너희들의 입술로 키스되어 있어. 안녕, 사랑하는 이여, 안녕……[71]

---

68) 같은 책, S. 445.

69) 같은 책, S. 446.

70) 펠릭스는 호텔에서 선임자의 이름을 물려받아 '아르망'이라고 불린다.

71) Thomas Mann, *Gesammelte Werke*, 제7권, S. 450. 1954년 1월 14일에 토마스 만은 막내딸 엘리자베트를 위해 우플레 부인을 다룬 장을 낭독했는데, 그날 일기에서 그는, 추측건대 프란츠에 대한 자신의 과거의 정열을 생각하며, 이 구절을 다시

토마스 만의 일기에도, 그의 글들 속에 영원화되어 있는 그의 연인들의 행렬이 언급된다. 1950년 7월 11일자 일기에서 토마스 만은 프란츠에 대해 다음과 같이 언급하고 있다: "그[프란츠]는 어떠한 '문학사(文學史)'도 전하지 않을 행렬, 즉 클라우스 호이저를 거쳐서 죽음의 영역 속에 있는 자들인 파울, 빌리, 아르민에까지 이르는 그 행렬 속에 이제 속하게 되었다."[72] 잘 알려진 바대로 프란츠에 대한 토마스 만의 사랑의 산물인 수필 「미켈란젤로의 성애」는 다음의 미켈란젤로의 시구를 인용함으로써 끝난다: "너희들의 숨결 속에서 나의 언어는 형성된다."[73] 토마스 만은 미켈란젤로의 이 시구를 너무나 가슴 깊이 새긴 나머지 그것을 여러 차례 일기에 되풀이하여 인용하고 있다.[74] 그리고 1950년 7월 16일자 일기에는 다음과 같은 구절이 나온다:

　나의 '마지막 사랑'에 대한 생각은 나의 마음을 지속적으로 가득 채워주고, 내 삶의 모든 근본들과 배경들을 불러 일깨운다. 첫 대상이었던 아르민은 [……] 『토니오 크뢰거』에, 빌리는 『마의 산』에 파울은 파우스트에 살아 있다. 이 모든 열정들은 그 어떤 영원화(永遠化)를 얻었다. 내게 가장 많은 것을 허용해준 클라우스 호이저에게는

한번 적고 있다: "저녁에 메디[즉 엘리자베트]를 위해 우플레 부인에 관한 장을 낭독하다. 그렇게까지 뻔뻔스런 이야기는 전혀 아님. 그러나 내가 나 자신에게 되풀이하는 것은 다음 구절이다: '너는 나의 시들과 아름다운 소설들 안에/살아 있을 거야./그 글들은 모두— 세상에는 절대로 알리지 말아! —/너희들의 입술로 키스되어 있어./안녕, 사랑하는 이여, 안녕!'"(Thomas Mann, *Tagebücher 1953~1955*, S. 170[1954년 1월 14일자 일기]).

72) Thomas Mann, *Tagebücher 1949~1950*, S. 216.

73) Thomas Mann, *Gesammelte Werke*, 제9권, S. 793.

74) Thomas Mann, *Tagebücher 1949~1950*, S. 228(1950년 7월 21일자 일기); S. 255(1950년 8월 25일자 일기) 참조.

암피트리온에 관한 수필[75]의 서문이 속한다.[76]

우플레 부인의 에피소드를 다룬 제2권 제9장에는 또한 다음과 같은 사건이 묘사된다. 당시 엘리베이터 보이로 근무하던 펠릭스는 막 쇼핑에서 돌아오는 우플레 부인에게 엘리베이터 안에서 처음으로 말을 건넨다. 그러고는 엘리베이터를 그냥 내버려둔 채 그녀의 방까지 짐을 날라준다. 자신의 방에 들어서자 우플레 부인은 펠릭스를 유혹하고, 펠릭스는 지금은 근무중이라 곧 가야 하지만 11시에 근무가 끝나면 그녀에게 다시 오겠다고 약속한다. 그러자 그녀는 그에게 "깊은 키스, 비상한 구속력을 지닌 담보가 되기에 충분할 만큼 깊은 키스"[77]를 한다. 같은 날 저녁 펠릭스는 다른 손님들과 함께 엘리베이터에 그녀를 태우고 식당으로 내려가게 되는데, 이때 그녀는 그를 완전히 무시한다: "그녀가 나를 못 본 척할 때의 그 완벽한 태도를—그것도 그렇게 깊은 키스를 나눈 후에!—나는 감탄하지 않을 수 없었다."[78] 이 사건 역시 토마스 만의 일기의 한 부분과 연관지어 생각할 수 있다. 1950년 7월 11일, 토마스 만은 상심한 채 일기에 이렇게 쓰고 있다: "나를 매혹시킨 그〔프란츠〕의 얼굴을 엘리베이터를 타고 내려오다가 한번 흘끗 보았다. 그는 나에 대해 아무런 관심이 없었다. 나의 〔그에 대한〕 흥미에 대한 그의 관심은 사라진 것처럼 보인다."[79] 토마스 만은 이 사건을 소설에서 반대로 묘사함으로써 프란츠에게 은밀히 보복하고 있는 것인지도 모른다.

---

75) "암피트리온에 관한 수필"이란 토마스 만의 연설 "클라이스트의 '암피트리온.' 어떤 재정복"(1927)을 가리킴.

76) Thomas Mann, *Tagebücher 1949~1950*, S. 220~21.

77) Thomas Mann, *Gesammelte Werke*, 제7권, S. 438.

78) 같은 책, S. 439.

79) Thomas Mann, *Tagebücher 1949~1950*, S. 215.

3. 맺는 말
―『펠릭스 크룰』에 나타난 동성애에 대한
토마스 만의 모순적 태도

우리가 이 장에서 관찰했듯이 1950년 여름에 일어났던 토마스 만의 사랑의 체험은 『펠릭스 크룰』에 반영되어 있다. 그런데 앞에서도 언급되었듯이, 이 체험이 이 소설에서 두 개의 서로 다른 애정 관계, 즉 펠릭스와 우플레 부인 사이의 성공적으로 이루어진 이성애적 관계와, 펠릭스와 킬마녹 경 사이의 실패한 동성애적 관계로 나누어져 묘사된 사실이 눈에 띈다. 이러한 이중적 반영 양식은 동성애에 대한 토마스 만의 은밀하고 사적인 입장과 공적인 입장 사이의 불일치를 암시한다고 필자는 생각한다. 만의 일기가 말해주고 있듯이, 토마스 만은 자신의 강한 동성애적 성향을 뚜렷이 인식하고 받아들였다. 그럼에도 불구하고, 예컨대 그의 장남 클라우스 만이 그랬던 것처럼 연설이나 수필, 인터뷰 등에서 자신이 동성 연애자임을 공공연히 세상에 밝힌다는 생각은 토마스 만에게는 전혀 고려의 대상이 되지 않았다. 비록 그가, 특히 1920년대에 몇 차례나 동성애에 대해 공적인 글을 통하여 의견을 표명하긴 했지만,[80] 그때마다 그는 동성애가 인간적으로 충분히 이해할 수 있는 문제이지만 직접 자신과는 관계가 없는 문제라는 듯한 제삼자의 자세를 일관되게 고수했다. 토마스 만이 자신의 동성애적 동경의 현실적 충족 가능성을 모두 배제하였다는 것은 사실상 슬픈 일이었다. 만의 일기에는 동성애적 욕망과 관련하여 자주 "체념"[81]이라든가 "잊기, 그리고 고통을 견뎌내

---

80) 연설 '독일 공화국에 관하여'(1922)와 수필 「결혼에 관하여」(1925)를 예로 들 수 있다.

81) Thomas Mann, *Tagebücher 1949~1950*, S. 235(1950년 8월 2일자 일기).

기"[82] 등의 표현들이 등장하며, 1950년 8월 16일에는 "실제적 결합
과 포옹의 행복은 〔그 실현 여부가〕 매우 의심스러움"[83]이라는 구절
이 나온다. 그가 스스로에게 강요한 욕망의 실현 불가능성을 통하여
토마스 만의 성적 동경은 평생 실현되지 않은 채 '동경'으로만 머물
렀는데, '동경 Sehnsucht'이란 단어를 토마스 만은 "내가 가장 좋아
하는 단어, 나의 성스러운 단어, 나의 주문(呪文), 세계의 비밀을 여
는 나의 열쇠"[84]라고 부르고 있다. 그러나 이 고통으로 가득 찬 동경
이야말로 그의 문학적 창작의 진정한 원동력이 되었다.[85] 토마스 만
은 자신의 문학적 업적이 인간적 행복이라는 대가를 치르고서야 이
룰 수 있다는 사실, 그리고 자신의 동성애적 정열과 사랑의 번민이
"문학 창작을 통해서만 견딜 만하게 해소될 수 있다"[86]는 것을 명확
히 알고 있었다. "행복의 대용품으로서의 일에의 복귀. 그래야만 하
는 것이다. 그것이 모든 천재들의 운명(그리고 근원?)이다"[87]라고
토마스 만은 프란츠와의 임박한 이별을 앞두고 체념적으로 일기에
쓰고 있다.

　토마스 만에게 있어서 문학은, 현실에서 억압된 그의 성적 충동을
시적으로 변용된 형태로 충족시켜주는 역할을 하였다. 그러나 문학
속에서도 토마스 만은 당시의 유럽 사회의 특징을 이루고 있던 성

---

82) 같은 책, S. 242(1950년 8월 8일자 일기).

83) 같은 책, S. 248.

84) Thomas Mann, *Briefe 1889~1936*, S. 57.

85) "동성애의 문제성"이 "토마스 만의 창작력과 불가분의 관계에 있다"(Eckhard
　　Heftrich, *Vom Verfall zur Apokalypse*, Frankfurt am Main: Vittorio Klostermann,
　　1982, S. 126)는 에크하르트 헤프트리히의 주장은 옳다. 또한 헤르만 쿠르츠케와
　　바제도 비슷한 견해를 밝히고 있다(Hermann Kurzke, *Thomas Mann: Epoche-
　　Werk-Wirkung*, München: Beck, 1985, S. 193; Hans Rudolf Vaget, *Thomas Mann*,
　　S. 139 참조).

86) Thomas Mann, *Tagebücher 1949~1950*, S. 253(1950년 8월 22일자 일기).

87) 같은 책, S. 218(1950년 7월 14일자 일기).

224

모럴의 편협성을 극복할 수 없었다. 그래서 동성애라는 테마는 그의 문학 작품 속에서도 보수적·금욕적으로 다루어진다. 예를 들어 「베니스에서의 죽음」에서 아셴바흐는 타치오를 만져보기는커녕 말조차 한번 걸어보지 못한다. 그리고 『펠릭스 크룰』에서 토마스 만은 자신의 동성애적 욕구를 소설 속에서나마 충족된 것으로 묘사하기 위해서 스스로를 여자—즉 우플레 부인—로 변화시켜야 했다. 그 반면에 그는 이 소설에서 펠릭스에 대한 킬마녹 경의 동성애적 욕망을 좌절시켰다. 동성애적 욕망과 사회심리적으로 해석될 수 있을 자기 규율 사이의 이와 같은 갈등은 토마스 만의 작품 세계의 한 중요한 창작 미학적 원칙을 이루고 있다.

참고 문헌

Andersen, Hans Christian, *Sämtliche Märchen und Geschichten*, 전 2권,
Leipzig: Gustav Kiepenheuer, 1982.

Angermeier, John S., "Marienbad and Goethe as a Source of Motifs for
Mann's *Der Tod in Venedig*," *German Life and Letters*, 48(1995),
pp. 12~24.

Bab, Julius, "Dem Dichter Thomas Mann," *Die Schaubühne*, 9(1913), S.
167~71.

Bahr, Ehrhard, *Thomas Mann: "Der Tod in Venedig*," Stuttgart: Reclam,
1991.

Bergsten, Gunilla, *Thomas Manns "Doktor Faustus": Untersuchungen zu
den Quellen und zur Struktur des Romans*, 제2판, Tübingen:
Niemeyer, 1974.

Böhm, Karl Werner, "Die homosexuellen Elemente in Thomas Manns
Der Zauberberg," *Stationen der Thomas-Mann-Forschung:
Aufsätze seit 1970*, hrsg. von Hermann Kurzke, Würzburg:
Königshausen & Neumann, 1985, S. 145~65.

————, *Zwischen Selbstzucht und Verlangen: Thomas Mann und das
Stigma Homosexualität. Untersuchungen zu Frühwerk und*

Jugend, Würzburg: Königshausen & Neumann, 1991.

Briefe 1889~1936, hrsg. von Erika Mann, Frankfurt am Main: Fischer, 1961.

Briefe 1948~1955 und Nachlese, hrsg. von Erika Mann, Frankfurt am Main: Fischer, 1965.

Briefe an Otto Grautoff 1894~1901 und Ida Boy-Ed 1903~1928, hrsg. von Peter de Mendelssohn, Frankfurt am Main: Fischer, 1975.

Briefe an Paul Amann 1915~1952, hrsg. von Herbert Wegener, Lübeck: Max Schmidt-Römhild, 1959.

Brockhaus Enzyklopädie, 제19판, 전 24권, Mannheim: F. A. Brockhaus, 1986~1996.

Brüll, Oswald, "Thomas Manns neues Buch," *Merker*, 4(1913), S. 375~80.

Busch, Arnold, *Faust und Faschismus: Th. Manns "Doktor Faustus" und A. Döblins "November 1918" als exilliterarische Auseinandersetzung mit Deutschland*, Frankfurt am Main: Lang, 1984.

Carlyle, Thomas, *Geschichte Friedrich des Zweiten, genannt Friedrich der Große*, 제1권, Berlin: Decker, 1916.

Chorier, Nicolas, *Die Liebesgespräche der Aloisia Sigaea*, Luxemburg: Inter-Verlag, 1967.

Craig, Gordon A., "The Mann Nobody Knew," *New York Review*, 1996년 2월 29일자, pp. 34~38.

Curtius, Mechthild. *Erotische Phantasien bei Thomas Mann*, Königstein im Taunus: Athenaeum, 1984.

Derks, Paul, *Die Schande der heiligen Päderastie: Homosexualität und Öffentlichkeit in der deutschen Literatur 1750~1850*, Berlin: rosa Winkel, 1990.

Der kleine Pauly: Lexikon der Antike, hrsg. von Konrat Ziegler und
 Walther Sontheimer, 전 5권, München: Deutscher Taschenbuch
 Verlag, 1979.

Detering, Heinrich, *Das offene Geheimnis: Zur literarischen Produktivität
 eines Tabus von Winckelmann bis zu Thomas Mann,* Göttingen:
 Wallstein, 1994.

Deuse, Werner, "'Besonders ein antikisierendes Kapitel scheint mir
 gelungen': Griechisches in *Der Tod in Venedig,*" *"Heimsuchung
 und süßes Gift": Erotik und Poetik bei Thomas Mann,* hrsg. von
 Gerhard Härle, Frankfurt am Main: Fischer, 1992, S. 41~62.

Dichter über ihre Dichtungen, 제14권, hrsg. von Hans Wysling, 제1부,
 München: Heimeran/Fischer, 1975.

Dieckmann, Friedrich, "Felix Krulls Verklärung: Zum zweiten Teil der
 Bekenntnisse," *Sinn und Form,* 19(1967), S. 894~934.

Duden: Das große Wörterbuch der deutschen Sprache, 전 6권,
 Mannheim: Dudenverlag, 1976~1981.

Elsaghe, Yahya A., "Zur Sexualisierung des Fremden im *Tod in
 Venedig,*" *Archiv für das Studium der neueren Sprachen und
 Literaturen,* 149(1997), S. 19~32.

Ezergailis, Inta Miske, *Male and Female: An Approach to Thomas
 Mann's Dialectic,* The Hague: Nijhoff, 1975.

Fetzer, John Francis, *Changing Perceptions of Thomas Mann's "Doktor
 Faustus": Criticism 1947~1992,* Columbia: Camden House,
 1996.

―――, *Music, Love, Death and Mann's "Doktor Faustus,"* Columbia:
 Camden House, 1990.

Feuerlicht, Ignace, "Thomas Mann and Homoeroticism," *Germanic*

Review, 57(1982), pp. 89~97.

──────, *Thomas Mann und die Grenzen des Ich*, Heidelberg: Carl Winter Universitätsverlag, 1966.

Frage und Antwort: Interviews mit Thomas Mann 1909~1955, hrsg. von Volkmar Hansen und Gert Heine, Hamburg: Knaus, 1983.

Frizen, Werner, "Der 'Drei-Zeilen-Plan' Thomas Manns: Zur Vorgeschichte von *Der Tod in Venedig*," *Thomas-Mann-Jahrbuch*, 5 (1992), S. 125~41.

Gennerich, Wilhelm, *Die Syphilis des Zentralnervensystems*, Berlin: J. Springer, 1921.

Gesammelte Werke in dreizehn Bänden, Frankfurt am Main: Fischer, 1974.

Goethe, Johann Wolfgang von, *Sämtliche Werke*, 제16권, Zürich: Artemis, 1977.

──────, *Werke, Hamburger Ausgabe in 14 Bänden*, München: Deutscher Taschenbuch Verlag, 1988, 제1권.

Greenberg, David F., The *Construction of Homosexuality*, Chicago: The University of Chicago Press, 1988.

Harpprecht, Klaus, *Thomas Mann: Eine Biographie*, Reinbek bei Hamburg: Rowohlt, 1995.

Hayman, Ronald, *Thomas Mann: A Biography*, New York: Scribner, 1995.

Härle, Gerhard, *Die Gestalt des Schönen: Untersuchung zur Homosexualitätsthematik in Thomas Manns Roman "Der Zauberberg*," Königstein im Taunus: Anton Hain, 1986.

──────, hrsg., *"Heimsuchung und süßes Gift": Erotik und Poetik bei Thomas Mann*, Frankfurt am Main: Fischer, 1992.

──────, *Männerweiblichkeit: Zur Homosexualität bei Klaus und Thomas*

Mann, 제2판, Frankfurt am Main: Anton Hain, 1993.

Heftrich, Eckhard, *Vom Verfall zur Apokalypse*, Frankfurt am Main: Vittorio Klostermann, 1982.

Heilbut, Anthony, *Thomas Mann: Eros and Literature*, New York: Knopf, 1996.

Hellpach, Willy, "Thomas Mann: Der Dichter und sein Werk," *Berliner Tageblatt*, 1913년 10월 22일자, S. 1~2.

Herwig, Franz, "Neue Romane," *Hochland*, 10(1913), S. 488~91.

Hoelzel, Alfred, "Leverkühn, the Mermaid, and Echo: A Tale of Faustian Incest," *Symposium*, 42(1988), pp. 3~16.

Hofmiller, Josef, "Thomas Manns neue Erzählung," *Süddeutsche Monatshefte*, 10(1913), S. 218~32.

Hunt, Joel A., "The Stylistics of a Foreign Language: Thomas Mann's Use of French," *Germanic Review*, 32(1957), pp. 19~34.

Isemann, Bernd, *Thomas Mann und der "Tod in Venedig": Eine kritische Abwehr*, München: E. W. Bonsels, 1913.

Jang, Sung-Hyun, *Nietzsche-Rezeption im Lichte des Faschismus: Thomas Mann und Menno ter Braak*, Hildesheim: Olms-Weidemann, 1994.

Jens, Inge, " 'Über das Falsche, Schädliche und Kompromittierende des Tagebuch-Schreibens, das ich unter dem Choc des Exils wieder begann und fortführte……' (Tagebuch, 8. Februar 1942)," *German Life and Letters*, 51(1998), S. 287~301.

Jofen, Jean, "A Freudian Commentary on Thomas Mann's *Death in Venice*," *Journal of Evolutionary Psychology*, 6(1984), pp. 238~47.

Kohut, Heinz, *Introspektion, Empathie und Psychoanalyse: Aufsätze zur* psychoanalytischen Theorie, zu Pädagogik und Forschung und zur Psychologie der Kunst, Frankfurt am Main: Suhrkamp, 1977.

Koopmann, Helmut, "Bekenntnisse des Hochstaplers Felix Krull," Thomas-Mann-Handbuch, hrsg. von Helmut Koopmann, 제2판, Stuttgart: Alfred Kröner, 1995, S. 516~33.

————, "Die Lehren des Zauberbergs," Das "Zauberberg"-Symposium 1994 in Davos, hrsg. von Thomas Sprecher, Frankfurt am Main: Vittorio Klostermann, 1995, S. 59~80.

————, hrsg., Thomas-Mann-Handbuch, 제2판, Stuttgart: Alfred Kröner, 1995.

Korrodi, Eduard, "Thomas Manns Der Tod in Venedig," Wissen und Leben, 12(1913), S. 690~94.

Kunne-Ibsch, Elrud, "Die Nietzsche-Gestalt in Thomas Manns Dr. Faustus," Neophilologus, 53(1969), S. 176~89.

Kurzke, Hermann, Thomas Mann: Epoche-Werk-Wirkung, München: Beck, 1985.

————, Thomas Mann: Das Leben als Kunstwerk. Eine Biographie, München: Beck, 1999.

Lange, Victor, "Betrachtungen zur Thematik von Felix Krull," Germanic Review, 31(1956), S. 215~24.

Lehnert, Herbert, Thomas Mann: Fiktion, Mythos, Religion, Stuttgart: Kohlhammer, 1965.

Lubich, Frederick Alfred, Die Dialektik von Logos und Eros im Werk von Thomas Mann, Heidelberg: Carl Winter Universitätsverlag, 1986.

Luft, Klaus Peter, Erscheinungsformen des Androgynen bei Thomas Mann, New York: Lang, 1998.

Luke, David, "Thomas Mann's 'Iridescent Interweaving'," Thomas

Mann: "Death in Venice." A New Translation, Backgrounds and Contexts, Criticism, trans. & ed. Clayton Koelb, New York: W. W. Norton & Company, 1994, pp. 195~207.

Maar, Michael, *Geister und Kunst: Neuigkeiten aus dem Zauberberg*, München: Carl Hanser, 1995.

Mann, Heinrich, *Ein Zeitalter wird besichtigt*, Berlin: Aufbau, 1973.

Mann, Katia, *Meine ungeschriebenen Memoiren*, hrsg. von Elisabeth Plessen und Michael Mann, Frankfurt am Main: Fischer, 1974.

Marson, E. L., *The Ascetic Artist: Prefigurations in Thomas Mann's "Der Tod in Venedig,"* Bern: Lang, 1979.

Mayer, Hans, *Außenseiter*, Frankfurt am Main: Suhrkamp, 1981.

――――, *Thomas Mann*, Frankfurt am Main: Suhrkamp, 1980.

Mendelssohn, Peter de., "Vorbemerkungen des Herausgebers," Thomas Mann, *Tagebücher 1933~1934*, hrsg. von Peter de Mendelssohn, Frankfurt am Main: Fischer, 1977, S. V~XXII.

――――, *Der Zauberer: Das Leben des deutschen Schriftstellers Thomas Mann. Erster Teil. 1875~1918*, 확대 개정판, Frankfurt am Main: Fischer, 1997.

Meyer, Michael, *Theaterzensur in München, 1900~1918: Geschichte und Entwicklung der politischen Zensur und des Theaterzensurbeirates unter besonderer Berücksichtigung Frank Wedekinds*, München: Kommissions verlag, 1982.

Nelson, Donald F., *Portrait of the Artist as Hermes: A Study of Myth and Psychology in Thomas Mann's "Felix Krull,"* Chapel Hill: The University of North Carolina Press, 1971.

Nikolaus von Kues, *Über den Beryll*, übers. u. hrsg. von Karl Bormann, 제2판, Hamburg: Meiner, 1977.

Notizbücher, hrsg. von Hans Wysling und Yvonne Schmidlin, 제2권, Frankfurt am Main: Fischer, 1992.

Oswald, Victor A., Jr., "Full Fathom Five: Notes on Some Devices in Thomas Mann's *Doktor Faustus*," *Germanic Review*, 24(1949), pp. 274~78.

————, "Thomas Mann and the Mermaid: A Note on Constructivistic Music," *Modern Language Notes*, 65(1950), pp. 171~75.

————, "Thomas Mann's *Doktor Faustus*: The Enigma of Frau von Tolna," *Germanic Review*, 23(1948), pp. 249~53.

Parkes-Perret, Ford B., "Thomas Mann's Silvery Voice of Self-Parody in *Doktor Faustus*," *Germanic Review*, 64(1989), pp. 20~30.

Prater, Donald A., *Thomas Mann: A Life*, Oxford: Oxford University Press, 1995.

————, *Thomas Mann: Deutscher und Weltbürger. Eine Biographie*, übers. von Fred Wagner, München: Carl Hanser, 1995.

Pütz, Peter, *Kunst und Künstlerexistenz bei Nietzsche und Thomas Mann: Zum Problem des ästhetischen Perspektivismus in der Moderne*, 제3판, Bonn: Bouvier, 1987.

Reed, T. J., "The Art of Ambivalence," *Thomas Mann: "Death in Venice." A New Translation, Backgrounds and Contexts, Criticism*, trans. & ed. Clayton Koelb, New York: W. W. Norton & Company, 1994, pp. 150~78.

————, *Thomas Mann: "Der Tod in Venedig." Text, Materialien, Kommentar mit den bisher unveröffentlichten Arbeitsnotizen Thomas Manns*, München: Carl Hanser, 1983.

Reich-Ranicki, Marcel, "Vorwort," *Was halten Sie von Thomas Mann?: Achtzehn Autoren antworten*, hrsg. von Marcel Reich-Ranicki,

Frankfurt am Main: Fischer, 1986, S. 9~16.

Renner, Rolf Günter, *Das Ich als ästhetische Konstruktion: "Der Tod in Venedig" und seine Beziehung zum Gesamtwerk Thomas Manns*, Freiburg im Breisgau: Rombach, 1987.

──────, *Lebens-Werk: Zum inneren Zusammenhang der Texte von Thomas Mann*, München: Wilhelm Fink, 1985.

Richter, Gert und Gerhard Ulrich, *Der neue Mythologieführer: Götter, Helden, Heilige*, Weyarn: Seehamer, 1996.

Rohde, Erwin, *Psyche: Seelencult und Unsterblichkeitsglaube der Griechen*, 전 2권, 제4판, Tübingen J. C. B. Mohr, 1907.

Runge, Doris, "Hetaera Esmeralda und die kleine Seejungfrau," *Wagner-Nietzsche-Thomas Mann: Festschrift für Eckhard Heftrich*, hrsg. von Heinz Gockel, Michael Neumann und Ruprecht Wimmer, Frankfurt am Main: Vittorio Klostermann, 1993, S. 391~403.

Schäfer, Gerd, "Pasolinis Auge: Über die Wahrnehmung im Werk Hubert Fichtes," *Forum Homosexualität und Literatur*, 1(1987), S. 21~37.

Schellenbaum, Peter, *Homosexualität des Mannes: Eine tiefenpsychologische Studie*, München: Kindler, 1980.

Schiffer, Eva, "Changes in an Episode: A Note on *Felix Krull*," *Modern Language Quarterly*, 24(1963), pp. 257~62.

Schmidt, Jochen, *Die Geschichte des Genie-Gedankens in der deutschen Literatur, Philosophie und Politik 1750~1945*, 전 2권, 제2판, Darmstadt: Wissenschaftliche Buchgesellschaft, 1988.

Seidlin, Oskar, "Doktor Faustus reist nach Ungarn: Notiz zu Thomas Manns Altersroman," *Heinrich Mann Jahrbuch*, 1(1983), S. 187~204.

Selbstkommentare: *"Der Zauberberg,"* hrsg. von Hans Wysling, Frankfurt am Main: Fischer, 1993.

Selbstkommentare: *"Doktor Faustus"* und *"Die Entstehung des Doktor Faustus,"* hrsg. von Hans Wysling, Frankfurt am Main: Fischer, 1992.

Selbstkommentare: *"Königliche Hoheit"* und *"Bekenntnisse des Hochstaplers Felix Krull,"* hrsg. von Hans Wysling, Frankfurt am Main: Fischer, 1989.

Sommerhage, Claus, *Eros und Poesis: Über das Erotische im Werk Thomas Manns*, Bonn: Bouvier, 1983.

Sprecher, Thomas, "Davos in der Weltliteratur: Zur Entstehung des Zauberbergs," *Das "Zauberberg"-Symposium 1994 in Davos*, hrsg. von Thomas Sprecher, Frankfurt am Main: Vittorio Klostermann, 1995, S. 9~42.

————, hrsg., *Das "Zauberberg"-Symposium 1994 in Davos*, Frankfurt am Main: Vittorio Klostermann, 1995.

Tagebücher 1918~1921, hrsg. von Peter de Mendelssohn, Frankfurt am Main: Fischer, 1979.

Tagebücher 1933~1934, hrsg. von Peter de Mendelssohn, Frankfurt am Main: Fischer, 1977.

Tagebücher 1935~1936, hrsg. von Peter de Mendelssohn, Frankfurt am Main: Fischer, 1978.

Tagebücher 1937~1939, hrsg. von Peter de Mendelssohn, Frankfurt am Main: Fischer, 1980.

Tagebücher 1940~1943, hrsg. von Peter de Mendelssohn, Frankfurt am Main: Fischer, 1982.

Tagebücher 1944~1. 4. 1946, hrsg. von Inge Jens, Frankfurt am Main:

Fischer, 1986.

Tagebücher 28. 5. 1946~31. 12. 1948, hrsg. von Inge Jens, Frankfurt am Main: Fischer, 1989.

Tagebücher 1949~1950, hrsg. von *Inge Jens*, Frankfurt am Main: Fischer, 1991.

Tagebücher 1951~1952, hrsg. von Inge Jens, Frankfurt am Main: Fischer, 1993.

Tagebücher 1953~1955, hrsg. von Inge Jens, Frankfurt am Main: Fischer, 1995.

Thomas Mann-Heinrich Mann: Briefwechsel 1900~1949, hrsg. von Hans Wysling, 확대 개정판, Frankfurt am Main: Fischer, 1984.

Tobin, Robert, "Das offene Geheimnis der Sexualität: Verhüllung und Enthüllung von Krankheit und Faschismus in den Schriften Thomas Manns," *Verschwiegenes Ich: Vom Un-Ausdrücklichen in autobiographischen Texten*, hrsg. von Bärbel Götz, Ortrud Gutjahr und Irmgard Roebling, Pfaffenweiler: Centaurus, 1993, S. 207~18.

─────, "Why Is Tadzio a Boy?: Perspectives on Homoeroticism in *Death in Venice*," *Thomas Mann: "Death in Venice." A New Translation, Backgrounds and Contexts, Criticism*, trans. & ed. Clayton Koelb, New York: W. W. Norton & Company, pp. 207~32.

Traschen, Isadore, "The Uses of Myth in *Death in Venice*," *Thomas Mann*, ed. Harold Bloom, New York: Chelsea House, 1986, pp. 87~101.

Vaget, Hans Rudolf, "Confession and Camouflage: The Diaries of Thomas Mann," *Journal of English and Germanic Philology*,

96(1997), pp. 567~90.

Vaget, Hans Rudolf, "Mann and His Biographers," *Journal of English and Germanic Philology*, 96(1997), pp. 591~601.

―――, *Thomas Mann: Kommentar zu sämtlichen Erzählungen*, München: Winkler, 1984.

―――, "*Der Tod in Venedig*," *Thomas-Mann-Handbuch*, hrsg. von Helmut Koopmann, 제2판, Stuttgart: Alfred Kröner, 1995, S. 580~91.

Vaget, Hans Rudolf und Dagmar Barnouw, *Thomas Mann: Studien zu Fragen der Rezeption*, Frankfurt am Main: Lang, 1975.

Vogel, Harald, "Die Zeit in Thomas Manns Roman *Doktor Faustus*: Eine Untersuchung zur polyphonen Zeitstruktur des Romans," *Zeitgestaltung in der Erzählkunst*, hrsg. von Alexander Ritter, Darmstadt: Wissenschaftliche Buchgesellschaft, 1978, S. 337~67.

Volbach, Fritz, *Die Instrumente des Orchesters: Ihr Wesen und ihre Entwicklung*, 제2판, Leipzig: Teubner, 1921.

Wedekind-Schwertner, Barbara, *"Daß ich eins und doppelt bin": Studien zur Idee der Androgynie unter besonderer Berücksichtigung Thomas Manns*, Frankfurt am Main: Lang, 1984.

Würffel, Stefan Bodo, "Zeitkrankheit—Zeitdiagnose aus der Sicht des *Zauberbergs*: Die Vorgeschichte des Ersten Weltkriegs—in Davos erlebt," *Das "Zauberberg"-Symposium 1994 in Davos*, hrsg. von Thomas Sprecher, Frankfurt am Main: Vittorio Klostermann, 1995, S. 197~223.

Wysling, Hans, *Dokumente und Untersuchungen: Beiträge zur Thomas Mann-Forschung*, Bern: Francke, 1974, S. 149~66.

―――, "*Der Zauberberg—als Zauberberg*," *Das "Zauberberg"-*

Symposium 1994 in Davos, hrsg. von Thomas Sprecher, Frankfurt am Main: Vittorio Klostermann, 1995, S. 43~57.

Wysling, Hans, "Zu Thomas Manns Briefwerk," *Die Briefe Thomas Manns: Regesten und Register*, hrsg. von Hans Bürgin und Hans-Otto Mayer, 제1권, Frankfurt am Main: Fischer, 1976, S. V~XII.